Général DUBAIL

QUATRE ANNÉES DE COMMANDEMENT

1914 1918

(1re ARMÉE – GROUPE D'ARMÉES DE L'EST – ARMÉES DE PARIS)

Journal de Campagne

TOME Ier

1re ARMÉE

PARIS
IMPRIMERIE-LIBRAIRIE MILITAIRE UNIVERSELLE
L. FOURNIER
264, Boulevard Saint-Germain, 264

1920

QUATRE ANNEES
DE COMMANDEMENT

1914-1918

Général DUBAIL

QUATRE ANNÉES DE COMMANDEMENT

1914 - 1918

(1re Armée – Groupe d'Armées de l'Est – Armées de Paris)

Journal de Campagne

TOME Ier

1re ARMÉE

PARIS
IMPRIMERIE-LIBRAIRIE MILITAIRE UNIVERSELLE
L. FOURNIER
264, Boulevard Saint-Germain, 264

1920

A MES CONCITOYENS

*Je livre à la publicité ces notes personnelles dans l'intérêt
supérieur de la sincérité et de l'exactitude historiques.*

*Pour juger sainement les actions de guerre et les chefs qui
les ont conçues et conduites, il est nécessaire de revivre les
époques auxquelles ces faits se rapportent et les situations souvent dramatiques dans lesquelles ils se sont accomplis.*

*A cet égard, ceux de mes concitoyens que la forme de ce
journal ne rebutera pas, pourront juger, avec plus de sûreté,
la nécessité des efforts presque surhumains que j'ai dû exiger
de mes admirables troupes et aussi la nécessité de l'énergie et
de la rigueur avec lesquelles j'ai exercé mon commandement.*

*Je leur demande, en tout cas, de se garder de tout juge-
ment superficiel.*

*Je suis de ceux qui apprécient l'œuvre patriotique du Par-
lement pendant la guerre; je reconnais l'influence heureuse
de ses efforts et notamment l'impulsion magnifique qu'il a su
donner aux fabrications de guerre, pour procurer au commandement les moyens décisifs de la victoire.*

*Mais que dire de la méthode consistant à compulser des
états et à conclure : « On a perdu tant de milliers d'hommes
à tel endroit, sans résultat décisif. Il y a donc eu gaspillage de
vies humaines »? La critique, sous cette forme, pêche vraiment
par excès de simplicité.*

*Fallait-il donc rester inertes et terrés dans les tranchées, en
face d'un ennemi toujours actif et entreprenant, avec la prétention d'assurer notre sécurité par la perfection des lignes
de défense? Certainement non, car c'eût été au détriment du
moral, qui compte pour les trois quarts dans la valeur du
combattant.*

J'affirme qu'il n'eût même pas été possible de conserver cette attitude, car nous aurions été constamment attaqués ; nous aurions ainsi subi la volonté de l'adversaire, ce qui est la condition la plus déprimante et, sans parler du terrain, nous aurions finalement perdu, en nous défendant, plus de monde peut-être qu'en attaquant nous-mêmes pour conserver l'avantage de l'initiative des opérations.

Pouvait-on d'ailleurs songer à une mobilisation de l'industrie, pour nous procurer les engins qui nous manquaient, puisqu'on croyait à une guerre relativement courte?

Dans la guerre de mouvement, nos armées étaient en état de combattre victorieusement les armées allemandes, même avec leur excessive infériorité en artillerie lourde. Elles l'ont prouvé d'ailleurs. Mais elles ont été surprises par les corps de réserve allemands, à l'existence et à l'entrée en ligne desquels notre haut commandement ne croyait guère.

Une fois le front stabilisé, nous avons été surpris par la grenade allemande, par le minenwerfer et par les gaz asphyxiants ; non pas que notre état-major général ignorât l'existence des grenades et des « minen », mais il n'en imaginait l'emploi que dans les sièges de place.

Nous devions donc, au moins pendant les deux premières années de la guerre, gravement souffrir de notre infériorité en matériel, et ce n'est qu'en restant offensifs quand même, que nous avons pu masquer cette faiblesse, suppléer à cette infériorité, « tenir le coup » en un mot, tout en nous adaptant à ce genre de guerre si nouveau pour tous.

Dans ces conditions difficiles, il a fallu chercher sa voie, jusqu'au jour où la supériorité enfin acquise en matériel et en effectifs, nous a permis de marcher droit à la victoire.

Après les grandes batailles du début, dans lesquelles j'ai pu repousser les Allemands et maintenir solidement la charnière des Vosges, — ce qui a rendu possible le rétablissement de la Marne, — après avoir repris, organisé et conservé à la France les premiers lambeaux de notre chère Alsace, je me suis souvent jeté, tête baissée, sur ce front stabilisé, sur ce mur que je tentais de crever avec de pauvres moyens, en variant constamment mes procédés d'attaque.

Je ne visais pas à une rupture de front : on a bien vu, plus tard, ce qu'une opération de ce genre exigeait de matériels et de troupes.

J'avais seulement, d'accord avec le haut commandement, la prétention d'améliorer mon front et d'attirer à moi le plus possible de forces ennemies, pour soulager d'autant les armées voisines et pour seconder les opérations stratégiques du Général en chef.

Mon seul mérite est d'avoir apporté à cette œuvre une ténacité inlassable et je suis heureux d'avoir pu, ainsi, maintenir en haleine, adapter à la guerre nouvelle, instruire et préparer à la victoire une partie des belles armées qui, plus tard, ont eu la gloire de chasser l'Allemand.

Octobre 1919.

TABLEAU D'ASSEMBLAGE

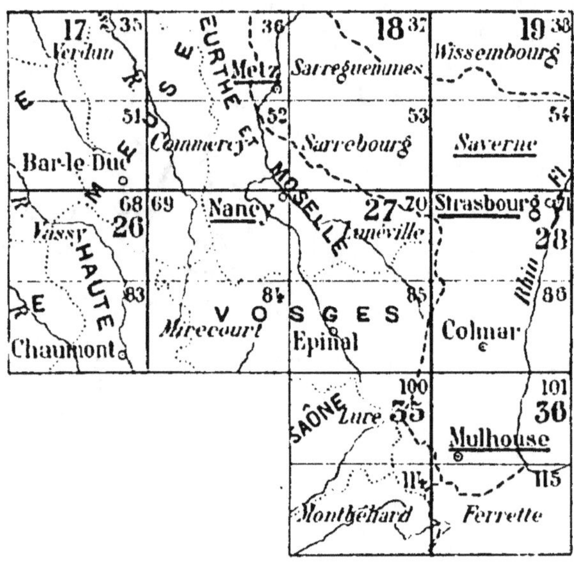

donnant le numéro des cartes au
80.000ᵉ et 200.000ᵉ
qui sont nécessaires pour l'intelligence des opérations.

1ʳᵉ Armée

JOURNAL DE CAMPAGNE

RAPPEL DES PERMISSIONNAIRES. — RETOUR A LEURS GARNISONS
DES TROUPES DÉTACHÉES OU EN MANŒUVRES
(28 juillet 1914)
MOBILISATION ET CONCENTRATION (1)
(2 août-13 août 1914)

28 juillet 1914.

Je viens de rejoindre, entre deux inspections, ma famille à Luc-sur-Mer et, déjà, il me faut repartir : un télégramme de mon chef d'État-Major me rappelle d'urgence à Paris.

C'est évidemment la conséquence des événements qui se passent depuis un mois et sur lesquels j'ai pris les notes ci-après :

Le 28 juin 1914, l'Archiduc héritier d'Autriche et sa femme sont assassinés à Serajevo.

Enquête du Gouvernement autrichien, qui accuse le Gouvernement serbe d'avoir favorisé les sociétés secrètes poussant à la haine de l'Autrichien, d'avoir laissé le complot se

---

(1) Pour mettre un peu d'air dans ces notes et faciliter les recherches, je les ai coupées, après coup, de quelques titres de chapitre.

tramer en territoire national et les conjurés passer en territoire autrichien. Il le rend, en résumé, responsable de l'assassinat et prétend lui imposer, à cette occasion, des conditions draconiennes équivalant à l'asservissement de la Serbie.

Ultimatum du 23 juillet : la Serbie a 48 heures pour répondre (jusqu'au samedi 25, à 18 heures). Elle accepte à peu près toutes les conditions.

Le 27 juillet, l'Angleterre propose une conférence. L'Autriche aggrave ses exigences.

Malgré la soumission de la Serbie, l'Autriche rompt les relations diplomatiques et lui déclare la guerre (28 juillet). L'Allemagne, de son côté, repousse la proposition de Conférence.

29 juillet.

En arrivant à Paris, j'apprends qu'on a rappelé hier à leurs corps et services tous les permissionnaires et rapatrié, par voie de terre ou de fer, toutes les troupes absentes de leur garnison.

Aujourd'hui, rupture des négociations austro-russes.

Retour à Paris du Président Poincaré.

L'Allemagne place des troupes de couverture sur ses frontières russe et française et concentre sa flotte. Les Allemands ont, en réalité, commencé leur mobilisation depuis plusieurs jours sans publier de décret. Ils ont simplement déclaré « l'état de guerre » dans tout l'Empire. Ils prennent ainsi une sérieuse avance sur nous.

L'Angleterre a déclaré se solidariser avec la Russie et la France et s'opposer à la rupture de l'équilibre balkanique.

Elle rassemble et mobilise sa première flotte pour l'envoyer dans la mer du Nord.

30 juillet.

Belgrade est bombardée et occupée par les Autrichiens.

La Russie, résolue à s'opposer à l'exécution de la Serbie,

mobilise quatorze corps d'armée. En France, mobilisation par alerte des troupes de couverture sans appel de réservistes.

Mise en place de la couverture faisant mouvement par voie de terre, mais sans s'approcher de la frontière. On s'en tient éloigné de 10 kilomètres pour souligner, une dernière fois, notre désir de paix et laisser à l'Allemagne toute la responsabilité de l'agression.

Mise à exécution des mesures de précaution en cas de tension politique : garde des ouvrages fortifiés, appel des gendarmes, achat et location des animaux nécessaires aux troupes de couverture. Convocation des commissions de réquisition.

31 juillet.

Ultimatum de l'Allemagne à la Russie et à la France. Mise en place de la couverture française sur la frontière du nord-est.

1er août.

L'Allemagne déclare la guerre à la Russie. La France mobilise. L'ordre est lancé à 15 h. 55 : le premier jour de la mobilisation est le 2 août à o heure.

2 août.

L'Allemagne attaque la France sans déclaration de guerre. Des patrouilles allemandes entrent en France au nord de Nancy, à Cirey-sur-Vezouse, aux cols des Vosges et dans la Suarcine.

En même temps, le grand duché de Luxembourg est envahi, sa capitale occupée.

Le Gouvernement français se décide à pousser sa couverture jusqu'à la frontière, mais défense est faite de la franchir. On se contentera de refouler les détachements ennemis qui passeraient sur le territoire français.

3 août.

L'Allemagne déclare la guerre à la France, en invoquant des prétextes faux et ridicules. Des aviateurs français auraient survolé Bruxelles, d'autres le territoire allemand (région de l'Eifel et de Wesel) et auraient jeté des bombes sur le chemin de fer près de Carlsruhe et à Nuremberg (1). M. de Schoën aurait même ajouté qu'il avait été insulté par deux individus en venant au quai d'Orsay. Si cette dernière affirmation n'est pas un nouveau mensonge, il faut supposer que les insulteurs ont été payés par l'Allemagne, car depuis plusieurs jours, M. de Schoën cherchait à faire naître ce prétexte de guerre, en se promenant ostensiblement. Il n'avait pas réussi.

A 22 heures, l'ambassadeur allemand quittait Paris.

Ce même jour, 3 août, par une ironie du sort, des aviateurs allemands, très réels ceux-là, survolent Lunéville et jettent trois bombes qui ne font que des dégâts matériels.

Enfin, le bruit court que les Allemands ont condamné à mort M. Samain, président du « Souvenir français », à Metz et emprisonné tous les membres de cette Société.

Le général Joffre nous réunit à 16 heures à l'Etat-Major (tous les commandants d'Armée). Il nous rappelle dans ses grandes lignes le plan d'opérations, qui prévoit la possibilité de deux attaques principales se développant, l'une à droite entre les massifs forestiers des Vosges et la Moselle en aval de Toul, l'autre à gauche, au nord de la ligne Verdun-Toul ; ces deux offensives étant étroitement soudées par des forces agissant sur les Hauts de Meuse et en Woëvre. La mission des deux Armées de l'est (Iʳᵉ et IIᵉ) est de couvrir la droite du dispositif et de retenir devant elles par une vigoureuse offensive le plus grand nombre possible de Corps allemands. On croit être à égalité sur ce théâtre d'opérations : sept Corps.

---

(1) Au cours d'un procès récent (1919), M. Unné, ancien administrateur de la société des moteurs Salmson a fait connaître un incident qui, dénaturé, a pu servir de thème à la fable allemande : « En fin juillet 1914, la Maison Salmson avait confié un appareil à l'aviateur Laporte pour effectuer le raid Paris-Constantinople. Une panne obligea l'avion à atterrir en Bavière. Unné, avisé télégraphiquement, prit le train. Il répara l'appareil et Laporte allait reprendre son vol lorsque les autorités allemandes le lui interdirent. L'aviateur fut retenu pendant deux jours dans un commandement d'étapes. Le 1ᵉʳ août on lui intimait l'ordre de regagner la France par ses propres moyens, suivant un itinéraire qu'on lui fixa et qui passait par Nuremberg. Laporte survola donc cette ville. Mais là, il essuya un grand nombre de coups de feu et courut les pires dangers. »

La II° Armée a l'ordre de maintenir ses deux Corps de gauche à la disposition du général en Chef, prêts à s'engager vers le nord.

Le général Joffre compte sur notre énergie, notre initiative, etc.

4 août.

Je prends le train pour Epinal, à 21 h. 3o, à la gare de Paris-Pantin, avec le premier échelon de mon quartier général.

5 août.

Débarquement à Epinal à 17 h. 15. Installation du Q. G. de la I° Armée à l'Institution Notre-Dame, rue Thiers.

Nous restons au milieu des caisses à nous organiser, la plus grande partie de la nuit.

Conformément aux instructions reçues, j'envoie au 7° Corps l'ordre d'occuper le front Cernay-Mulhouse, avec l'appui d'un détachement de Belfort (une brigade et une batterie de 155, vieux modèle). L'ordre est porté par le capitaine Fabry.

6 août.

Je prends officiellement le commandement de la I° Armée à o h. o1.

Cette Armée se compose des éléments ci-après :

7°, 8°, 13°, 14° et 21° Corps d'Armée ; 6° et 8° Divisions de cavalerie et une artillerie lourde (6° Régiment lourd).

Les 7° et 21° Corps d'Armée, 6° et 8° Divisions de cavalerie sont en couverture et ainsi disposés :

7° Corps : 14° Division et 8° Division de cavalerie, région de Belfort; 41° Division, hautes vallées de la Moselle. Q. G. Belfort; — 21° Corps et 6° Division de cavalerie sur la haute Meurthe. Q. G. Rambervillers.

La zone d'action de mon armée est comprise entre la frontière suisse, au sud, et la ligne (exclue) Bainville-aux-Miroirs, Bayon, Lunéville, La Garde, Dieuze, au nord.

Elle constitue l'armée d'aile droite du dispositif général ; elle doit attaquer dans la direction générale : Baccarat, Sarrebourg, Sarreguemines, la droite du gros de ses forces suivant la crête des Vosges, son extrême droite dans la plaine d'Alsace pour appuyer au Rhin le dispositif général.

Depuis le 31 juillet, les emplacements de la couverture se sont peu modifiés. Le 7ᵉ Corps a sa 14ᵉ Division rassemblée à l'est de la Place de Belfort, son centre vers Roppe ; sa 41ᵉ Division occupe par ses éléments avancés les cols des Hautes-Vosges entre le col de Bussang (15ᵉ B. C. P.) et celui de la Schlucht (152ᵉ R. I.); son gros dans les hautes vallées de la Moselle et de la Moselotte (une brigade et deux groupes d'artillerie dans la région le Thillot-Saulxures).

Le 21ᵉ Corps, qui se relie au Valtin au 7ᵉ Corps, a gardé les emplacements primitifs sauf les modifications suivantes : la 43ᵉ Division a une brigade sur la Haute-Meurthe (région de Saint-Léonard), avec un détachement de deux bataillons du 158ᵉ et un groupe à Fraize; son autre brigade (86ᵉ) tient la région du Ban-de-Sapt et la vallée de la Fave. La 13ᵉ Division maintient, avec une de ses brigades, la couverture sur le front général Celles, Badonviller, Saint-Pole, Montigny, l'autre brigade ayant été amenée dans la journée du 5 août à Saint-Dié, en renfort de la couverture de la 43ᵉ Division. Les 6ᵉ et 8ᵉ Divisions de cavalerie sont restées sur les mêmes emplacements. Un escadron de la 6ᵉ Division occupe Blamont.

Le gros de la 1ʳᵉ Armée commence ses débarquements sur la Moselle. Le 2ᵉ échelon du Q. G. A. arrive à Épinal et s'installe à l'École de la Loge Blanche.

Dans la journée, nous apprenons que les Allemands ont attaqué et pris Liége et que l'Angleterre a déclaré la guerre à l'Allemagne.

Le Capitaine Fabry revient de Belfort ; il me rend compte des hésitations du général B..., qui considère l'opération sur Mulhouse comme délicate et hasardeuse. Il a peur pour son flanc droit et ses derrières ; il craint de s'engager dans une souricière.

D'autre part, le Gouverneur de Belfort ne peut donner que deux bataillons actifs, les quatre autres sont des bataillons de réserve à peine habillés et manquant de cohésion. Dans ces conditions, je limite l'opération à l'occupation du front Thann-Altkirch et j'en remets l'exécution au samedi 8 août.

Je n'ai jamais douté de la possibilité, en l'état actuel, de prendre Mulhouse. Quant à y tenir et à progresser vers le

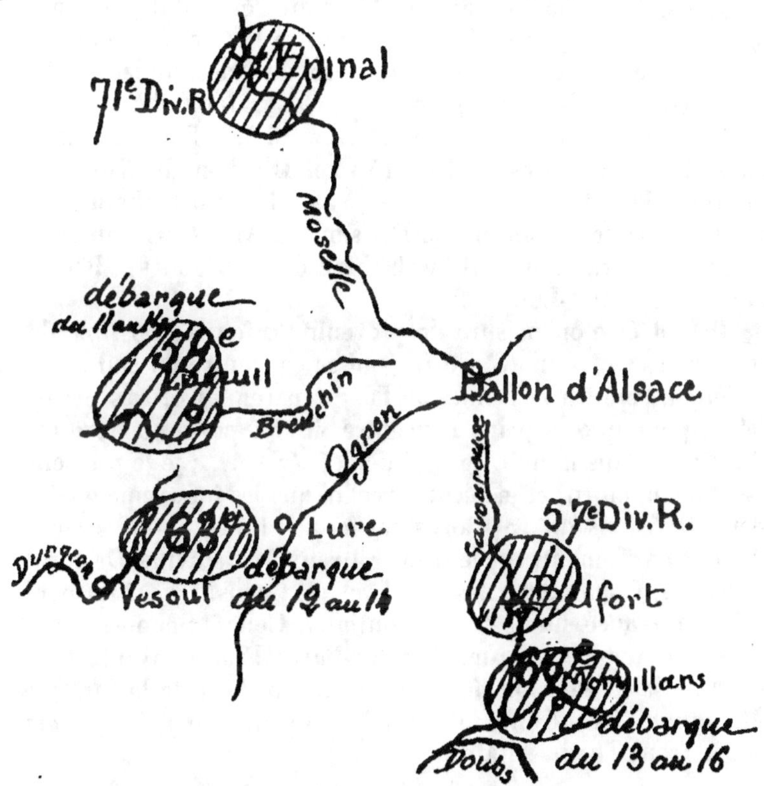

Arrivée du Groupe des Divisions de Réserve

nord, c'est une autre affaire : le 7ᵉ Corps est insuffisant et d'ailleurs son chef manque de confiance et d'entrain. Je m'attends, après l'entrée à Mulhouse, à ce que les Allemands amènent des forces et réagissent. Je vais demander à renforcer le 7ᵉ Corps le plus possible, sans cependant m'affaiblir pour ma mission propre.

En rendant compte au G. Q. G. du retard apporté dans l'opération, je demande l'appui du groupe des Divisions de réserve de Vesoul et je propose à cet effet de pousser les débarquements de ces Divisions sur Belfort. Je songe aussi à renforcer le 7ᵉ Corps des Divisions de réserve de Belfort et d'Epinal, mais elles appartiennent aux places; me les donnera-t-on?

Dans la soirée, le G. Q. G. me fait savoir tout l'intérêt qu'il y aurait à déclencher le plus tôt possible l'attaque du 7ᵉ Corps. Je demande par téléphone au général B... s'il est prêt et, sur sa réponse affirmative, je fixe l'attaque à demain.

On m'a prévenu dans la journée de l'accumulation de forces considérables sur mon front et sur mon flanc droit. Peut-être deux Corps (XIIIᵉ et Iᵉʳ Bavarois), à Sarrebourg et au sud, — un Corps et demi (XVᵉ et Division du XIVᵉ) du Donon à la Schlucht incluse, — XIXᵉ Corps à Fribourg ou plaine d'Alsace, — enfin une Division du XIVᵉ Corps en couverture du Bramont à Altkirch, avec deux brigades à Istein-Lorrach et Saint-Louis.

Il faut être en mesure de prévenir l'offensive possible de ces forces. Or, mon 13ᵉ Corps, qui se concentre au sud-ouest d'Epinal, serait à la traîne. Je fais préparer les ordres nécessaires pour que, à peine concentré, il soit porté au nord-est d'Epinal. Dans la nuit, je reçois le général A...; je le préviens de ce changement et je décide avec lui que les mouvements des deux Divisions du 13ᵉ Corps se feront les 9 et 11. J'aurai donc, à ce moment, sur le front Einvaux, Hallainville, Destord, Bruyères, Champdray, les 8ᵉ, 13ᵉ et 14ᵉ Corps. Le 21ᵉ formera échelon avancé sur le front Montigny, Celles, Senones, Launois, Provenchères, Neuviller-sur-Fave, Fraize, ayant, à sa gauche, la 6ᵉ Division de cavalerie au nord-est de la forêt de Mondon et, à sa droite, le 152ᵉ à la Schlucht. Le 7ᵉ Corps sera sur le front Thann-Altkirch.

BATAILLE D'ALSACE

(7 août — 11 août 1914)

PRISE D'ALTKIRCH

(7 août 1914)

7 août.

Le 21° Corps a porté, dès le 5, sa réserve de Rambervillers à Saint-Dié, de sorte que les têtes du 14° Corps, sur le plateau de Champdray, seront à 20 kilomètres en arrière du 21° Corps,

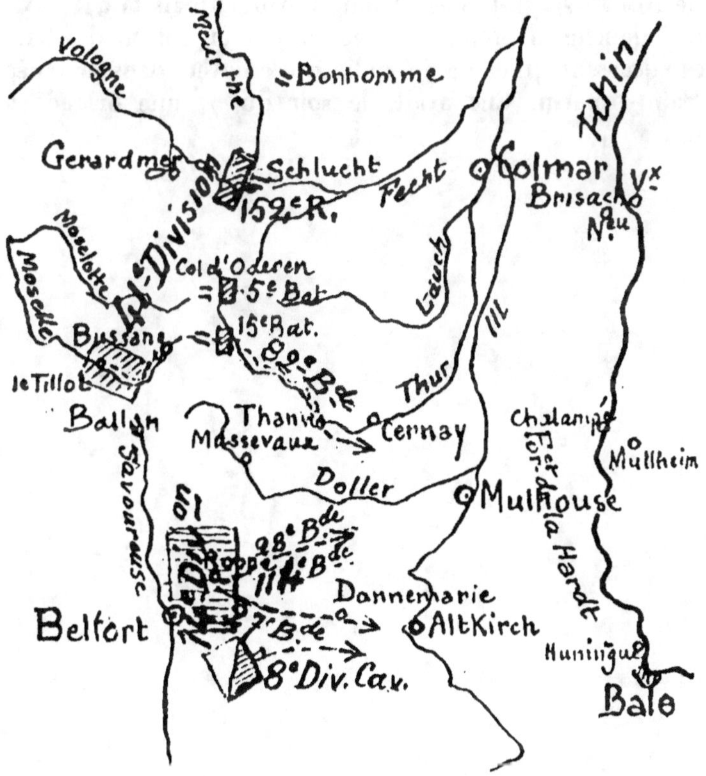

Débouché du 7° Corps en Haute Alsace, le 7 Août 1914.

c'est-à-dire hors d'état d'intervenir dans une même journée
de combat. Je prescris donc d'étudier la poussée du 14ᵉ Corps
vers Corcieux et Gerbépal d'une façon analogue à celle employée pour le 13ᵉ Corps.

Dans la soirée, je suis avisé de la prise d'Altkirch. Il n'y
avait, sur la position, qu'un régiment d'infanterie allemand et
de l'artillerie, mais les défenses fixes étaient très complètes.
L'attaque a duré six heures : elle était menée par une brigade
et deux groupes d'artillerie, la Division de cavalerie tournant
par le sud. Le combat ne me semble pas avoir été mené avec
assez de vigueur. On aurait dû aller plus rondement avec cette
supériorité numérique. Je l'ai dit par téléphone au commandant du 7ᵉ Corps, en l'invitant à inspirer à ses troupes l'énergie de fer qui doit l'animer lui-même.

Au centre, la 14ᵉ Division a réussi assez facilement à occuper le front Aspach-le-Bas, Ammertzwiller; mais la 41ᵉ Division, à gauche, a progressé avec lenteur en raison des barrages successifs qu'elle a été obligée d'enlever, dans la vallée
de Saint-Amarin. Elle avait, le soir du 7, une brigade à
Thann.

BATAILLE DE MULHOUSE

(8 août — 11 août 1914)

COMBATS DES COLS DE SAINTE-MARIE-AUX-MINES ET DU BONHOMME (8 août 1914).

8 Août.

Ce matin à 7 heures, je reçois un message téléphonique du G. Q. G.

On s'impatiente un peu à Vitry (et on a tort). Le général en Chef critique les hésitations du 7ᵉ Corps et donne l'ordre ferme d'atteindre Mulhouse et de détruire les ponts du Rhin. Il me prescrit, en outre, d'enlever les cols des Vosges au nord de la Schlucht et même de prendre ceux de Saales, de Hanz et de Prayez, en vue d'une marche ultérieure par la vallée de la Bruche.

C'est prématuré, à mon sens, parce que ma concentration n'est pas terminée et que je ne suis pas en mesure de soutenir le 21ᵉ Corps avec mon 14ᵉ Corps, dont les cantonnements de tête sont sur le plateau de Champdray et qui n'a pas encore tous ses éléments.

Néanmoins j'obéis : Je donne l'ordre par téléphone au général Legrand, à Rambervillers, de s'emparer aujourd'hui même des cols du Bonhomme et de Sainte-Marie. Je le préviens que, demain 9, il sera relevé, sur cette partie de la crête des Vosges, par les groupes alpins du 14ᵉ Corps. Ainsi libéré sur sa droite, le 21ᵉ Corps pourra franchement faire face au nord-est et attaquer, dès le 9 au matin, avec la majeure partie de ses forces, dans la direction des cols d'Urbeis, de Saales, de Hanz et, si possible, de Prayez. Mais il devra laisser en place sa brigade de gauche, qui est en couverture à l'ouest de la Plaine jusqu'à Montigny, Baccarat, parce que le 13ᵉ Corps n'est pas en mesure de la remplacer dans cette région.

En ce qui concerne le 7° Corps, si je n'ai pas donné, dès avant-hier, l'ordre ferme de marcher sur Mulhouse, c'est qu'en raison de la timidité du commandant du 7° Corps, je pouvais craindre que ce Corps n'abandonnât sa conquête sur une menace quelconque. Or, la retraite du 7° Corps aurait, au point de vue moral, plus d'inconvénients que la prise de Mulhouse ne présente d'avantages. Mais, puisque le G. Q. G. attache une importance particulière à cette opération, il n'y a plus à hésiter : je confirme l'ordre au général B.. en lui prescrivant d'être à Mulhouse ce soir même et de préparer sans retard la destruction des ponts du Rhin. Je lui dis que l'opération sur Chalampé me paraît la plus immédiatement réalisable et que la destruction des ponts d'Istein et d'Huningue semble devoir faire l'objet de coups de main à confier à la cavalerie.

J'envoie par un officier, le lieutenant-colonel Debeney, la confirmation de l'ordre donné par téléphone. Cet officier supérieur connaît ma pensée : il doit notamment insister sur la nécessité d'exagérer l'énergie et l'audace avec lesquelles doivent être conduites ces opérations. Il me faudrait des casse-cou à la tête des détachements de destruction. Le G. Q. G. ne se doute certainement pas des difficultés que présentent ces opérations. Il compte évidemment produire, par un succès de ce côté, un grand effet sur l'opinion publique. Mais sacrifier peut-être un Corps d'Armée, ce serait payer trop cher cet effet.

A 19 heures, je suis avisé que la 14° Division est entrée à Mulhouse à 15 heures et sans combat. La ville a été évacuée à l'arrivée du 7° Corps et l'ennemi s'est replié sur Chalampé.

Le 7° Corps prépare l'attaque sur Chalampé avec une brigade, un groupe de 75 et une batterie lourde.

La proclamation du général Joffre est affichée à Mulhouse et soulève un enthousiasme extraordinaire.

A 14 heures, un avion allemand survole Epinal et jette deux bombes près de la voie ferrée, sans résultat sérieux d'ailleurs.

A 20 heures, j'apprends que le 21° Corps a occupé les cols de Sainte-Marie et du Bonhomme après un combat assez chaud, au Bonhomme surtout. Pour son attaque de demain sur les cols d'Urbeis, de Saales et de Hanz, le général Legrand me demande l'autorisation de prélever les deux bataillons de chasseurs qu'il a aux avant-postes à l'ouest de la Plaine. Je l'accorde à condition de les faire, au préalable, relever par le 17ᵉ d'infanterie, qui se trouve entre les avant-postes et la Meurthe. Le général Legrand pourra également disposer de l'un des trois groupes d'artillerie qui sont à Baccarat.

J'ai autorisé cet affaiblissement de la gauche de la couverture pour corser les attaques sur la Bruche et parce que l'ennemi est peu mordant dans la trouée de Blamont. Dans cette dernière région, un escadron de la 2ᵉ Division de cavalerie a eu aujourd'hui un engagement avec un escadron ennemi et lui a tué 25 hommes.

9 août.

A 5 h. 30, le détachement du 21ᵉ Corps (31ᵉ B. C. P., un bataillon du 149ᵉ et un groupe d'artillerie de Corps) qui avait enlevé, la veille, le col de Sainte-Marie, s'empare du village du même nom qui est à près de 5 kilom. sur les pentes alsaciennes. Je regrette cet excès d'offensive; c'est inutile, puisque je ne veux pas descendre par là et ce sera gênant pour le groupe alpin qui doit ce matin relever ce détachement : il n'a en effet que six compagnies et une batterie de montagne. Mais je ne fais pas de reproche; ce n'en est pas le moment et, tout compte tenu, je préfère avoir des troupes à retenir qu'à pousser.

Le général en Chef m'avise que je puis mettre à la disposition du commandant du 7ᵉ Corps, la Division de réserve de Belfort pour garder ses derrières et occuper la Haute-Alsace. On comprend enfin au G. Q. G., mais d'ailleurs bien timidement et bien tardivement, la nécessité d'étayer la marche du 7ᵉ Corps. Cette Division de réserve est un appoint, mais il m'en faudrait au moins une autre, si ce n'est deux, pour permettre au 7ᵉ Corps de s'organiser sur le front Thann-Mulhouse et de progresser ultérieurement.

Je n'ai toujours pas de renseignements certains sur le groupement des forces sur la rive droite du Rhin (Fribourg et Bâle); s'il y avait des effectifs importants, deux Corps, par exemple, et que je sois obligé de renforcer le 7ᵉ Corps par les cols, cela gênerait beaucoup ma manœuvre à l'ouest des Vosges. Je m'attends, en effet, à avoir au moins deux Corps et peut-être trois sur les bras dans la trouée Sarrebourg-Blamont, et je ne puis guère leur opposer plus de deux Corps et demi.

Le lieutenant-colonel Debeney revient d'Alsace. Le 7ᵉ Corps s'est heurté à la forêt de la Hardt, dont la lisière était organisée, et n'a pu l'enlever. Les troupes viennent de passer trois nuits sans dormir et presque sans manger : elles sont très fatiguées.

Le général B... déclare qu'il ne pourra peut-être pas reprendre l'offensive avant un ou deux jours. Le lieutenant-colonel Debeney me dit que la fatigue est réelle.

On s'impatiente au G. Q. G. Je reçois des demandes de précision sur les raisons de l'inaction du 7ᵉ Corps; on critique ses craintes. Je donne les détails demandés. L'ennemi a au moins une Division à Müllhein; il a porté des troupes sur la lisière ouest de la forêt de la Hardt. Un train blindé a circulé hier sous notre feu. Je suis avisé que le reste de la Division de réserve de Belfort sera ce soir à Dannemarie et demain à Mulhouse.

Le général en Chef met enfin sous mon commandement les places d'Epinal et de Belfort. Je donne l'ordre au gouverneur d'Epinal de tenir sa Division de réserve prête à partir, après demain 11 août, pour Mulhouse par le col de Bussang. Elle se procurera un train régimentaire au moyen de voitures de réquisition, et je la ferai ravitailler par voie ferrée jusqu'à Bussang.

La Division de réserve d'Epinal sera le 14 août à Mulhouse.

Au nord, la 6ᵉ Division de cavalerie a été attaquée à Saint-Martin et Ogéviller par une Division d'infanterie allemande. Je ne m'en inquiète pas outre mesure, ayant donné des ordres pour que le 8ᵉ Corps porte, demain 10 août, son front sur la Meurthe entre Glonville et Fraimbois.

Le général Legrand me fait savoir que l'attaque sur Sainte-Marie a été très chaude ce matin et la relève par le groupe alpin assez difficile, parce que la descente entre le col et le village était balayée par l'artillerie allemande. De plus, deux trains allemands ont amené des renforts à Sainte-Marie. En conséquence, le général Legrand se décide à laisser sur la position son détachement et sa relève.

Au Bonhomme, la relève par le groupe alpin a pu se faire et le 157° se repliera dans la soirée; mais ce régiment ne sera guère en état de combattre demain face au nord. Le général Legrand demande donc à différer son attaque sur Urbeis, Saales et Hanz; il les exécutera le plus tôt possible, mais il choisira son moment. Je l'y autorise.

Vers 18 heures, je suis avisé que le 7° Corps est violemment attaqué, depuis 14 heures, à Cernay et à Lutterbach (près de Mulhouse) par un ennemi venant du nord et amené par voie ferrée.

Dans l'après-midi, de nouvelles attaques se produisent sur son flanc droit et, entre Mulhouse et Thann, sur son aile gauche trop faiblement dotée et non organisée. Le général B... est contraint d'évacuer les hauteurs à l'est de Mulhouse. Je lui rappelle tout l'intérêt qu'il y aurait à se maintenir sur le front Thann-Mulhouse, tout en se flanc-gardant à droite. Je fais appel à toute son énergie pour redoubler d'efforts. C'est en vain.

Dans la soirée, le 7° Corps est obligé d'évacuer Mulhouse. Le combat a été très violent et a donné lieu à de fréquents corps à corps (notamment combat à la lisière de la forêt de la Hardt, 42° régiment d'infanterie), mais finalement la gauche du 7° Corps a été refoulée sur Thann, le centre sur Reiningen, Heimsbrunn et Galfingen; la droite s'est établie à Spechbach et Altkirch.

L'abandon de Mulhouse produit une impression très désagréable au G. Q. G.

Le général Joffre donne directement au général B... l'ordre de reprendre ses positions par une attaque de nuit. C'est, à mon avis, à peu près impossible, en raison de la fatigue des troupes. Je reste sans nouvelles du 7° Corps pendant la nuit, à cause du déplacement de son G. Q.

10 août.

A 6 heures, le général B... me téléphone, de Spechbach, sa situation qui est celle indiquée plus haut. Il va remettre de l'ordre, se concentrer; il reprend la brigade Berge et la remplace à sa droite par une brigade de réserve; il a rappelé deux brigades de cavalerie et se prépare à la contre-attaque.

Dans toutes ces affaires, les Allemands usent couramment de la voie ferrée pour porter leurs troupes sur les points menacés, sans leur imposer la moindre fatigue. Ils l'ont fait sur le front Cernay-Mulhouse, comme au col de Sainte-Marie, comme à Saint-Martin et à Ogéviller.

Le général en Chef n'approuve pas mon idée d'envoyer sur Mulhouse la Division de réserve d'Epinal. C'est trop loin; et d'ailleurs il est trop tard. Je l'emploierai donc ailleurs et probablement dans la région de Corcieux-Fraize, pour la défense des cols des Vosges. Je fais étudier la possibilité de la porter de ce côté par chemin de fer.

Je suis amené à envisager cette solution pour le cas très probable où le 7ᵉ Corps sera en retard dans sa progression vers le nord et ne pourra me flanc-garder.

J'envoie le lieutenant-colonel Debeney à Vitry, pour éclairer le général en Chef sur la situation en Alsace. Je dirige un autre officier de liaison sur le 7ᵉ Corps, avec des instructions prescrivant au général B... de tenir à tout prix et de préparer la reprise de l'offensive.

Le combat au col de Sainte-Marie a été d'une violence extrême. Le 149ᵉ a perdu plus de 600 hommes et une dizaine d'officiers. Le 152ᵉ n'a pu prendre le col de Louchpach qui devra être attaqué par le nord.

Le 14ᵉ Corps pousse deux bataillons sur Fraize, en soutien des détachements des cols. Il porte son front (une Division) aujourd'hui sur Corcieux et Gerbépal.

Le 8ᵉ Corps est sur la Meurthe.

Une Division du 13ᵉ Corps s'établit au nord d'Epinal.

Les deux dernières Divisions des 14ᵉ et 13ᵉ Corps n peuvent suivre que demain et après-demain, parce que leurs éléments ne sont pas tous débarqués.

Le G. Q. G. s'émeut encore des combats aux cols de Sainte-Marie et du Bonhomme, qui ne sont cependant que l'exécution des ordres donnés. Il me prescrit de faire agir en liaison intime les 21ᵉ et 14ᵉ Corps, ce qui est impossible en raison de la situation de la zone de débarquement du 14ᵉ Corps (j'ai fait le plus possible dans le sens indiqué), mais d'éviter d'engager les Corps par morceaux. On est très nerveux à Vitry et on entre malencontreusement dans trop de détails. On devrait bien laisser les commandants d'Armée en face des instructions données, avec leur responsabilité et leur initiative.

Le 21ᵉ Corps rend compte d'une attaque imminente à Saales. Il demande instamment la libre disposition des forces qu'il a encore à Wisembach (31ᵉ B. C. P. et deux bataillons du 149ᵉ) et leur relève par des éléments du 14ᵉ Corps. Or, la Division de tête de ce Corps vient de faire mouvement et a jeté sur Fraize deux de ses bataillons qui ont fait 30 kilomètres. J'autorise cependant le général P... à pousser l'un de ces bataillons sur Wisembach en mettant ses sacs sur des voitures de réquisition. En même temps, la 28ᵉ Division (de queue) sera portée sur Bruyères dans la soirée et, demain, tout le Corps d'Armée gagnera le front Taintrux-Laveline, ses Divisions accolées. Je place sa réserve d'infanterie (brigade coloniale) à La Chapelle et à Laveline-devant-Bruyères, en lui faisant donner un groupe de l'artillerie de Corps. J'ai, en effet, l'intention de détacher cette brigade du 14ᵉ Corps et de m'en faire une réserve, qui marchera à l'aile gauche derrière la droite du 13ᵉ Corps.

Mauvaises nouvelles du 7ᵉ Corps, qui recule encore dans la direction de Belfort.

A 21 heures, le lieutenant-colonel Debeney revient de Vitry. Il a exposé la situation en Alsace, il a représenté que l'insuccès du 7ᵉ Corps vient en grande partie des hésitations du général B... et de ses mauvaises dispositions d'attaque : il a, en résumé, mis sa couverture en marche; il s'est avancé en rateau, au lieu d'avoir un dispositif d'attaque ayant de la profondeur et par suite de l'énergie. Gros : Direction Mulhouse, détachement de droite, direction Altkirch. Il fallait évidemment attaquer Altkirch qu'on savait occupé par 3.000 hommes environ, avec des troupes actives; mais, aussitôt la position enlevée, on aurait dû relever la brigade active de ce côté par des troupes de réserve, de manière à avoir au sud-ouest et près de Mulhouse une réserve importante. Il fallait aussi se fortifier solidement, surtout aux deux ailes : Cernay et Mulhouse.

On doit reconnaître cependant que la conquête était difficile à conserver avec le seul 7ᵉ Corps et la Division de réserve (encore mal aguerrie), en raison de l'étendue du front (28 kilomètres) et de sa forme coudée, la pointe de Mulhouse fichant sur la lisière ouest de la forêt de la Hardt fortement organisée. Cette situation assurait aux Allemands des faciiltés d'enveloppement dont ils ont usé.

Le général Joffre s'est montré fort mécontent de l'insuccès du 7ᵉ Corps et surtout de la persistance de sa retraite. Il est certain que le commandement s'est trouvé débordé; il a, en tout cas, manqué, en cette circonstance, d'énergie et de prévoyance. Les corps de troupe paraissent avoir été livrés à eux-mêmes, sans ordres et sans direction.

Les liaisons m'ont généralement paru insuffisantes dans le Corps d'Armée. Ainsi le général B... a toujours été fort mal renseigné sur sa gauche : à toutes mes questions sur cette aile, il répondait qu'il était sans nouvelles précises.

La cavalerie ne semble pas avoir rendu les services qu'on pouvait attendre d'elle; elle est restée collée à l'infanterie.

Elle aurait dû avoir son gros à mi-chemin entre Altkirch et Bâle et ses antennes en contact avec les garnisons d'Istein et d'Huningue; mais il fallait avoir une brigade au nord et le général B... ne s'est décidé à en envoyer de ce côté que sur l'observation que je lui en ai faite et que lui a renouvelée mon sous-chef d'Etat-Major.

Bref, le général Joffre a compris que le 7ᵉ Corps serait impuissant à lui seul à exécuter sa mission en Haute-Alsace et a décidé la formation d'une Armée d'Alsace, sous les ordres du général Pau.

Le lieutenant-colonel Debeney a exposé les dispositions

que j'ai arrêtées pour être en mesure, le 14 au jour, de prendre l'offensive dans les conditions ci-après :

Aile gauche : deux Corps (8ᵉ et 13ᵉ) bordant la Meurthe entre Fraimbois et Raon-l'Etape; — zone d'action, couloir de Blamont, Sarrebourg, avec intention de rabattement à droite sur la trouée de Saverne. — Premier objectif: front Avricourt-La Frimbole.

Aile droite : 21ᵉ Corps tenant les vallées de la Plaine, du Rabodeau et les cols de Hanz, Saales et Urbeis. — Direction principale d'offensive : vallée de la Bruche, — aile gauche suivant la crête du Donon, sur Obersteigen, — Corps flanc-gardé à droite et liaison avec le 14ᵉ Corps sur les crêtes de la forêt de Barr, où sera la gauche de ce dernier Corps.

14ᵉ Corps entre Provenchères et Fraize; — 28ᵉ Division, sur la Fave, orientée vers le nord-est — 27ᵉ Division entre la Fave et la Haute-Meurthe, orientée vers l'est.

Le rôle du 14ᵉ Corps est une mission de flanc-garde : la 28ᵉ Division prendra sa direction principale sur Villé pour aboutir aux débouchés des forêts de Barr et d'Obernai; — la 27ᵉ Division marchera sur Sainte-Marie-aux-Mines et Schlestadt d'une part, sur la Poutroye et Kaisersberg de l'autre, pour reprendre la direction générale du nord-est, dès qu'elle sera appuyée par l'Armée d'Alsace.

L'insuccès du 7ᵉ Corps me fait perdre une Division pour mon aile gauche. Je comptais, en effet, ne mettre qu'une Division du 14ᵉ Corps à mon aile droite et employer l'autre comme réserve d'aile gauche. Je ne puis le faire maintenant, le 14ᵉ Corps ayant besoin de tout son monde à droite; je lui enlève cependant sa brigade coloniale à laquelle je fais donner un groupe de l'artillerie de Corps et que je vais acheminer sur Rambervillers, derrière le 13ᵉ Corps.

Enfin, je place la Division de réserve d'Epinal à Bruyères, où elle sera plus utilement placée que dans le camp retranché.

En résumé, action concordante des 8ᵉ, 13ᵉ et 21ᵉ Corps qui vont s'infléchir vers le nord-est, le 21ᵉ Corps masquant Molsheim et facilitant le mouvement à intention enveloppante par Saverne, le tout flanc-gardé à droite par le 14ᵉ Corps — qui abordera Molsheim par le sud.

Le général Joffre s'est montré très satisfait de la netteté

du plan et des dispositions de la 1re Armée pour le 14. Je crois être le premier prêt des cinq Commandants d'Armée.

Prise des cols des Braques et de Saales
(11 août 1914)

11 août.

Je reçois notification de la formation de l'Armée d'Alsace qui comprendra le 7e Corps, la 44e Division et le 1er groupe des Divisions de réserve. De plus cinq bataillons de chasseurs venus des Alpes vont être chargés de tenir les cols entre la Schlucht et Remiremont.

On me rend compte des atrocités commises par les Allemands. Ils achèvent les blessés à coups de lance, sous leurs talons de botte, ou en leur tirant des coups de feu dans le visage à bout portant. C'est officiellement constaté.

Dans l'attaque d'hier (gauche du 21e Corps), les Bavarois ont brûlé successivement tous les villages traversés. En débouchant de Montreux (nord de Badonviller), ils ont fait marcher devant leur ligne de combat des habitants inoffensifs en bras de chemise. Quels sauvages !

Le général commandant le 8e Corps me fait savoir, à 8 heures, que la 25e brigade (21e Corps) est fortement attaquée et lui demande son concours. Il me dit qu'il va faire passer sa Division de tête au nord de la Meurthe et diriger la 6e Division de cavalerie sur Domèvre. Je l'y autorise en lui faisant remarquer que les opérations d'ensemble ne sont pas commencées et qu'il faut éviter de s'engager par fractions. Il devra donc faire strictement le nécessaire, en évitant que son gros dépasse la Meurthe.

Le 7e Corps recule son centre (14e Division) sur Bréchaumont, Vauthiermont; artillerie de Corps à Félon. On pense que la gauche (41e Division) est toujours vers Thann ou au moins en avant de Massevaux, mais on n'en est pas sûr.

À droite, la 57e Division de réserve a reflué sur Valdieu. Je prescris au 7e Corps de tenir sur place et, en tout cas, de couvrir le rassemblement de la 66° Division à Bourogne et de s'efforcer de protéger la vallée de Massevaux.

Le général Pau arrive à 10 heures. Je le mets au courant de la situation. Il n'a pas encore son Etat-Major au complet et me demande de conserver momentanément le 7° Corps sous mes ordres.

De mauvaises nouvelles m'arrivent de ce Corps. Il a lâché Thann et Lauw, découvert par conséquent les vallées condui-

Situation du 7° Corps le 11 Août au matin

sant à Bussang et au Ballon d'Alsace. Son aile gauche (41° Division) est vers La Chapelle-sous-Rougemont.

Pour aller au plus pressé, je fais préparer un bataillon de réserve d'Epinal que j'envoie par voie ferrée à Saint-Maurice, d'où il montera au Ballon. Un bataillon de chasseurs arrivant aujourd'hui à Bussang par chemin de fer, je lui ai prescrit déjà de détacher une compagnie au Ballon, de sorte que, ce soir, il y aura cinq compagnies de chasseurs au col de Bussang; une compagnie de chasseurs, un bataillon de chasseurs et un bataillon d'infanterie de réserve au Ballon. En outre, une compagnie du 133° en retraite de Thann sur Saint-Amarin est arrivée à Bussang. Je détache de la place d'Epinal un lieutenant-colonel pour commander les deux détachements de Bussang et du Ballon.

Le 21° Corps a attaqué aujourd'hui; il s'est emparé des cols des Braques et de Saales. Il a eu affaire, entre autres Corps, au 99° de Landwehr, dont il a capturé bon nombre de soldats. Les prisonniers ont apporté une mitrailleuse; ils paraissent heureux de leur sort.

A l'aile gauche, la 25° brigade, dans les combats de Badonviller, a pris des Bavarois qui avaient de l'étoupe dans l'une de leurs cartouchières. On aurait dû fusiller, sur place et sans autre forme, ces incendiaires.

J'avais envoyé, sur la demande qui m'en avait été faite, un officier au G. Q. G. à Vitry. Il me rapporte, à minuit trente, les ordres pour l'offensive. Nous marcherons le 14 au jour, ma gauche sera appuyée par la II° Armée. Je resserrerai, à cet effet, mon 8° Corps sur sa droite et je l'orienterai sur Blamont, pour laisser une zone libre au 16° Corps, droite de la II° Armée.

J'allais oublier de noter l'incident du 8° Corps qui a poussé sa 15° Division au nord de la Meurthe à l'appel du général Barbade (25° Brigade), celui-ci se disant attaqué et hors d'état de tenir. J'ai fait, dans la soirée, des reproches au général de C..., auquel j'avais simplement permis de fournir le secours strictement nécessaire et non une Division. Je lui donne l'ordre de ramener le gros de cette Division demain au sud de la Meurthe; je ne veux m'avancer que toutes forces réunies.

12 août.

Au jour, nouvel appel du général Barbade : il est attaqué à 5 heures par une brigade et demande encore le secours de toute la Division de droite du 8° Corps. Or, le combat est à peine engagé et il n'a pas employé ses réserves (il dispose d'une brigade entière, moins un bataillon, et de deux groupes d'artillerie). C'est un manque de sang-froid et d'appréciation. Rien ne sera changé à la répartition des troupes du 8° Corps; si le général Barbade ne peut tenir, qu'il recule jusqu'à la Meurthe.

Je prends le parti d'appeler l'attention du général Legrand sur cette mentalité. Je vais donc à Saint-Dié à cet effet et j'en profite pour mettre le commandant du 21° Corps au courant du plan d'opérations. Retour à Épinal à midi 40.

A 17 heures, je réunis les commandants de Corps d'Armée (prévenus dès la veille) et je leur explique ma manœuvre, en leur donnant mes instructions pour le 14. Ils emportent l'instruction générale écrite et, demain, ils feront prendre l'ordre d'opérations. Et maintenant, à la grâce de Dieu! J'ai bon espoir, si tout le monde fait son devoir.

A 19 heures, je suis avisé que la 25° brigade (en couverture à Saint-Pole et à Badonviller) attaquée depuis ce matin, a été refoulée sur la Meurthe. Encaissons l'échec; il était prévu et je ne voulais pas voir le 8° Corps sortir de sa zone d'action à l'est pour intervenir et éparpiller une partie de son monde. Si l'ennemi a l'audace de pousser au sud de la Meurthe, il se heurtera aux avant-postes que le 13° Corps a jetés au nord-est de la Mortagne. Demain, comme les avant-gardes du 13° Corps doivent dépasser la Meurthe, elles règleront l'incident, en refoulant l'ennemi, et, le 14, nous nous retrouverons encore dans l'offensive générale.

J'avais d'abord l'intention de lancer la 6° Division de cavalerie sur les derrières du détachement ennemi. Mais on me dit que cette Division est épuisée, qu'elle a besoin d'un peu de repos; je me rends à cette raison.

13 août.

Le général Pau me fait savoir que le 7° Corps a besoin d'un certain nombre de jours de repos et qu'il ne pourra appuyer et flanc-garder mon offensive en Alsace qu'avec du retard. Les Divisions de réserve ont commencé leurs débarquements depuis hier, mais elles sont à plus d'une journée de Belfort. En tout cas, si l'ennemi se retire devant le 7ᵉ Corps, le général Pau l'attaquera pour le retenir.

Je prends les dernières mesures pour les attaques du 14 août et je songe à la possibilité de navettes en chemin de fer derrière mon front, pour transporter éventuellement du monde vers mon aile droite en cas d'insuccès du 14ᵉ Corps. Dans ce but, je fais réunir quatre trains (pour une brigade) à Saint-Dié. Je pourrais les faire venir à Baccarat où à Raon-l'Etape et enlever là des bataillons pour les diriger sur Saint-Léonard, par exemple.

J'apprends qu'un commandant de Corps d'Armée et deux divisionnaires ont été dépossédés de leur commandement ; en même temps, le général en Chef invite les commandants d'Armée à proposer, le cas échéant, des mesures du même genre; mais il demande aussi qu'on signale les généraux et colonels qui se distingueront, en prévision des vacances à remplir.

Il est certain que la bienveillance doit céder devant la gravité de la situation. Si des fautes de commandement ont été commises, les sanctions se justifient; mais il ne faudrait pas que la suspicion vînt briser certains ressorts. Faut-il noter que, déjà, un général de Division vient de se suicider à la suite d'observations faites par son commandant de Corps d'Armée?

Le 14ᵉ Corps a tenté aujourd'hui de déboucher des cols de Sainte-Marie et du Bonhomme. Il s'est heurté à des travaux et ouvrages de fortification du type semi-permanent (ouvrages en poutres, ou rails recouverts de terre avec créneaux, précédés de réseaux de fil de fer, large emploi des fougasses, embuscades et batteries habilement postées). Une seule compagnie de chasseurs a perdu 160 hommes; elle est arrivée à quelques mètres des retranchements sans pouvoir y entrer. Une autre est passée sur une traînée de fougasses, qui ont éclaté : elle a fait de grosses pertes.

Le passage sera très dur; tous les points favorables à un mouvement tournant sont tenus par l'ennemi.

J'ai prescrit au 14ᵉ Corps de se fortifier en face de chaque col et de concentrer ses efforts sur l'un des points, en faisant un large usage des attaques de nuit. Il faut, en outre, arriver à placer quelques canons usant du feu d'écharpe.

J'ai su que les Allemands ont mis plusieurs mois à créer ces retranchements : des compagnies du génie ont séjourné longtemps dans la montagne avant la guerre; on ne le savait pas en France.

Je recommande, dans la soirée, aux officiers de liaison de rappeler aux commandants de Corps d'Armée la nécessité de préparer soigneusement et énergiquement les attaques par l'artillerie et de soutenir de même l'infanterie quand elle se portera à l'attaque. De plus, tout progrès devra être confirmé par une mise en état de défense; enfin, il faut s'attendre à des retours offensifs de nuit et pratiquer soi-même ce genre d'attaque.

BATAILLE DE LORRAINE

(14 août — 12 septembre 1914)

14 août.

Je pars à 6 heures pour Rambervillers, où j'établis mon poste de commandement.

A 9 heures, je me rends à mon aile gauche (au poste de commandement du 8ᵉ Corps, signal d'Hablonville), où je reste plus d'une heure. Quand je pars, le 8ᵉ Corps atteint Chazelles et attaque Domèvre; mais il se trouve, à droite, arrêté devant la crête entre Domèvre et Clair-Bois. A sa droite, le 13ᵉ Corps tient Ancerviller (hameau), progresse dans le bois des Haies et marche sur Montreux.

A la gauche du 8ᵉ Corps, l'aile droite de la IIᵉ Armée (16ᵉ Corps), qui doit appuyer mon mouvement, remplit mal sa mission : elle est fort en arrière et c'est nous qui l'entraînons, pour ainsi dire. Je rencontre, avant de partir, un officier de liaison de la IIᵉ Armée; je lui en fais la remarque et je le prie de la transmettre à son chef, avec mon désir de voir le 16ᵉ Corps former plutôt échelon débordant ma gauche.

D'une façon générale, je trouve le P. C. du 8ᵉ Corps mal établi, trop en vue (sur un piton); il vaut mieux le placer un peu en arrière et relativement à l'abri, pour permettre le travail, ce qui n'empêche pas le général d'aller de sa personne sur tous les postes d'observation qu'il voudra.

L'artillerie est mal employée : ainsi, deux groupes de l'A. C. avaient été envoyés pour soutenir la brigade Reibell, sans que ces groupes aient été mis à la disposition du général de Division intéressé. Comment établir l'unité d'action dans de telles conditions?

Les liaisons sont insuffisantes : le général commandant le C. A. n'est pas renseigné et ne peut effectivement diriger le combat. Il ne faut pas craindre de faire marcher les officiers d'État-Major; ils ne demandent d'ailleurs que cela : c'est un plaisir pour ces jeunes gens que de traverser les terrains battus. De même, les Divisions, les brigades de la ligne de combat ne se relient ni assez vite, ni assez sérieusement. On s'engage encore, sur bien des points, avec les têtes de colonne de marche, au lieu d'avoir à l'avance un véritable front formé par la multiplication des colonnes, précaution qu'il faut prendre dès que les avant-gardes arrivent au contact.

A midi, le 21ᵉ Corps atteint le Donon avec sa colonne de gauche, sans grande résistance. Il est arrêté, sur la Bruche, jusqu'à 15 heures, devant Saint-Blaise, qui ne tombe que sous

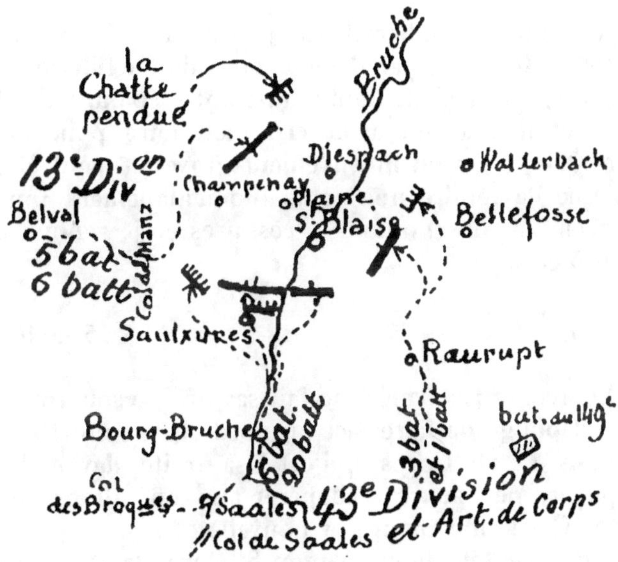

Combat de Saint-Blaise, 14 août 1914.

la menace d'un mouvement tournant opéré par la colonne de la 13ᵉ Division; celle-ci cheminait à mi-côte entre la crête et la vallée et venait du col de Hanz et du massif de la Chatte-Pendue, sur Champenay, Plaine et Diespach. Dans ce combat, une batterie d'obusiers de 15 centimètres a produit, par exception, un effet important sur une batterie de 75, qui a été prise immédiatement sous un feu d'efficacité sans réglage et a perdu la moitié de son effectif. Il est certain que la batterie allemande avait, de longue main, repéré le terrain. Elle a d'ailleurs disparu peu après, sous la menace sans doute du mouvement tournant.

Au 14° Corps, la 28° Division progresse au delà du col d'Urbeis vers Villé; elle se relie vers Steige au 21° Corps.

Cette nuit, elle va chercher à descendre par les cols de la Hingrie et de Raleine, avec trois bataillons et des batteries, pour prendre à revers les défenses du col de Sainte-Marie, tandis que la 27° Division attaquera de front.

Aux cols de Sainte-Marie et du Bonhomme, on se fortifie pour arrêter éventuellement une offensive allemande, en attendant que les attaques soient reprises.

En rentrant à Rambervillers, je suis arrêté 30 minutes à la sortie de Baccarat par des colonnes de l'artillerie lourde du 8° Corps, qui avaient doublé une autre colonne d'artillerie. Le chef d'escadron avait cru bien faire pour arriver plus vite. Mais c'est un inconvénient grave (ce peut être un danger) que de rendre une route momentanément impraticable. Je fais les observations nécessaires et je renouvellerai les ordres à ce sujet.

15 août.

À 3 heures, la II° Armée me fait savoir que son 15° Corps (centre) est obligé de faire face au nord et de se fortifier sur ses positions. Le 16° Corps, qui est à sa droite, devant l'aider et l'appuyer, ne pourra coopérer aux opérations de la I° Armée. C'est une mauvaise nouvelle.

Je rends, par téléphone, à mon 8° Corps la Division que je m'étais réservée et je le préviens qu'il devra, avec ses seules forces, pousser jusqu'à Igney et Foulcray. Je lui demande cependant de garder à sa gauche une réserve d'une brigade mixte et de prévenir la 6° Division de cavalerie.

J'ai oublié de noter hier que le général Joffre formait, au bénéfice de la I° Armée, un Corps de cavalerie de trois Divisions (les deux de la II° Armée et la mienne) sous les ordres du général Conneau. La mission de ce Corps est de déborder ma gauche, dès que le couloir de Sarrebourg sera libre et d'opérer sur les derrières de l'ennemi. Il devra prendre sa subsistance sur les convois de l'ennemi.

A 6 heures, je me porte au P. C. du 13ᵉ Corps.

J'avais appris, pendant la nuit, que deux compagnies du 8ᵉ Corps avaient mis la main sur Blamont, sur l'initiative du chef de Corps du 95ᵉ. Peu après, le général de Maud'huy, trouvant ces unités un peu en l'air, avait jugé nécessaire d'occuper les pentes au nord-est de la localité. Il avait pris un bataillon et s'était glissé dans l'obscurité; mais, au moment d'arriver sur le plateau, le détachement avait été accueilli par un feu violent qui lui avait fait perdre 300 hommes environ. Il avait dû se replier sur Blamont. En arrivant sur le terrain, je prierai le commandant de C. A. de féliciter ces braves gens, malgré l'insuccès de leur dernier effort.

Je n'ai pas été aussi satisfait de ce qui s'est passé, vers le soir, à la droite du 13ᵉ Corps. Là, la 26ᵉ Division arrivant de Petitmont sur Cirey s'était disposée pour attaquer cette position avec trois régiments, l'un chargé par le sud de l'attaque directe, les deux autres de l'enveloppement par l'est. L'attaque avait été brusquée à plus de 2.000 mètres de l'ennemi par l'un des bataillons venant du sud. La sonnerie de la charge s'était fait entendre (on n'a pu savoir sur quelle initiative) et l'on s'était follement jeté à l'assaut.

Sur une pareille distance à parcourir, le feu avait fait rage: les pertes avaient été des plus graves. L'élan avait été brisé avant l'abordage et la Division s'était reportée en arrière fort impressionnée et avec quelque désordre, en raison de l'obscurité naissante.

Je ferai remarquer au général A..., que la prise de Cirey ne faisait pas partie du programme de la journée : il fallait, en effet, ou se contenter d'atteindre la Vezouse, ou, si on voulait la franchir, pousser jusqu'à Bertrambois, c'est-à-dire au delà des bois. Le commandant de Corps d'Armée aurait dû orienter ses deux Divisions, conserver la direction du combat, leur indiquer le front à atteindre et, par conséquent, ne pas permettre le combat de Cirey. D'ailleurs, on ne commence pas, à la fin du jour, l'attaque d'une position de cette importance et qui n'a pas été sérieusement reconnue.

En réalité, les liaisons ont fait, en grande partie, défaut au 13e Corps; le commandant de Corps d'Armée n'a pu effectivement diriger le combat et je crois bien qu'il en a été de même du général S..., commandant la 26e Division. Je ferai les observations nécessaires et je donnerai les directives pour que pareil fait ne se renouvelle pas.

En arrivant au P. C. du 13e Corps (Merville, d'ailleurs trop éloigné de la ligne de combat), je n'ai pas trouvé le général A... qui était allé à sa Division de droite pour remettre les choses en place.

J'ai dû, en son absence, modifier les ordres qu'il avait donnés et qui peuvent se résumer en ceci : en raison de l'échec de sa droite, le C. A. devra stopper tout entier. De sorte que le 8e Corps, qui, lui, continuait ses attaques, allait être découvert sur sa droite. J'ai prescrit au 13e Corps d'attaquer par sa gauche sur Fremonville, en liaison avec le 8e, et de se contenter de se maintenir à droite devant Cirey en se fortifiant, puisque la 26e Division était trop fatiguée pour attaquer. L'artillerie lourde devait préparer l'attaque de Frémonville. De la sorte, Cirey tomberait comme une poire mûre, dès qu'on dépasserait, à gauche, Blamont et Frémonville.

De là, je suis allé au 8e Corps où j'ai trouvé une situation satisfaisante. Les hauteurs de Blamont allaient être abordées par l'ouest et le sud, une brigade de la 16e Division prolongeant à gauche, sur Repaix, l'attaque de la 15e Division. Il restait en réserve une brigade et deux groupes de l'A. D. de la 16e Division.

D'Herbéviller, je me suis remis à la recherche du général A... A son ancien P. C., on ne l'avait pas encore revu. Je suis donc reparti dans la direction de la 26e Division et j'ai fini par le rencontrer qui revenait après quatre ou cinq heures d'absence de son P. C. C'est à ce moment que je lui ai fait toutes mes observations. C'est un homme de cœur, qui s'est naturellement montré très ému de ce que je lui ai dit; mais je suis sûr qu'il fera son possible pour suppléer au défaut d'expérience qu'il peut avoir d'un commandement aussi lourd.

Il était tellement préoccupé de l'incident de Cirey, qu'il avait dirigé de ce côté sa brigade de réserve. Or, la 26e Division n'avait que faire de cette réserve, puisqu'elle n'attaquait pas. Je suis arrivé assez à temps le matin pour empêcher ce mélange inutile de deux Divisions.

Peu après (midi), on dépassait le front Repaix, Fremonville, et l'ennemi mettait lui-même fin à l'anxiété du commandant du 13ᵉ Corps en évacuant Cirey.

En rentrant au Q. G. de Rambervillers, je trouve un drapeau du 4ᵉ bataillon du 132ᵉ régiment d'infanterie, unité rentrant dans la composition du 98ᵉ régiment de réserve allemand; ce drapeau m'est envoyé par le général Legrand : il a été pris à Saint-Blaise par le 10ᵉ B. C. P. qui a fait, en outre, 500 prisonniers.

Sur certains points du front des 8ᵉ et 13ᵉ Corps, l'affaire a été chaude hier; j'ai vu le terrain encore parsemé de cadavres, malgré la hâte des travailleurs civils occupés à la mise en terre. J'ai constaté aussi l'efficacité de notre tir d'artillerie : on a découvert ce matin, dans le bois des Prêtres, des groupes de 10 à 25 cadavres allemands.

Je rencontre des convois de blessés français. Ces malheureux sont dans des charrettes vosgiennes, sur un lit de paille.

Quelques-uns sont bien pâles et abattus : l'un d'eux a eu la jambe emportée; mais beaucoup sont insouciants, presque gais. J'en vois un, étendu tout de son long cependant, qui a emporté une ombrelle trouvée dans un village; il vient de l'ouvrir pour se protéger (il commence à pleuvoir); il trouve sa situation assez plaisante.

Le 21ᵉ Corps n'a pas progressé aujourd'hui. Il se fortifie sur le Donon, à Saint-Blaise et, à sa droite, sur les hauteurs de Blancherupt. Il a un bataillon détaché sur la route de Steige, où il se relie avec le 14ᵉ Corps.

Le 14ᵉ Corps fait quelques progrès, par la route d'Urbeis, vers Villé. Il a atteint Lalaye.

Toujours rien de nouveau au sujet de la *feste* de Sainte-Marie (c'est bien le terme qui convient). Pas de nouvelles du mouvement tournant, par le nord-ouest, du général Blazer. On sait seulement qu'il a éprouvé une forte résistance.

Mon officier de liaison au 14ᵉ Corps, qui revient du col, me dit que les Allemands y ont du canon de 15 centim., qui arrose constamment la pente française et tire sur des objectifs déterminés (P. C. de généraux, rassemblements).

On suppose que les observateurs du tir sont sur la crête boisée. On a cependant, sans résultat, fouillé tous les bois. Il se peut aussi que les données du tir soient fournies par des espions se servant peut-être de pigeons voyageurs. On a vu, dans la journée, des pigeons tournoyer au-dessus de Provenchères. On fait une enquête à ce sujet.

Progrès au Bonhomme. On tient le village et on descend sur la Poutroye.

J'oubliais de noter la fuite précipitée de Blamont du général Von Xilander, commandant le 1ᵉʳ Corps bavarois, dans la journée du 14. Il n'a pas eu le temps d'emporter ses papiers : ils nous ont donné d'utiles renseignements sur la constitution de l'Armée qui nous est opposée (c'est la VIᵉ, Q. G. à Saint-Avold), ainsi que sur la répartition des forces. La maison habitée par ce général bavarois a été mise à sac avant son départ. On a éventré les fauteuils et les armoires, déchiré les rideaux, etc. Les Bavarois ont, en outre, commis là leurs atrocités habituelles : ils ont fusillé plusieurs personnes, dont un vieillard, violenté et finalement tué une jeune fille, etc.

J'apprends aujourd'hui qu'ils ont réquisitionné des jeunes filles, comme un vil bétail (les détails figurent au rapport du colonel Trabucco). C'est un comble, mais il fallait s'y attendre.

16 Août.

J'arrive à 9 heures au 13ᵉ Corps (P. C. à Cirey). Le commandant de ce Corps me dit que Lafrimbole l'inquiète un peu et qu'il n'a pas voulu attaquer, sans avoir des renseignements précis sur cette partie du front. Ainsi, voilà un Corps qui a l'ordre ferme d'attaquer à 6 heures et qui, au moins avec sa droite, n'avait pas bougé à 9 heures, de sorte que le reste de la ligne pouvait être attaqué dans le flanc droit, puisqu'il se trouvait découvert par l'inaction de la 25ᵉ Division. Je donne l'ordre formel au général de commencer l'attaque, en lui faisant remarquer qu'il est des circonstances où l'on est obligé de s'engager sans savoir au juste ce qu'on a devant soi. Le combat est, dans ce cas, la meilleure des reconnaissances. Toute attaque comprend, d'abord, une attaque de front qui fixe l'ennemi et permet de déterminer sa force et ses dispositions, si l'on n'a pas à l'avance des renseignements suffisants. Pendant ce combat de front, on combine et on prépare sa manœuvre, pour l'exécuter quand le combat de front a suffisamment fixé l'ennemi. Le général A..., d'une bravoure à toute épreuve, manque un peu d'expérience et sa 26ᵉ Division est mal commandée. Ce 13ᵉ Corps m'inquiète.

Je vais de là au 8ᵉ Corps (Blamont), où j'apprends que la ligne de combat tient Hattigny et Saint-Georges, c'est-à-

Situation le 16 août au soir.

dire le front objectif de la journée où elle va se fortifier. On est avisé, à ce moment, de la marche d'un régiment du 16ᵉ Corps d'Avricourt sur Gondrexange, comme liaison avec la IIᵉ Armée.

En revenant vers mon P. C., je vois des centaines de cadavres non encore inhumés aux abords de Petitmeat. Que font donc les services du 13ᵉ Corps à ce sujet? Je ferai activer cette triste besogne.

Dans l'après-midi, on traduit un grand nombre de lettres

d'officiers et de soldats allemands prises à Blamont et Cirey. On y trouve partout l'idée que le Ier Bavarois recule devant les Français, jusqu'à ce que l'armée allemande ait pu réunir ses forces pour reprendre l'offensive en masse. Cette idée est confirmée par un ordre du Corps bavarois qui l'énonce officiellement pour ainsi dire. Les lettres en question parlent encore du IIIe Bavarois qui, du sud-est de Metz, aurait été embarqué pour la Russie.

Tous ces renseignements me donnent à réfléchir : j'ai toujours été étonné du peu de résistance du Ier Bavarois et j'ai pensé que c'était simplement le prélude de la grande bataille. Or, le IIIe Bavarois pourrait bien avoir été simplement transporté aux environs de Sarrebourg pour se joindre au Ier. J'y crois d'autant plus que sa cavalerie a été repérée sur mon front. D'autre part, je sais que le XIIIe Corps a des éléments devant moi. Je prévois donc très bien l'offensive des Ier et IIIe Bavarois et du XIIIe Corps contre mon Armée, lorsque je me heurterai au barrage de la Sarre et des hauteurs Sarrebourg, Henridorff.

Ma situation va devenir d'ailleurs moins bonne, puisque la IIe Armée me lâche pour s'infléchir vers le nord, et que je vais peut-être trouver sur mon flanc gauche un front fortifié entre Gondrexange et Xouaxange. Mon devoir est donc de réunir le plus possible de forces dans le couloir de Blamont-

Le 21e Corps va m'envoyer du Donon, par les deux routes de Saint-Quirin et d'Abreschwiller, l'une de ses deux Divisions, qui viendra se placer derrière la droite du 13e Corps.

— Le 14e Corps, qui vient de s'emparer de la *feste* de Sainte-Marie-aux-Mines, à la suite d'une attaque enveloppante très bien menée par le général Blazer (du col de Raleine vers le sud-est), prélèvera une brigade sur la 27e Division et remplacera le 21e Corps dans la Bruche et vers le Champ-du-Feu.

— En même temps, la 71e Division de réserve sera poussée sur Corcieux.

Pour préparer ce mouvement du 21e Corps, qui se fera le 18, je me contenterai demain de pousser le 13e Corps sur le front La Neuveville, Vasperviller, pour couvrir au moins le débouché de l'une des routes du 21e Corps; et le 8e Corps, à gauche, ne fera que pousser un peu son centre et sa droite en avant pour se raccorder avec le 13°, sans faire marcher son aile gauche à Saint-Georges. Ce sera un demi repos pour ce dernier Corps, qui combat sans trêve depuis le 14.

J'en rends compte au G. Q. G., par un télégramme chiffré de 800 groupes. Les officiers traducteurs à Vitry ne vont pas rire : ils m'enverront au diable!

Les officiers de liaison reviennent des Corps d'Armée. Celui du 21° Corps me rend compte qu'on a fait 500 prisonniers sur la Bruche, relevé autant de cadavres abandonnés, pris deux batteries, un drapeau (celui qui a été envoyé à Vitry), des quantités énormes de vivres, d'équipements et d'armes et plus de 300 chevaux. Il y a eu une véritable déroute, au cours de laquelle les Allemands ont jeté leurs armes et leurs équipements.

Au 14° Corps, on a trouvé une batterie d'obusiers dans la *feste* de Sainte-Marie : les Allemands avaient pu emmener le reste par la route de Ribeauvillé.

Les cadavres trouvés dans les tranchées sont littéralement déchiquetés; c'est le résultat des coups de hache de nos obus explosifs.

17 août.

Je suis sur le front de très bonne heure, il pleut à torrents. Au 13° Corps, je trouve, comme d'habitude, les troupes un peu en retard : c'est, paraît-il, l'infanterie coloniale qui en est cause; le général A... demandera des explications.

Le Corps atteint sans combat le front assigné : La Neuveville (exclu), Vasperviller avec avant-postes sur la crête plus au nord, la droite à la Valette, enfin détachement de flanc sur Litterbach.

J'ai vu, en venant, qu'on se décidait à enterrer les morts de Cirey. Il y en a cependant encore des centaines rangés le long des fosses déjà creusées. Des gendarmes étaient penchés sur ces malheureux soldats pour leur prendre leur plaque d'identité.

Le 8° Corps a atteint le nouveau front sans difficultés (Saint-Georges, Aspach, La Neuveville). Cependant, hier, Saint-Georges et les environs étaient intenables sous le feu d'une artillerie lourde allemande placée au nord d'Heming et que nous n'arrivons pas à réduire au silence. On en viendra à bout, en l'attaquant concentriquement par le nord-ouest de Gondrexange et le sud d'Heming.

Mon intention, pour le 18, est de faire attaquer sur Heming et le bois de Rinting par le 8e Corps, avec mission d'atteindre le front : bois du Hussard, milieu du bois de Rinting, ferme de Rinting et croupe au sud-est. Le 8e Corps disposera de toute l'artillerie lourde (4 groupes de 155) (1). — Le 13e Corps, à droite, appuiera le mouvement, en attaquant lui-même de manière à atteindre les hauteurs entre Bièvre supérieure et Sarre, c'est-à-dire bois de Hesse et de Voyer. — La 13e Division, l'A. C. du 21e Corps et la brigade coloniale seront aux ordres du général Legrand, en échelon derrière la droite du 13e Corps à Saint-Quirin, Vasperviller, Abreschviller et Walscheid.

Je garde en réserve générale une brigade et un groupe d'A. C. du 13e Corps, derrière la gauche de ce Corps; mais le 13e Corps continuera à disposer de la brigade coloniale, qui ne passera sous les ordres du général Legrand que le soir.

Au P. C. où je rentre vers 1 heure, je trouve le commandant Maurin venant du G. Q. G. Il m'apporte des renseignements: les XIVe et XVe Corps allemands disparaissent d'Alsace et filent en chemin de fer : le XIVe sur Müllheim, le XVe vers le nord de l'Alsace. Le XIIIe Corps a disparu depuis quelques jours déjà.

Ces deux derniers viendront-ils sur mon front ou sur la

(1) C'est tout ce que j'ai et que peut-on faire avec des pièces d'une portée aussi réduite !
Combien je déplore, en ce moment, mon impuissance de 1911. J'étais alors chef d'état-major général et j'avais pu, d'accord avec le ministre, M. Messimy, faire voter par le Conseil supérieur de la guerre le principe d'un obusier dont seraient armées toutes les divisions d'infanterie. Le modèle devait sortir dans les trois mois, c'est-à-dire au commencement de 1912. Mais, à ce moment, je commandais le 9e Corps et M. Messimy n'était plus Ministre : la question de l'obusier était enterrée.

Lorsqu'en 1913, je revins au Conseil supérieur de la guerre comme commandant d'armée, on s'occupait d'un canon long de 105 (c'est par là qu'on reprenait, enfin, la question de l'artillerie lourde). Je déclarai, à la première séance, que je voterais pour ce canon, mais que la nécessité d'un obusier, c'est-à-dire d'une pièce à tir courbe, était autrement importante, et je demandai pourquoi le vote acquis en 1911 n'avait pas eu de suite. On ne put naturellement me donner aucune raison et j'obtins facilement la remise à l'ordre du jour de la question de l'obusier.

Malheureusement, il était trop tard pour aboutir.

La seule satisfaction toute platonique de mon initiative avait été pour moi la suivante :

Comme conséquence du vote de 1911, on avait décidé la mise en service d'une batterie d'obusiers de 105 et cette batterie m'avait été donnée alors que je commandais le 9e Corps. Je l'employai hardiment aux grandes manœuvres, avec l'artillerie de campagne et mon rapport fut des plus affirmatifs sur l'excellence des services à en tirer.

Est-il besoin d'ajouter que ce rapport fut enterré comme le reste ?

Meuse? C'est une question que je ne puis élucider, mais je dois supposer leur dessein de m'attaquer.

Le général Pau m'offre d'Alsace une brigade de réserve et deux groupes qui se trouvent aux environs de la Schlucht. J'accepte avec plaisir. Cette brigade, sera le 18, dans la région St-Léonard, Arnould et le lendemain à Saales, où je la mettrai aux ordres du commandant du 14ᵉ Corps. J'en profiterai pour tâcher d'amener tout le 21ᵉ Corps dans la plaine.

Je remercie le général Pau, en lui disant que le meilleur secours qu'il puisse encore me donner, sera sa progression vers le nord. Mais je comprends qu'il soit délicat pour lui de commencer son mouvement.

Tout d'abord, il n'a pas encore la totalité de ses forces et, d'autre part, la présence du XIVᵉ Corps et du Corps de réserve dans son flanc droit à Chalampé et à Huningue (bordant la forêt de la Hardt) est une menace continuelle. Il ne veut pas permettre à l'ennemi de renouveler le coup fait au Général B...

J'ai rapporté du 13ᵉ Corps une cartouche allemande non tirée, ramassée près d'un convoi pris à la brigade de cavalerie wurtembergeoise. La pointe de la balle est nettement fendue en croix. C'est la balle « dum-dum » qui fait des blessures graves à bords déchirés, parce que la tête s'ouvre en quatre au moment du choc. C'est la balle que toutes les nations civilisées se sont interdit d'utiliser; l'Allemagne n'est pas de ce nombre. Il était permis de s'en douter. J'ai envoyé la balle au G. Q. G.

Je reçois, à 20 heures, une instruction du G. Q. G., aux termes de laquelle Sarrebourg serait évacué. Si le fait est vrai, j'ai l'ordre de l'occuper dès cette nuit et de poursuivre l'ennemi dans sa retraite.

Je réponds que je n'ai aucune nouvelle de l'évacuation de Sarrebourg, que j'ai donné des ordres tels que la ville sera occupée demain et que je prescrirai la poursuite s'il y a lieu, mais que je dois agir avec une extrême prudence, puisque mon Armée n'est pas réunie et qu'il faut m'attendre, aux termes mêmes d'une communication du G. Q. G., à une attaque de flanc venant de Saverne.

BATAILLE DE SARREBOURG

(18 août — 21 août 1914)

18 août.

Je vais, à la pointe du jour, au 8ᵉ Corps qui attaque, par Divisions accolées, sur Kerprich et bois de Rinting. Je lui donne l'ordre de pousser sa cavalerie sur Sarrebourg et de la faire appuyer par un régiment d'infanterie.

À 13 heures, la ville est occupée par le 8ᵉ Corps, malgré l'artillerie de gros calibre allemande postée sur les hauteurs au nord-est de Sarrebourg. Le Corps de cavalerie (général Conneau), opère dans la région du 8ᵉ Corps (deux Divisions au Haut-Clocher, une Division à la ferme Rinting). Il veut passer vers Sarraltroff et canonne l'ennemi posté vers Dolving.

De Saint-Georges (P. C. du 8ᵉ Corps), je me rends au 13ᵉ Corps, qui attaque par Divisions accolées sur Schneckenbusch et Plain-de-Walsch. Je pousse, sur Walscheid, la brigade coloniale laissée à Saint-Quirin. La tête de la 43ᵉ Division d'infanterie (21ᵉ Corps) arrive au moment où je quitte le 13ᵉ Corps.

Je reçois de mauvaises nouvelles à ma rentrée au P. C. Les Allemands occupent en forces toutes la région boisée entre Phalsbourg, Arschwiller et Obersteigen. Je dois donc m'attendre, pour demain, à une attaque dans mon flanc droit et je m'apprête à y résister.

À cet effet, le 8ᵉ Corps, avec une Division, attaquera les hauteurs au nord-est de Sarrebourg, pour fixer l'ennemi de ce côté et y attirer du monde. La seconde Division sera à ma disposition vers Hesse. Le 13ᵉ Corps tiendra, par ses postes avancés, la ligne Schneckenbusch, Brouderdorff, Plain-de-Walsch et aura ses deux Divisions rassemblées à Nitting et à Voyer. Elles ne s'engageront que sur mon ordre. Le

21ᵉ Corps (1) tiendra, avec une Division, les hauteurs de Walscheid et au nord-ouest, sa dernière brigade sera à ma disposition à Abreschwiller.

Ainsi, j'attaque à gauche, mais je refuse mon centre et ma droite. J'attends de ce côté les attaques de l'ennemi, mais je compte reprendre l'offensive avec mon centre, en partant de Hesse, de Nitting, de Voyer et d'Abreschwiller.

Mon poste de commandement sera à Niderhoff à partir de 6 heures.

Situation le 19 août au matin.

19 août.

L'attaque commence vers 6 heures. Le 8ᵉ Corps (16ᵉ Divi-

---

(1) Ce 21ᵉ Corps (moins la 15ᵉ Division) est venu, par le Donon, se rassembler dans la région Abreschwiller, Saint-Quirin, couvert par un détachement de flanc à Walscheid. J'ai mis à sa disposition la brigade coloniale. Quant à sa 13ᵉ Division, elle tient toujours le Donon et la vallée de la Bruche ; je l'ai rattachée provisoirement au 11ᵉ Corps. Un message du général en chef me permettait de compter sur l'arrivée prochaine des forces de l'Armée d'Alsace dans la région Sainte-Marie-aux-Mines, Villé. Je comptais sur cette avance pour libérer et appeler à moi le reste de mon 21ᵉ Corps et une partie du 14ᵉ. Malheureusement ce progrès n'a pas eu lieu, l'Armée d'Alsace n'étant pas encore... à Mulhouse.

sion) marche sur les hauteurs sud-est de Sarraltroff en partant de l'Etzelwald et de Sarrebourg, soutenu à gauche par le Corps de cavalerie et un détachement du 16e Corps (29e d'infanterie et un groupe d'artillerie). La 15e Division est en réserve générale vers Hesse, orientée vers le nord-est.

La 16e Division se heurte à des positions fortifiées et armées d'artillerie lourde; elle est elle-même contre-attaquée vers Dolving et finalement ne peut que porter son front à la lisière des bois sans passer la Sarre.

Au centre, où je voulais laisser sortir l'ennemi des bois et le contre-attaquer en terrain libre, les Allemands se gardent de prendre l'offensive, espérant m'attirer dans des forêts coupées de fils barbelés et sur un terrain organisé. Le 13e Corps n'a donc eu à combattre qu'avec ses postes avancés.

A droite, le 21e Corps (43e Division) a attaqué, pour se donner de l'air, sur Vallerysthal, Valscheid et Haarberg. Il s'est fortifié sur ses positions pour flanc-garder l'Armée..

L'artillerie lourde allemande s'est fait beaucoup entendre; elle a tiré à des distances supérieures à 9 kilomètres, ce qui fait supposer la présence de canons longs. De plus, il est manifeste que les Allemands ont des espions et des intelligences dans le pays, car les rassemblements dissimulés recevaient des projectiles, et les déplacements de l'Etat-Major, du 8e Corps notamment, étaient salués par des salves à 8 et 10 kilomètres.

Il est clair que l'ennemi masse des effectifs considérables sur ma droite (XIVe et XVe Corps), dans le but de me couper des Vosges. J'ai, de plus, sur mon front, en plus du Ier Corps Bavarois, des éléments du IIIe Bavarois, puisque le général Schoch (5e Division du IIIe Bavarois) était cantonné hier à Langatte.

Je suis fort gêné, ne pouvant prendre l'offensive qu'avec ma gauche, car si j'avance mon centre et ma droite, j'offre mon flanc à une attaque des plus dangereuses.

Le groupe de cavalerie n'a rien pu faire, puisque le 8e Corps ne lui a pas ouvert la voie.

Je vais reprendre les attaques de ma gauche demain au jour, mais la 16e Division est bien fatiguée. Aussi, je rends la

15° Division au général de C... et je charge cette Division de s'emparer de nuit des ponts de Gosselming et d'Oberstinzel. La mission du 8° Corps sera d'ouvrir la voie au Corps de cavalerie, d'attirer l'attention de son côté, et, en tout cas, d'assurer le repli de cette cavalerie.

A 12 heures, je transporte mon poste de commandement à Heming, pour être plus près des attaques de gauche. Il y a un excellent observatoire à 1.500 mètres au nord-est d'Heming; malheureusement il n'est qu'à 10 kilomètres des hauteurs de Sarrebourg et les obus de gros calibre ne tardent pas à nous en chasser.

On a arrêté, dans la matinée, à Heming, des civils qui tiraient sur nos voitures.

20 août.

L'attaque de nuit de la 15° Division n'a pas réussi.

Le 8° Corps n'avait pu conserver Dolving dans la soirée d'hier. Pendant la nuit, les Allemands s'y étaient retranchés et renforcés, ainsi que dans le Bergwald, de sorte que l'attaque n'a pu agir par surprise. Il y a eu d'ailleurs de tels retards dans les mouvements de la 15° Division que l'offensive ne s'est déclenchée qu'à 4 h. 30. Les objectifs ont été d'abord Dolving et le Bergwald, qui ont été pris, puis Gosselming.

La Division s'est emparée de ce dernier village, mais elle n'a pu s'y maintenir sous les feux concentriques de l'artillerie lourde.

Dans la matinée, le général Conneau me rend compte qu'il est incapable désormais de fournir un effort sérieux, ses chevaux n'ayant pas mangé depuis deux jours en raison de l'arrivée tardive aux cantonnements. Il aurait marché néanmoins, si la porte avait été ouverte sur la Sarre; mais il se rend compte que la 15° Division est incapable aujourd'hui de briser la barrière fortifiée et il demande 48 heures de repos.

Je le mets au cantonnement au sud du canal, en rendant compte au G. Q. G.

Dans la matinée, la 16° Division progresse, et, de Sarrebourg et Buhl, atteint Eich et Petit-Eich et va aborder les

pentes au nord. Ce mouvement découvrant la droite du
8ᵉ Corps, le 13ᵉ Corps porte sa brigade de gauche en avant
sur Buhl.

Je regrette presque ce progrès de la 16ᵉ Division, car je
ne pourrai l'exploiter que si la gauche (15ᵉ Division) arrive à
passer la Sarre. Je ne puis, en effet, faire un saillant de mon
centre. Je le dis au commandant du 8ᵉ Corps, qui avait déjà
donné des conseils de prudence à sa droite.

Cependant l'ennemi paraît ému de cette offensive et c'est
évidemment pour l'enrayer qu'il dirige une attaque sur Buhl
et Sarrebourg. Je donne l'ordre au 13ᵉ Corps de contre-attaquer avec sa Division de gauche et de tenir sa Division de
droite dans le vallon des Trois-Fontaines, prête à prendre en
flanc la ligne allemande, si l'offensive s'étendait au front
Schneckenbusch, Brouderdoff.

Les contre-attaques du 13ᵉ Corps réussissent parfaitement:
la Division de gauche (25ᵉ) atteint les abords est de Sarrebourg
et dégage la 16ᵉ Division, dont les éléments se maintiennent
dans la ville.

Entre temps, je reçois de mauvaises nouvelles du 14ᵉ Corps.
La 13ᵉ Division s'est repliée sur le Donon que j'ai donné
l'ordre de tenir à tout prix. Le 14ᵉ Corps a perdu Schirmeck,
le Champ-du-Feu et Steige. Les dispositions ci-après ont été
prises dans la soirée et la nuit : la brigade de réserve Besset
a été établie en barrage à Saulxures et à l'est avec deux régiments, son troisième régiment poussé sur Steige. La Division
de réserve d'Épinal a relevé les détachements du 14ᵉ Corps à
Sainte-Marie et au Bonhomme et les troupes de la Division
Baret ont gagné, par une marche de nuit, la vallée de la Bruche, de sorte que ce matin, le général P... va reprendre
les attaques sur Schirmeck avec le gros de son Corps : Division Baret à l'ouest, Division Putz à l'est (mais les troupes
sont fatiguées). Enfin le général Blazer, avec trois groupes
alpins, reprend l'attaque du Champ-du-Feu. Le général commandant le 14ᵉ Corps croit avoir affaire à plus d'un Corps
d'Armée.

Je rends compte de cette situation au général Joffre. Je lui
explique, en même temps, l'impossibilité où je suis de prendre
résolument l'offensive, tant que la progression de l'Armée

d'Alsace ne me permettra pas de récupérer le reste de mon 21ᵉ Corps et d'être absolument rassuré sur ma droite avec le 14ᵉ. Pour le moment, il faut durer et tâcher de progresser un peu chaque jour, pour attirer sur moi le plus de forces possible.

Si l'ennemi ne dispose pas, pour ses contre-attaques, d'une trop grande supériorité numérique, j'arriverai à porter mon centre sur Niderwiller et je chercherai à pousser peu à peu mes ailes en avant, pour investir cette forteresse véritable que les Allemands ont établie dans la région Hommarting, Arschwiller, Guntzwiller, Henridorff.

Les événements, hélas, m'obligent à abandonner ces projets pour songer à la réalité du jour. J'apprends, vers midi, qu'à la suite de son échec sur Gosselming et Oberstinzel, la 15ᵉ Division a été contre-attaquée très violemment et ramenée sur Langatte et Haut-Clocher. C'est le signal d'une offensive générale allemande.

L'attaque part, au centre, des environs de Riding sur la 16ᵉ Division et la gauche du 13ᵉ Corps et, à droite, sur le front et le flanc du 21ᵉ Corps en direction de Vallerysthal, Walscheid et Saint-Léon.

Je rends au 21ᵉ Corps sa brigade réservée, et le 13ᵉ Corps le soutient en contre-attaquant sur Trois-Fontaines. (Les forces ennemies sont très supérieures en nombre, je les évalue à quatre Corps; or, je n'en ai que deux et demi).

Le 13ᵉ Corps réussit dans son effort : sa Division de droite réoccupe Brouderdoff et Plain-de-Walsch, dégageant ainsi la gauche du 21ᵉ Corps, au moment où d'ailleurs, avec son centre et sa droite, ce Corps reprenait l'avantage sur l'adversaire.

Je suis avisé, vers 15 heures, que la IIᵉ Armée, à ma gauche, a été attaquée par des forces supérieures et que son Corps de droite (16ᵉ) recule de Mittersheim sur Maizières, découvrant ainsi mon aile gauche (retraite de 18 kilomètres). Je chercherai, malgré tout, à m'accrocher au terrain pour donner, si possible, à la IIᵉ Armée, le temps de se ressaisir et de reprendre l'offensive.

Je prescris donc au 8ᵉ Corps, sans attendre la fin de la

journée, de tenir sur le front Kerprich-aux-Bois, bois de Rin-ting ; — au 13°, de conserver ses positions actuelles (hauteurs à l'est d'Hermelange, bois de Hesse, signal et bois de Voyer, — au 21°, de se relier au 13° au bois de Voyer et d'étendre son centre et sa droite à Eigenthal et Soldatenkopf, pour couvrir la route du Donon.

J'avais reçu, de bon matin, l'ordre d'envoyer le Corps de cavalerie à la II° Armée, pour exploiter un succès qu'aurait remporté la gauche de cette Armée vers Dieuze. Or, le Corps était à bout de forces et hors d'état d'accomplir cette mission. Mais, presque immédiatement, un contre-ordre avait suivi: on s'était trompé, la II° Armée n'avait pas été heureuse dans ses opérations.

On décide cependant au G. Q. G. de renforcer cette Armée, en lui passant deux des Divisions de cavalerie; la 6°, seule, me restera. Le mouvement doit se faire le 21.

Dans la soirée, le 8° Corps me fait savoir qu'il ne croit pas pouvoir tenir sur le front indiqué et qu'il se retirera derrière le canal.

Je quitte, à la nuit, la région tourmentée d'Heming pour me rendre à Blamont, où sera demain mon poste de commandement. Nous arrivons à Blamont à 20 heures et nous nous installons au château. Cette propriété appartient à un Suisse qui est parti, nous dit-on, avec les Allemands. Etrange, si c'est vrai!

21 août.

A minuit, nous arrive une communication du G. Q. G., qui me paraît extraordinaire. « Le service des chemins de fer aurait fait savoir que les Allemands ont envoyé du monde à Avricourt ». Comment? Par où? Pas de renseignements là-dessus.

Des officiers de mon Etat-Major pensent qu'ils ont pu envoyer de nuit un train sur la ligne Sarrebourg-Avricourt qui n'a pas été détruite, et que nos troupes ont peut-être cru au retour d'un train de ravitaillement. Il serait réellement fantastique d'admettre que ce train ait pu tout d'abord franchir le front. Aussi, je crois plutôt, si le renseignement est exact, que certains éléments de cavalerie se sont glissés entre la droite de la IIe Armée et ma gauche.

N'ayant encore aucune troupe sous la main, je fais téléphoner à Saint-Georges pour l'envoi de reconnaissances de cavalerie. Mais, en vérité, il n'y aurait aucune vaillance à rester sans défense à Blamont, qui n'est qu'à 7 kilomètres d'Avricourt, et, dans l'incertitude de la situation, l'État-Major rallie le Quartier Général à Rambervillers.

Nous y arrivons à 2 heures du matin. J'y reçois les plus mauvaises nouvelles de la droite du général de Castelnau. Elle ne tient à Maizières, Marimont, Donnelay qu'avec des arrière-gardes très éprouvées. Mon flanc gauche et mes derrières vont donc être de plus en plus menacés. Un instant après, je reçois l'ordre du G. Q. G. de me retirer sur des positions que je fortifierai.

Malgré ma répugnance à abandonner le terrain conquis après sept jours de bataille et sur lequel je comptais tenir à tout prix pour gagner du temps, me voilà forcé de me replier. Je choisis le front Cirey, Blamont (derrière la Vezouse) et Chazelles, Reillon, où je trouverai l'appui du fort de Manonviller. Cette dernière partie du front n'est pas fameuse, mais je ne puis faire mieux.

La 6e Division de cavalerie couvrira mon flanc gauche dans la région : Avricourt, Réchicourt, Moussey.

Je vais annuler l'ordre que j'avais donné de résister sur place en se fortifiant et je passe le reste de la nuit à la rédaction des ordres de retraite.

Il faut d'abord faire rétrograder les trains derrière la Meurthe pour laisser les routes libres. Je prescris ensuite de créer un repli dans chaque Corps d'Armée, en envoyant d'avance une brigade mixte sur le front Saint-Georges, Hattigny, Bertrambois, La Frimbole. Une fois ce repli assuré, les Corps d'Armée maintiendront l'ennemi avec de fortes arrière-gardes bien pourvues d'artillerie et feront partir leur gros. Les arrière-gardes se retireront pendant la nuit. Je recommande de prendre toutes mesures pour que cette opération délicate se passe dans le plus grand calme. En sera-t-il ainsi?

A 7 heures, j'apprends déjà que le 8e Corps a été attaqué

toute la nuit et qu'il a chargé à plusieurs reprises à la baïonnette. Mais le général de C... ne croit pas pouvoir tenir et
se met en retraite sur les directions indiquées (Saint-Georges
et Aspach). Pas de nouvelles des autres Corps. Je reste à travailler au Q. G. à Rambervillers, jusqu'à 10 heures pour éviter l'encombrement des routes et je me rends à Blamont
pour diriger de plus près les opérations de l'après-midi. (Il
est presque inutile de dire que le renseignement de la nuit sur
Avricourt n'était pas fondé).

J'ai pensé, pendant la nuit, à la situation que ces événements allaient créer à ma droite. En me retirant, je découvre
les deux routes du Donon (Saint-Quirin et Abreschwiller). Le
Donon va donc être attaqué par l'est et par le nord (il l'est
déjà), mais par l'ouest aussi. Il tombera. Aussi j'envoie les
instructions suivantes :

13ᵉ Division : défendre le Donon jusqu'à la dernière
extrémité. S'accrocher ensuite au débouché de la vallée de la
Plaine et finalement retraiter par cette vallée.

14ᵉ Corps : tenir dans les positions actuelles de la façon
la plus énergique. Quand le Donon tombera, résister sur le
front : débouché du Rabodeau, Rothau, Champ-du-Feu, puis,
si nécessaire, infléchir l'aile droite sur Bourg-Bruche, le Cli-
mont et le col d'Urbeis, en renforçant les détachements des
cols de Sainte-Marie et du Bonhomme.

Le Donon tombe dans la matinée. Voilà donc la 13ᵉ Division réduite à tenir les débouchés de la vallée de la Plaine et
le 14ᵉ Corps obligé d'abandonner ses attaques sur Schirmeck
et peut-être sur le Champ-du-Feu.

Je reçois des nouvelles de l'Armée d'Alsace : elle est entrée
à Mulhouse le 19; elle a maintenant des éléments devant Colmar, éléments venus tant du sud que du col de la Schlucht
(deux bataillons de chasseurs et le 152ᵉ régiment d'infanterie). Mais, sa droite occupant Mulhouse, son centre est obli-
que pour relier les deux ailes. Il est clair qu'obligé de s'étirer
ainsi, elle sera incapable d'une action importante vers Molsheim et Strasbourg et qu'elle ne m'apportera aucun secours.

Parti à 10 heures, je n'arrive à Domèvre qu'à midi, constamment arrêté par l'encombrement des convois sur les routes. Je finis par trouver d'abord le sous-chef du 8ᵉ Corps, puis, quelque temps après, le général de C... lui-même. Le premier est très pessimiste : il me dit que le Corps d'Armée est exténué, n'a ni dormi, ni mangé depuis plusieurs jours et est incapable de combattre, qu'il lui faut absolument du repos. Je lui conseille d'aller prier les Allemands de lui procurer ce repos. Pour parler sérieusement, je comprends la dépression résultant des privations et de la fatigue, comme aussi des pertes énormes et de l'ébranlement nerveux que produit le fait d'être soumis, nuit et jour, au tir systématique de l'artillerie lourde allemande. Mais on doit s'attendre à être attaqué demain et tenir sur les positions actuelles, malgré l'état de fatigue. Il faut faire appel à l'énergie de tous les cadres, placer en première ligne les corps ayant le moins souffert ou les mieux commandés.

Le général de C..., que je vois ensuite, est moins pessimiste : pour lui, le moral de la troupe est très bon, elle est fatiguée, c'est évident, et il y a eu des corps très éprouvés ; mais le 8ᵉ Corps combattra si c'est nécessaire. Nous convenons des mesures de détail pour le lendemain et le Commandant du 8ᵉ Corps me parle des événements de la journée.

Les Allemands ont été peu mordants et l'artillerie les a tenus à distance. Mais sa Division de gauche a eu le malheur d'être prise pour l'ennemi par la IIᵉ Armée : elle a été canonnée par les troupes du 16ᵉ Corps en retraite de Maizières sur Avricourt et Reillon. Il y a eu quelques morts et des blessés. Je pense, à ce moment, que certaines personnes ont donné, contre l'adoption de la tenue grise que je proposais avant la guerre, cet argument qu'on éviterait les méprises en conservant notre uniforme sombre et rouge!

Je cherche en vain le commandant du 13ᵉ Corps dont les troupes se replient lentement sur leur nouveau front. Je voulais lui faire compliment de ses deux contre-attaques de la veille, qui ont réussi à dégager les 8ᵉ et 13ᵉ Corps : elles sont arrivées à 200 mètres des positions et de l'artillerie allemande; il s'en est fallu de peu qu'elles ne donnassent l'assaut.

Je trouve son Q. G. à Montreux et ne pouvant l'attendre, je lui fais dire que je reviendrai sur ses positions le lendemain matin.

La retraite de la Ire Armée, conséquence, je le répète, de celle de la IIe Armée, s'est effectuée sans difficultés sérieuses.

En fin de journée, le 8e Corps tient les hauteurs entre Reillon et Blamont; son flanc gauche a été couvert, vers Avricourt, par la 6e Division de cavalerie, qui a pu ralentir l'ennemi dans sa poursuite de la droite de la IIe Armée. La Division s'est établie le soir vers Ogeviller.

Le 13e Corps occupe, le soir, la ligne de la Vezouse, de Blamont à Cirey. Malheureusement, sa Division de droite, la

Situation le 21 août au soir.

26e, qui n'avait pas été touchée par l'ordre de retraite, s'est trouvée accrochée par l'ennemi et a perdu quelques canons.

Le 21e Corps s'étend, à la droite du 13e Corps, jusqu'à la Plaine, dont la haute vallée est tenue par la 13e Division, qui se relie elle-même au 14e Corps.

Je rentre au Q. G. à 20 heures et, là, j'apprends que la IIe Armée se retirera demain derrière la Meurthe (droite à Lunéville), pour aller ensuite occuper le Grand-Couronné de

Nancy et organiser, comme repli éventuel, la position Saffais-Belchamp au nord-ouest de Bayon. S'il en est ainsi, mon flanc gauche va se trouver de nouveau tout à fait découvert et je vais être obligé de retirer mon Armée d'abord derrière la Meurthe et peut-être au nord d'Epinal.

Je vais envisager cette hypothèse, mais je me sens très humilié de cette retraite, à laquelle la situation particulière de mon Armée ne m'obligeait nullement.

J'avais proposé au général Joffre différentes mutations, tant dans les Etats-Majors que dans les commandements d'unité, à la suite des premières opérations au cours desquelles certains chefs s'étaient montrés insuffisants ou manquant d'énergie. Je propose pour les remplacer des officiers qui ont donné des preuves manifestes d'énergie et de savoir, sans tenir aucun compte de l'ancienneté.

Plus je vais et plus j'estime qu'à la guerre, l'énergie est la première des qualités, la plus impérieusement nécessaire et c'est plus vrai encore dans la guerre moderne, où la bataille dure jusqu'à l'épuisement complet des forces physiques et morales.

Les propositions me reviennent complètement approuvées.

Dans les combats de la Bruche, on aurait identifié des morts et des prisonniers autrichiens (artilleurs). Déjà? On a aussi identifié des Westphaliens, c'est-à-dire des soldats du XIII⁰ Corps, ce Corps introuvable jusqu'à ce jour. J'ai donc devant moi, de la gauche à la droite, les II⁰ et I⁰ʳ Bavarois, les XIV⁰, XV⁰ et XIII⁰ Corps, plus des formations appartenant à un Corps de réserve et je ne dispose au total que de quatre Corps épuisés.

22 août.

Les nouvelles des Corps ne sont pas bonnes : au 8⁰ Corps, on est à bout de souffle; on a atteint la limite des forces physiques et morales, ayant combattu depuis le 14, la plupart du temps sans manger ni dormir.

Le divisionnaire le plus énergique de ce Corps assure que ses troupes ne peuvent plus que « constituer un soutien d'artillerie ». Les effectifs sont des plus réduits; on a perdu dans certains corps plus de la moitié de l'effectif, et il reste trois ou quatre officiers au total dans la plupart des bataillons.

Dans les autres Corps d'Armée, la situation est à peu près la même; cependant le 13° Corps paraît moins bas que le 8°, et le général commandant le 21° Corps assure que le moral de ses troupes est bon et qu'avec deux jours de repos, elles pourront combattre dans de bonnes conditions.

On a aussi grand besoin de repos au 14° Corps qui est au combat tous les jours. Le général P... n'a aucune confiance dans ses troupes de réserve (il a une Division et une brigade de réserve). A deux reprises, ces troupes auraient eu des défaillances et auraient perdu une partie de leur artillerie, d'abord au col de Steige, puis au col de Sainte-Marie, abandonné ce matin même. A ce sujet, et pour liquider cet incident, je viens de répondre au général commandant le 14° Corps, qui me demandait du renfort, de prendre, dans sa réserve, le détachement nécessaire pour réoccuper le col; je verrai ensuite s'il est possible de lui envoyer quelques troupes.

Je pars de bonne heure pour le 21° Corps (Q. G. à Badonviller). Le général Legrand me rend compte qu'il a été très peu pressé hier dans son repli sur Petitmont ; les prisonniers faits dans la journée déclarent qu'ils sont harassés de fatigue et n'ont pas à manger; que, s'ils avaient été attaqués, ils auraient certainement lâché pied (nous n'avions plus, hélas! de troupes fraîches pour un coup de force).

On apprend à ce moment (9 heures), qu'un Zeppelin, atteint par un coup de canon, est tombé dans la forêt entre Badonviller et Celles. Les aéronautes ont réussi à se sauver avant l'arrivée de nos soldats. Des cavaliers se sont mis à leur poursuite, mais il est à craindre qu'on ne les retrouve pas, car leurs uniformes militaires ont été découverts près du Zeppelin: les gaillards avaient avec eux des vêtements civils qu'ils ont prestement endossés avant de déguerpir. Jamais des aéronautes français n'auraient songé à utiliser pareil procédé.

A mon retour à Rambervillers, vers 13 heures, j'allais trouver dans mon bureau le pavillon du Zeppelin, deux mitrailleuses, ses instruments et ses documents, entre autres un chiffre qui nous permettra de comprendre certains télégrammes surpris.

Je préviens le général Legrand que la 13ᵉ Division lui sera rendue demain et qu'en tout état de cause, si on recule à sa gauche, il couvre la route de Rambervillers à Allarmont, jusqu'à nouvel ordre, pour avoir sa liaison avec le général Bourderiat.

De là, je vais au 13ᵉ Corps dont je trouve le chef à Harbouey. Il me renseigne sur l'état de son Corps qui n'est pas brillant. J'ai vu, en passant, des attelages sans artillerie; je lui en demande la raison : il a perdu 18 pièces. (C'est le résultat de l'incident de la 26ᵉ Division restée seule hier aux prises avec l'ennemi, parce que non prévenue de la retraite). Je le préviens que, si le 8ᵉ Corps retraite à sa gauche, il ait à suivre le mouvement en se repliant de la Vezouse sur la Blette, toujours relié, à l'est de Saint-Maurice, au 21ᵉ Corps qui couvre Badonviller.

On entend le canon dans la direction de Blamont depuis une demi-heure environ et, vers 10 h. 30, le général commandant le 8ᵉ Corps envoie prévenir le 13ᵉ Corps qu'il est attaqué et se replie, à droite, sur Domèvre et Montigny, à gauche sur la forêt de Mondon. Il demande au général Alix de protéger le mouvement de sa droite.

Voilà donc le mouvement de recul qui se poursuit. Quelle tristesse de voir l'outil se briser dans la main et de sentir, pendant longtemps peut-être, toute manœuvre impossible! Nous avons, certes, retenu devant nous des effectifs supérieurs aux nôtres; mais notre rôle est tout de sacrifice et j'aurais souhaité une autre attitude.

Je cherche en vain le général de C...; mais je tombe sur une brigade de cavalerie au cantonnement à Pettonville. Le général de brigade me dit que la Division à laquelle il appartient devait partir ce matin à 2 heures, mais qu'il y a eu contre-ordre, en raison de l'extrême fatigue des hommes et des chevaux. Je ne puis m'en prendre à ce général de son inaction, puisqu'il a reçu des ordres; mais je trouve bien extraordinaire l'indifférence de la Division tout entière, qui reste au repos tandis que le Corps voisin est au combat. Depuis le commencement des hostilités d'ailleurs, cette Division s'est dite fatiguée et ne m'a rendu aucun service important. Je lui reproche d'avoir trop manœuvré derrière ses cyclistes. (Ce groupe cycliste a largement payé de sa personne, puisque des deux capitaines, l'un a été tué et l'autre blessé, sans compter les pertes du rang). Je lui reproche encore d'avoir perdu hier six de ses caissons, etc.

En fin de journée, la Iʳᵉ Armée est sur le front : lisière nord de la forêt de Mondon, hauteurs au nord de Montigny, Raon-sur-Plaine, Saint-Blaise, col d'Urbeis, Wisembach, col du Bonhomme.

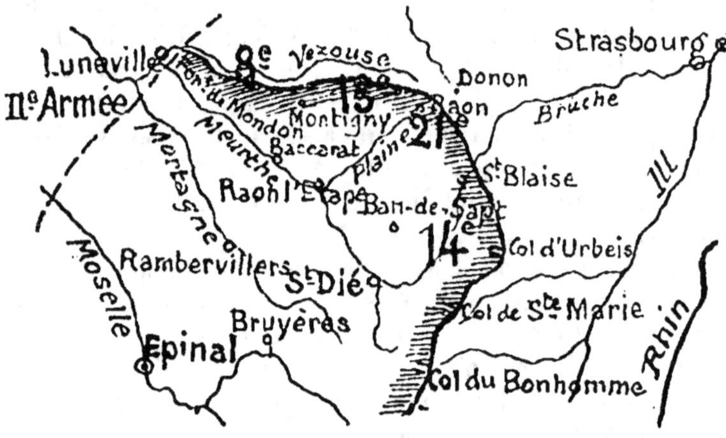

Situation le 22 août au soir.

Dans l'après-midi, je reçois de nouvelles instructions du G. Q. G. La IIᵉ Armée va se replier sur le Grand-Couronné de Nancy et sur la position de Saffais-Belchamp, au nord-ouest de Bayon. La Iʳᵉ Armée doit conserver sa position dans les Vosges, de manière à être en état de passer à l'offensive et de prendre en flanc les attaques qui pourraient être dirigées contre la IIᵉ Armée.

La 44ᵉ Division vient sous mes ordres, elle doit débarquer à Bruyères et Epinal. Enfin, l'Armée d'Alsace, passant en partie par les cols des Vosges, occupera la région des cols de la Schlucht et du Bonhomme et des Trois-Epis. Elle n'aura plus à couvrir Belfort, dont la Division de réserve quittera Mulhouse et ralliera la Place suivant les ordres du général Pau.

Je vais donc conserver mon bastion des Vosges à droite, mettre mon centre à cheval sur la Meurthe à Baccarat et replier ma gauche à l'est de la forêt de Charmes, de manière à créer, avec le front de la II⁰ Armée, une tenaille qui tentera peut-être l'ennemi comme direction d'attaque.

A cet effet, le 8ᵉ Corps se portera dans la région de Damas-aux-Bois, Hallainville ; — le 13ᵉ au nord de Rambervillers, avec la brigade mixte vers Baccarat; — le 21ᵉ Corps sera derrière la Verdurette, son centre vers Neuf-Maisons, sa droite dans la vallée de la Plaine, en avant de Celles (13ᵉ Division); — le 14ᵉ Corps s'étendra du Noir-Brocard, par le col de Hauz et Bourg-Bruche, au col de Sainte-Marie-aux-Mines; — la 6ᵉ Division de cavalerie sera en avant de la gauche et couvrira cette aile tout en la reliant à la II⁰ Armée. — Quant à la 44ᵉ Division, je la fais débarquer, une brigade mixte à Bruyères (je compte l'envoyer sur Baccarat); — une brigade mixte à Saint-Dié, pour parer aux fissures possibles sur le front du 14ᵉ Corps, de ce Corps qui est pour moi l'objet d'inquiétudes continuelles. Demain je transporterai mon Q. G. à Epinal.

BATAILLE DE LA MORTAGNE

(23 août — 12 septembre 1914)

COMBAT DE LA CHIPOTE (16 août-11 sept. 1914)
COMBAT DE ST-DIÉ (26 août) REPRISE DE ST-DIÉ (11 sept. 1914)
COMBAT DE NOMPATELIZE (29 août-31 août 1914)
COMBAT DU HAUT-JACQUES (4 sept.-11 sept. 1914)
COMBAT DE LA CROIX-IDOUX (6 sept.-11 sept. 1914)
COMBATS DANS LES VOSGES ET SUR LA MEURTHE

23 août.

Je reçois, par téléphone à 6 h. 3o, les doléances du général commandant le 14ᵉ Corps. Il se plaint de ses troupes de réserve, ne leur accorde aucune confiance et les considère comme inexistantes. Il ne croit pas pouvoir tenir avec les seules forces dont il dispose.

Le moment est grave: j'ai besoin d'une énergie de fer au 14ᵉ Corps et je prends la pénible décision d'enlever au général P... son commandement et de le donner au général Baret. Ce dernier sera remplacé à la tête de la 27ᵉ Division par le général Blazer, dont j'ai pu apprécier l'énergie et l'esprit de décision.

A 7 heures, le lieutenant-colonel Hellot vient, de la part de la IIᵉ Armée, m'apporter l'ordre d'opérations de cette Armée. En résumé, les 16ᵉ et 20ᵉ Corps se retirent sur la position Belchamp-Saffais, la gauche au Rambétant, en liaison avec les troupes qui défendent le Grand-Couronné de Nancy. Le 15ᵉ Corps, le plus éprouvé, se replie derrière la Moselle au sud-ouest de Saffais, en laissant son artillerie à la disposition de la Division de réserve déjà installée sur la position de Saffais. Le Corps de cavalerie (2ᵉ et 10ᵉ Divisions) doit couvrir la droite de la IIᵉ Armée.

Le général de Castelnau s'attend à être attaqué aujour-
d'hui et me demande de l'aider par une action de mon
8e Corps, dans le flanc gauche des colonnes ennemies.

Je l'aurais fait, certes, sans qu'il fût même nécessaire de
me le demander et malgré l'état de fatigue du 8e Corps. Je
préviens donc le général de C... de la situation, en lui prescrivant d'attaquer au bénéfice de la IIe Armée. Je lui demande,
en outre, de se tenir en liaison constante avec la 6e Division
de cavalerie, chargée de couvrir aujourd'hui son aile gauche
et j'ajoute que cette cavalerie a un rôle de sacrifice à remplir.

Je reçois à 11 heures la visite du général P..., qui me dit
son désespoir de la mesure dont il est l'objet : son compte-
rendu du matin a dépassé sa pensée; il exécutera scrupuleuse-
ment sa mission, quelles qu'en soient les difficultés; il m'assure de son énergie et de son dévouement. Je suis remué par
son repentir et je suis disposé à lui faire encore crédit; mais
le général en Chef, avisé, maintient la mutation.

Situation le 23 août au soir.

Le G. Q. G. me prévient de l'arrivée de douze groupes
alpins de réserve, sept pour le 14e Corps et cinq pour le 21e.
Je prescris de faire débarquer la 44e Division à Bruyères et
environs, tous les groupes alpins à Saint-Dié.

Le 21e Corps, comme le 14e, d'ailleurs, sont attaqués.
Tiendront-ils malgré la fatigue? (Le général commandant le

14ᵉ Corps m'a dit qu'on a vu des hommes s'endormir sur la ligne de combat, sous les balles et les obus).

Le 13ᵉ Corps est en route sur Rambervillers et région au nord. Le 8ᵉ Corps sera à sa gauche, c'est-à-dire plus au nord-ouest vers Damas-aux-Bois, s'il n'a pas à combattre pour dégager la IIᵉ Armée. Nous quittons les troupes à 16 h. 30 pour Epinal.

A Epinal, je reçois la visite du lieutenant-colonel Simon, chef d'Etat-Major de la 44ᵉ Division, dont les éléments commencent à débarquer à Bruyères et à Saint-Dié. Il me dit que les régiments sont très fatigués, ayant déjà combattu à Altkirch, où ils ont fait des pertes sensibles, le 159ᵉ surtout. Cette Division joue de malheur : elle vient d'avoir un tamponnement et on annonce 160 tués ou blessés. Le lieutenant-colonel Simon me dit qu'en passant à la Houssière, il a été fort étonné d'y trouver des hommes des régiments de réserve, avec, hélas, quelques officiers. Ces hommes racontaient qu'ils avaient été tournés au col de Sainte-Marie et obligés de battre en retraite. Ils avaient, en tout cas, bien joué des jambes, puisqu'ils étaient à 25 kilomètres au moins du col.

J'ai su que cette panique avait produit un effet déplorable à Saint-Dié.

On a pris toutes les mesures nécessai: pour arrêter le mouvement et faire rejoindre. Mais quelle fragilité de moral! Il est imprudent d'employer, avant quelque temps, les troupes de réserve isolément dans les montagnes et dans les bois : elles se gardent mal, ne se retranchent pas, se montrent impressionnables, craignent toujours d'être tournées et lâchent pied à la première menace sur leurs ailes. Il est indispensable, au début du moins, de les encadrer avec des troupes de l'active, ou même de les employer en terrain ordinaire, où elles sont réellement capables d'élan.

On a repris hier le col de Sainte-Marie. L'attaque a été menée par un bataillon actif du 30ᵉ et par un régiment de réserve qui a racheté, par son attitude au feu, ses défaillances de la veille. Son colonel, de Malglaive, a été tué, ainsi que bon nombre d'officiers. Quand je rendrai à Epinal sa Division de réserve, ce qui ne peut tarder, elle sera, hélas, sensiblement réduite, mais par contre aguerrie.

Les 8ᵉ et 13ᵉ Corps arrivent à gagner sans encombre, dans la journée, leurs zones de stationnement au sud de la Meurthe. Le lieutenant-colonel Debeney, que j'ai envoyé au 8ᵉ Corps, pour surveiller, suivant mes instructions, l'exécution de l'ordre d'attaque, dans le cas où il serait nécessaire d'intervenir pour dégager la IIᵉ Armée, me téléphone, vers 16 heures, que l'ennemi n'a rien tenté de sérieux au sud-ouest de la forêt de Mondon.

Je l'envoie à la 6ᵉ Division de cavalerie pour préciser à cette unité le rôle qu'elle aurait à jouer et la prévenir qu'elle est, pour l'opération prévue, aux ordres du général de C...

Le 21ᵉ Corps est sérieusement attaqué sur tout son front. Il est clair que les Allemands veulent se débarrasser de cette menace dans leur flanc gauche, pour attaquer plus commodément vers le sud-ouest (direction : front Bayon-Charmes).

Je suis avisé de l'envoi de détachements de renfort pour les 8ᵉ, 13ᵉ et 21ᵉ Corps; le premier reçoit à lui seul cinq mille hommes. Ils débarqueront demain, mais les corps auront-ils le loisir de les absorber et de s'occuper de la réorganisation de leurs unités?

En même temps commencent les débarquements de la 44ᵉ Division et des groupes alpins de réserve, tant à Bruyères qu'à Saint-Dié.

24 août.

Au départ des officiers de liaison, je recommande à celui du 21ᵉ Corps de faire ressortir aux yeux du général Legrand la nécessité de conserver ses positions actuelles et de tenir Baccarat.

Je prescris à l'officier de liaison du 14ᵉ Corps de voir, en passant à Bruyères et à Saint-Dié, si les deux brigades de la 44ᵉ Division sont en état de gagner une dizaine de kilomètres vers le nord-ouest, pour atteindre Autrey, Housseras, d'une part, la combe de Nompatelize, d'autre part, de manière à me permettre de réunir la Division demain sur Raon-l'Étape ou sur Bru, Ménil, pour m'en servir, suivant les circonstances, soit vers Baccarat au nord, soit entre Baccarat et Rambervillers.

Les mauvaises nouvelles se succèdent d'une façon désespérante. Le général Legrand me rend compte qu'il a perdu Celles à sa droite et que son Corps d'Armée épuisé ne peut tenir. Je lui prescris, dans ce cas, de border la rive sud de la Meurthe entre Baccarat et Raon et de se relier, vers Moyenmoutier, avec le 14ᵉ Corps que je replie sur le front Ban-de-Sapt, Provenchères et les cols.

La IIᵉ Armée me prévient qu'elle est attaquée sur tout son front et me demande mon concours.

Je n'hésite pas à donner l'ordre au 8ᵉ Corps de se porter vers le nord pour tomber dans le flanc des attaques ennemies. La 6ᵉ Division de cavalerie est à sa disposition et le 13ᵉ Corps s'avancera sur Menarmont, pour couvrir à droite le 8ᵉ Corps ou opérer sur Baccarat, si ce point est trop fortement attaqué.

Que va-t-il advenir de cette offensive avec des troupes à bout de forces !

A 17 heures, je reçois la visite du général de Vassart, le nouveau commandant de la 44ᵉ Division. Je lui prescris de réunir demain ses deux brigades mixtes, pour 10 heures, dans la région Bru, Saint-Benoît, de manière à être en état d'agir entre Rambervillers et Baccarat. (Elles sont à Bruyères et Saint-Dié).

Il me remet une lettre du général Joffre, qui me demande de lui envoyer, par voie ferrée, quatre bataillons de chasseurs pour former le soutien de la cavalerie du général Sordet (les Allemands ont, pour cette mission, de l'infanterie en automobile).

Cette demande me gêne beaucoup ; néanmoins, je décide de lui donner quatre des bataillons de chasseurs que je reçois, mais quand je les aurai, car je suis prévenu au même moment que la voie ferrée est engorgée et que les trains ne peuvent plus passer sur Saint-Dié. Mes groupes alpins de réserve n'arriveraient donc pas ; je les fais dériver sur Châtel et

Thaon et je les mets à la disposition du 8ᵉ Corps, moins ceux
que je vais diriger sur l'aile gauche des Armées.

Cependant les 8ᵉ et 13ᵉ Corps progressent (8ᵉ, front côte
d'Essey, Clezentaine, — 13ᵉ, Xaffevillers, Ménarmont); la
6ᵉ Division de cavalerie fait peu de besogne : elle se gare vers
la droite du 8ᵉ Corps. — Le 21ᵉ Corps lutte péniblement sur
la Meurthe. Il a mis à Baccarat la brigade mixte qui lui a été
donnée par le 13ᵉ Corps; mais elle ne tient pas et, le soir, on
me prévient que Baccarat est tombé aux mains des Allemands.

Triste journée pour l'aviation : j'ai cinq blessés dont le
capitaine Julliard, l'un de mes meilleurs observateurs. Il me
revient avec une balle dans la cuisse.

Dans mon ordre de mouvement pour le 25, je prescris
une reprise énergique de l'offensive dans tous les sens :
8ᵉ Corps, aidé de la 6ᵉ Division de cavalerie, sur Rémenoville,
— 13ᵉ Corps sur Domptail, — 21ᵉ Corps sur Baccarat et
Raon-l'Étape; — 14ᵉ sur Raon-l'Étape, en se couvrant à droite.
La 44ᵉ Division sera rendue à 10 heures (elle ne le peut avant)
à Bru, Saint-Benoît, en réserve d'Armée. Je compte la lancer
en attaque décisive, par Ménarmont, sur le front Domptail-
Fontenoy; mais, pour cette manœuvre, il faudra que je sois
sûr, à droite, des bois de Glonville.

25 août.

Je me rends à Rambervillers à 5 h. 30. Les attaques sont
reprises sur tout le front et progressent, sauf au 21ᵉ Corps
qui perd même du terrain au sud de Baccarat, où la brigade
mixte du 13ᵉ Corps lâche pied.

Des officiers de mon État-Major arrêtent les fuyards et les
forcent à reprendre la direction du front.

L'artillerie elle-même (le groupe de cette brigade) abandonne la lutte pour se refaire (or, une batterie seule paraissait
sérieusement atteinte).

Le 21ᵉ Corps laisse l'infanterie adverse filtrer dans les bois
de Glonville et paraître même à la lisière sud.

L'ennemi a de nombreuses colonnes sur notre front. Du
côté du nord notamment, la crête de Domptail est fortement

occupée et il y a, à Glonville et Azerailles, une Division de cavalerie et deux Divisions d'infanterie qui descendent vers les bois. Une grosse colonne arrive au nord de Baccarat.

8 heures. Je commence à désespérer du succès. C'est le moment de rompre l'équilibre, en lançant mon attaque à l'ouest des bois de Glonville, sur Domptail et Fontenoy, et je n'ai pas encore ma Division sous la main.

Déjà l'artillerie allemande allonge son tir et couvre de ses projectiles le pli de terrain entre Bayon et Anglemont. Pour comble d'inquiétude, les avions me signalent une forte colonne (Division au moins, avec beaucoup d'artillerie) descendant de Neuf-Maisons sur Raon. J'espère que le 14ᵉ Corps pourra résister et éviter d'être coupé du 21ᵉ Corps. Mais puis-je en être sûr?

Il est midi. Ma 44ᵉ Division arrive enfin. Je ne puis, hélas, l'employer offensivement sur Domptail et Fontenoy comme le comportait ma manœuvre et j'en suis réduit à m'en servir pour rétablir le combat, ce qui est contraire à tout ce que j'ai enseigné dans ma vie (1).

La 44ᵉ va donc s'établir à la lisière des bois d'Anglemont, pour servir provisoirement de repli au 21ᵉ Corps et de liaison entre les 13ᵉ et 21ᵉ Corps.

Je ne considère pas cependant la partie comme perdue. J'envoie aux quatre corps un ordre disant, en substance, que rien dans la situation de la Iʳᵉ Armée ne saurait motiver un mouvement de retraite et que l'offensive doit être reprise sur tout le front.

À ce moment se produit un véritable coup de théâtre: le 21ᵉ Corps, dont la gauche était en pleine retraite, se ressaisit, et la 44ᵉ Division, qui vient de recevoir l'ordre d'agir offensivement sur Baccarat, l'entraîne vers le nord.

---

(1) Les réserves doivent être employées de préférence sur les points forts, c'est-à-dire sur les parties du front où l'ennemi commence à faiblir. Il faut, en conséquence, résister, 'e plus possible, aux demandes de renfort, pour ne pas faire des réserves une poussière impuissante (ces demandes sont d'ailleurs souvent prématurées ou exagérées).

En résumé, l'emploi des réserves doit être offensif ; leur emploi défensif ne peut être qu'exceptionnel.

J'apprends que la II° Armée reprend, elle aussi, le mouvement en avant et que le 14° Corps a quelques succès dans ses attaques sur Raon-l'Etape. Cependant, ni cette dernière ville, ni Baccarat ne peuvent encore être repris.

Je donne donc, pour le lendemain, l'ordre de continuer énergiquement l'offensive. L'effort principal doit être fait par le 13° Corps sur Baccarat. Je lui adjoins la 44° Division en lui prescrivant de constituer, derrière sa droite, une réserve aussi forte que possible.

Je sais que mes troupes sont épuisées, mais il faut jouer le tout pour le tout et n'en pas tenir compte : les Allemands le sont autant que nous et c'est peut-être la cause de leur peu de mordant dans l'après-midi.

Dans la soirée, le 8° Corps réoccupe ses positions avancées du matin. A la nuit, le combat cesse sur le front Essey-la-Côte, Clezentaine (8° Corps), — Xaffevillers, Doncières (13° Corps) (il reste dans ce dernier village un détachement ennemi), — Nossancourt (44° Division), — Sainte-Barbe, Raon (21° Corps avec détachement sur Thiaville), — Raon, Ban-de-Sapt, Coinches (14° Corps); — la 6° Division de cavalerie est à gauche du 8° Corps.

Les Corps de troupe sont à bout de forces, complètement désorganisés et mélangés. Les cadres manquent partout. Derrière la gauche du 21° Corps, des petits paquets de fuyards s'écoulent sur Rambervillers. L'un de mes officiers ramène au combat une centaine d'hommes.

Qu'importe tout cela! Il faut durer : la victoire restera finalement à celui qui aura tenu le coup le dernier.

Dans la nuit, je reçois encore les doléances des commandants de Corps d'Armée; je leur réponds qu'il n'y a pas de fatigue ou de désorganisation qui tienne, — qu'il faut partout reprendre le mouvement en avant avec une énergie de fer, et que je les rendrai personnellement responsables de toute défaillance. — Il serait honteux pour la I° Armée de reculer, quand, à sa gauche, la II° Armée, qu'elle a tirée d'affaire hier, prend l'offensive à son tour. Je prescris au 14° Corps de renvoyer la Division de réserve d'Epinal sur Granges, pour la faire rentrer en deux étapes, par Remiremont.

26 août.

Je vois, à 5 heures, les officiers de liaison avant leur départ pour les Corps d'Armée. Je leur renouvelle ma volonté formelle de progresser quand même. Qu'on fasse des unités de fortune avec des cadres improvisés, mais qu'on marche à tout prix. Les Corps d'Armée établiront, sur les derrières du champ de bataille, leurs prévôtés avec ordre de barrer les routes, de rejeter vers l'avant tous les fuyards, en faisant, s'il le faut, quelques exemples. Toutes les questions d'humanité doivent céder devant la gravité de l'heure. Il faut atteindre la Meurthe coûte que coûte.

J'apprends que les Allemands ont brûlé le château de Lunéville (les vandales!) et qu'ils ont précipitamment quitté la ville. On y a trouvé des cantines d'officiers. Sur tout mon front, les villages sont en flammes; est-ce le signe de la retraite?

Tout en prescrivant l'offensive, je songe à ce qui pourrait arriver de pire. J'ai donné hier au gouverneur d'Epinal l'ordre de charger le dispositif de mines des ponts de Vincey et de Châtel et j'en donne aujourd'hui la garde au 8ᵉ Corps en l'invitant, le cas échéant, à faire sauter ces ponts derrière ses colonnes en cas de retraite. La IIᵉ Armée en a fait autant pour les ponts, à partir de Charmes.

J'envoie mon sous-chef d'Etat-Major à la 44ᵉ Division, pour être mon porte-parole auprès du commandant du 13ᵉ Corps et du général commandant la Division. Il soutiendra leur énergie et les entraînera dans le mouvement offensif sur Baccarat et Domptail. J'espère d'ailleurs qu'ils n'auront pas besoin de cette surexcitation morale.

Je reçois, dans la matinée, de mauvaises nouvelles du 14ᵉ Corps qui continue l'attaque sur Raon, mais dont la droite (une brigade) est vivement attaquée vers St-Jean-d'Ormont. Cette brigade de réserve n'est plus capable d'aucun effort : le moral de son chef et de la troupe est usé; cette unité s'est repliée sur la Meurthe.

Trois groupes alpins de réserve sont à Saint-Dié.
Je demande l'appui de l'Armée d'Alsace pour cette droite.

Le général Pau me donne la brigade de cavalerie Gendron avec un bataillon de chasseurs. Mais tout cela ne peut être à proximité que demain ou après-demain. Qu'adviendra-t-il jusque-là?

Le 13ᵉ Corps est attaqué à Roville-aux-Chênes et pris d'écharpe par une artillerie lourde postée au nord de Bazien. Il se replie sur Romont, Hardancourt. Je compte beaucoup, pour aider ce corps, sur la 44ᵉ Division qui, de Ménil et d'Anglemont, prépare une attaque dans la direction de Ménarmont. Les obusiers la gênent aussi; on s'efforce de glisser vers l'est de l'artillerie pour les neutraliser. Je préviens le 8ᵉ Corps de la situation du 13ᵉ Corps et je l'invite à agir dans le flanc droit des attaques allemandes. Ce 8ᵉ Corps marche sur le front Vallois-Magnières; mais il peut, dès maintenant, aider le 13ᵉ Corps de son canon.

A midi, je suis avisé, par l'Armée d'Alsace, qu'elle tient le Bonhomme, Fraize et Plainfaing. La brigade Gendron, actionnée directement par le commandant du 14ᵉ Corps, est en marche sur Anould. Le bataillon de chasseurs seul arrivera demain, sans doute. C'est la réponse à ma demande de ce matin.

A 14 heures, j'apprends que la 44ᵉ Division, longtemps arrêtée par des batteries d'obusiers que le 21ᵉ Corps a commis la faute de laisser hier s'installer au nord de Bazien, a fini par s'ébranler, soutenue à droite par le 21ᵉ Corps, à gauche par le 13ᵉ. Attendons le résultat de ces attaques. J'estime que l'ennemi n'a plus qu'une Division de ce côté, car les avions ont vu un rassemblement de brigade entre Domptail et le bois des Charbonniers, un bataillon près des obusiers, un régiment dans la clairière au nord du bois de la Pêche (route de Baccarat), sans compter les troupes de Baccarat même.

La IIᵉ Armée progresse à ma gauche ; elle n'a plus rien devant elle. Je crois avoir tout attiré sur moi et, si les Allemands résistent encore sur mon front, c'est sans doute pour couvrir la retraite de leur droite.

On a trouvé un équipage de ponts à Blainville (les soldats disent qu'ils ont pris les baignoires du général allemand).

Nous souffrons beaucoup de l'artillerie lourde allemande; mais, quand la nôtre peut agir, elle produit des effets remarquables. Le maire de Rozelieures a dit à un de mes officiers que nous avons mis le feu à son village, mais qu'en même temps, nous avons atteint un rassemblement de Bavarois. Il y a, dit-il, 4oo morts sur le terrain, tombés à leur place même dans le rang.

L'attaque progresse lentement sur Raon; y arrivera-t-on ce soir? Des obus allemands tombent sur Saint-Dié qui est attaqué par l'est. Le sous-préfet s'en plaint par télégramme adressé au préfet d'Epinal. Je lui fais dire que c'est un simple incident (Lunéville a bien été bombardée), que l'attaque ne paraît pas mordante et qu'il n'y a pas lieu, pour le moment, de s'émouvoir. La brigade Gendron se porte dans le flanc gauche des colonnes d'attaque allemande.

Dans la soirée, on m'informe que le général Bourderiat (13ᵉ Division), a lâché le col de la Chipote, laissant ainsi une fissure se produire dans le front entre les 13ᵉ et 14ᵉ Corps. Je pense que cela ne doit pas être grave et que l'incident est produit par une filtration dans les bois, d'éléments venant de Thiaville. Néanmoins, je préviens le 14ᵉ Corps, qui ne peut plus s'acharner à l'attaque sur Raon.

Un autre bruit m'arrive: les Allemands seraient à Taintrux sur la droite du 14ᵉ Corps. J'en avertis également le général Baret, mais en lui disant de contrôler le fait. Il est possible qu'il y ait erreur, car la brigade de réserve était au col d'Anozel et deux escadrons de la brigade Gendron avaient été appelés à Taintrux.

Mais je ne puis attendre la confirmation de ces nouvelles. Ce qui peut arriver de pire, c'est la retraite du 14ᵉ Corps sur la rive gauche de la Meurthe; aussi je donne, à 19 heures, mon ordre pour le lendemain; il se résumera en ceci: « continuation de l'offensive vers la Meurthe ». On pensera qu'il est peut-être exagéré de demander constamment des efforts à des Corps d'Armée épuisés et disloqués; c'est cependant le seul moyen de se maintenir en position et d'en imposer à l'ennemi, car si nous n'attaquons pas, nous serons attaqués nous-mêmes. La fatigue est telle que si l'ordre est de se maintenir sur place, on reculera au premier coup de canon. Nous nous efforcerons donc d'attaquer.

A la nuit, la Ire Armée s'arrête sur le front côte d'Essey, Clezentaine, Saint-Maurice, Roville-aux-Chênes, Anglemont, Saint-Benoît, Étival, Hurbache, Sainte-Marguerite, Saulcy-sur-Meurthe.

Dans la soirée, des partis allemands sortant de la Chipote avaient été chargés par deux escadrons du 21ᵉ Corps et rejetés en désordre dans les bois.

La 44ᵉ Division n'était pas arrivée à aborder l'attaque des hauteurs de Bazien en raison du feu de l'artillerie lourde, postée à la lisière du bois de Glonville, qu'on n'avait pu éteindre.

Cependant, j'avais, dans l'après-midi, envoyé le commandant Gascouin faire, sur place, un essai des plus intéressants. Il s'agissait d'employer, à des portées voisines de 8 ou 9.000 mètres, des obus à balles de 75, munis d'une fusée spéciale. Si l'essai réussissait, on aurait là un moyen assez efficace de combattre les obusiers allemands. Or, le commandant a obtenu des résultats faisant croire à l'efficacité du système. En effet, à la suite de ce tir, le feu allemand s'est ralenti et a cessé bientôt complètement.

La difficulté pour la mise en pratique d'un pareil système, réside dans ce fait qu'on a très peu de ces fusées (c'est le gouverneur d'Épinal qui me les a données) et que ces fusées sont trop longues pour qu'on puisse faire tenir les obus dans les coffres.

Quoi qu'il en soit, je vais, dès demain, appliquer le principe d'une façon plus pratique, en me servant des fusées ordinaires.

27 août.

Je dicte, en effet, aux officiers de liaison avant leur départ pour le front, un ordre prescrivant l'emploi du 75 à la limite de sa portée 6.800 mètres. Les crosses seront enterrées au besoin. Dès qu'on se portera à l'attaque, une partie de l'artillerie de corps, utilisant les portées extrêmes, s'établira défilée pour battre la partie du front objectif de l'attaque et les emplacements probables de l'artillerie lourde allemande. Pour l'observation des coups, on utilisera les clochers ou hauteurs, en postant les observateurs aussi loin en avant qu'il sera nécessaire et en les reliant aux batteries par téléphone ou par des courriers. De plus, un aéroplane sera affecté à chaque Corps d'Armée pour cet objet.

Les attaques devront être longuement préparées par l'artillerie et l'infanterie sera lancée seulement au moment où l'on sentira l'ennemi atteint ou paralysé. Encore devra-t-elle être en formation très diluée au début.

A 7 heures, je me rends au 13ᵉ Corps et je passe successivement aux 21ᵉ et 8ᵉ Corps. J'assiste partout à la mise en mouvement des attaques et au commencement de leur préparation. Mais je remonte surtout l'énergie et le moral du haut commandement.

Je dis aux commandants de Corps d'Armée et à leurs États-Majors que cette guerre est, avant tout, une lutte de résistance : il faut durer et celui-là sera vainqueur, qui, le dernier, attaquera encore. C'est pourquoi, malgré les pertes énormes, malgré les fatigues et les privations, malgré l'absence de cadres, je dis d'attaquer et d'attaquer toujours. On se reconstituera tant bien que mal en opérant et sans attendre de repos; on improvisera des cadres en faisant des nominations; on créera au besoin des groupements de fortune; — pour durer enfin, on fera, tout en combattant, préparer les repas derrière le front par des éléments non engagés.

Comment, autrement, livrer des batailles qui durent des semaines et qui vont jusqu'à l'extrême limite des forces morales et physiques?

Je sais que c'est presque demander l'impossible, et, le plus extraordinaire, c'est que je l'obtiens.

Aussi, comment, à l'occasion des coups de collier merveilleux que donnent mes braves troupiers, leurs cadres et les États-Majors, ne pas rendre un hommage ému, à leur bravoure, à leur ténacité et à leur endurance? Tel est aussi le sentiment du général en Chef dont je reçois l'ordre général n° 19 ainsi conçu :

« *Les Ire et IIe Armées donnent, en ce moment, un exemple de ténacité et de courage que le général commandant en Chef est heureux de porter à la connaissance des troupes sous ses ordres.*

« *Indépendamment des corps de couverture, dont quelques-uns ont combattu depuis l'ouverture des hostilités, ces deux Armées ont pris, le 14 août, une offensive générale, obtenu de brillants succès, jusqu'au moment où elles se sont heurtées à une barrière fortifiée et défendue par des forces très supérieures.*

« *Après une retraite parfaitement ordonnée, les deux Armées ont repris l'offensive, en combinant leurs efforts et regagné une grande partie du terrain perdu. L'ennemi plie devant elles et son recul permet de constater les pertes considérables qu'il a subies.*

« *Ces armées combattent depuis 14 jours sans un instant de répit, avec une inébranlable confiance dans la victoire qui appartient toujours au plus tenace.*

« *Le général en Chef sait que les autres Armées auront à cœur de suivre l'exemple fourni par les Ire et IIe Armées* ».

Signé : J. Joffre.

Le 13e Corps attaque sur Doncières avec une Division en première ligne; la seconde est en échelon à gauche, au nord-ouest de Romont. — A sa droite, la 44e Division va sortir des bois d'Anglemont sur Bazien, tandis que sa droite, brigade Barbot, tournera la position par Ste-Barbe. — Au 21e Corps, la 43e Division a, par erreur, encadré la 44e, de sorte que le général de Vassart a une brigade du 21e Corps à sa gauche. Je consacre la situation, en mettant la 44e Division aux ordres du général Legrand.

Quant à la 13e Division, complètement désorganisée près de la Chipote, elle va être remise en ordre tant bien que mal dans la journée.

Le 21e Corps établira, d'une façon plus sérieuse, sa liaison avec le 14e Corps; elle n'existe encore que par la cavalerie à travers la forêt.

Le 14° Corps est engagé au nord d'Etival. Pour restreindre son front, il se replie lentement derrière la Meurthe; il est, en outre, attaqué sur sa droite dans la vallée de la Fave. Son chef a prescrit à la brigade de cavalerie de se porter dans cette vallée sur les derrières de l'ennemi. Mais le bataillon de chasseurs, qui doit appuyer cette cavalerie, est en retard et ne débouchera de Fraize que vers 13 heures. Dans ce repli de la droite du 14° Corps, la 58° Division de réserve s'est jetée en arrière sans ordre, dans le massif des Rouges-Eaux, découvrant ainsi la droite du Corps d'Armée. Comme ce n'est pas

Situation des forces de l'Armée d'Alsace à son licenciement, le 27 août 1914.

la première fois, je demande un rapport sur ces défaillances successives et sur les responsabilités du commandement à cet égard.

Le 8° Corps, que je vois le dernier, attaque sur Saint-Pierremont et Mattexey. A 12 heures, j'apprends que l'Armée d'Alsace est dissoute et qu'on met la plus grande partie de ses troupes sous mon commandement. J'aurai donc un groupement de la valeur d'une grosse Division aux environs de

Gerardmer (du Bonhomme au col de Bramont, 152° R. I.,
15° B. C. P., 12°, 13°, 28°, 30°, 22° groupes alpins, brigade
formée des 23° et 133° R. I.), sous le commandement du général Bataille —; enfin la 116° Division de réserve à Thann et
Guebwiller, commandée par le général Mazel. Le tout aux
ordres du général Toutée, à Remiremont.

Dans la soirée, la I" Armée a pu pousser son aile gauche
en avant : 8° Corps au delà d'Essey-la-Côte et de Clezentaine.
— Le 13° Corps a perdu la hauteur des Pucelles et même
Roville-aux-Chênes. — Le 21° Corps, après avoir occupé
Anglemont et Ménil, a été rejeté vers la nuit sur la lisière des
bois. — Enfin, à droite, le 14° Corps s'est replié derrière la
Meurthe, d'Etival au col d'Anozel.

28 août.

Les attaques reprennent au jour; je vais au 21° Corps, à
Jeanménil. La brigade Barbot tente vainement de prendre
Sainte-Barbe par le sud et l'est. Elle est rejetée sur les bois.
La gauche de la 44° ne réussit pas mieux sur Nossoncourt.

Je vais ensuite au 13° Corps qui reprend l'offensive sur la
hauteur des Pucelles. Je lui recommande de la préparer soigneusement par l'artillerie et je prescris au 8° Corps d'aider
le 13°, en intervenant de l'ouest par son artillerie d'abord et,
s'il le faut, par son infanterie.

Dans l'après-midi, je me rends au 14° Corps, aux Rouges-
Eaux. Les deux Divisions de ce Corps sont toujours canonnées
violemment, mais assez faiblement attaquées par l'infanterie.

Vers Mandray, le 13° B. C. P., intervenant du sud au
nord, fait 300 prisonniers et prend un convoi. Je m'entends
avec le général Baret sur la tactique à employer et l'emploi
de l'artillerie aux grandes portées.

A 16 h. 30, j'ai la visite du général Toutée, qui vient
prendre possession, à Gérardmer, du commandement du groupement des Vosges.

J'apprends, dans la soirée, que l'attaque du 13° Corps,
menée comme je l'avais prescrit, a parfaitement réussi et
coûté peu de monde.

29 août.

Les ordres donnés, pour le 29, prescrivaient la continuation de l'offensive avec la plus grande énergie.

Le 8° Corps, aidé de la 6° Division de cavalerie, devait attaquer sur le front Vallois, Saint-Pierremont, en liaison, à gauche, avec le 16° Corps. Il avait, en outre, mission d'aider à droite, le 13° Corps, qui attaquerait sur Xaffevillers et Doncières, direction générale sur Ménarmont.

Le 21° Corps marchait sur le front Bazien, Sainte-Barbe; mais il devait, tout d'abord, nettoyer, à sa droite, la forêt de Saint-Benoît et assurer sa liaison avec le 14° Corps, dont la mission restait la même que la veille : attaquer sur Saint-Rémy et rejeter l'ennemi de Saint-Dié et de Saulcy.

Quand j'arrive au Q. G. du 13° Corps, à 5 heures, à Rambervillers, le général A... me demande de reporter son poste de commandement plus au sud, parce que les gros projectiles tombent aux abords et sur Rambervillers. Je l'en dissuade, en lui faisant ressortir le fâcheux effet moral que produirait ce recul du commandement. Il n'insiste d'ailleurs pas et je sais que la crainte des obus n'entrait pour rien dans l'observation de ce brave.

Il me cite la brigade d'Infreville comme s'étant très bravement comportée hier soir. La crête des Pucelles a été brillamment enlevée, ainsi que le bois de la Grande-Coinche. On va pousser plus loin. Je lui recommande encore la préparation par l'artillerie aux grandes portées de l'arme. Il fait un brouillard épais, mais on peut déjà arroser les positions bien connues de l'artillerie adverse en employant les données de la carte.

Je vais ensuite à Jeanménil, après avoir vu, en passant, le général Lanquetot, dont la Division est entre Rambervillers et Jeanménil. En ce dernier point, il n'y a plus de Q. G. Le général Legrand s'est déjà replié de sa personne sur Sainte-Hélène. Le général de V..., que je fais venir, m'en donne l'explication. Ce général était à Fraipertuis avec une brigade en première ligne dans les bois, en avant de la ligne Bru, Saint-Benoît, sa 2° brigade tenue en seconde ligne. Cette seconde brigade avait dû être retirée à la suite d'une panique de l'un de ses régiments, à Saint-Benoît, panique occasionnée par le tir de l'artillerie allemande, suivi d'une contre-attaque. La Division avait eu peu de monde hors de combat, mais elle n'en avait pas moins lâché pied.

Je n'avais pas grande confiance dans cette unité : je n'en ai plus du tout

D'autre part, la brigade coloniale avait reçu l'ordre de reprendre, au jour, Saint-Benoît et de s'avancer jusqu'à la Chipote. Elle avait bien repris le village, mais elle s'était heurtée, à 500 mètres plus loin, à une ligne de tranchées entourant complètement la position et elle n'avait pu les enlever.

C'est cette situation qui avait fait craindre au général Legrand pour sa droite. Il avait donc replié son Q. G. et son poste de commandement sur Sainte-Hélène, fait préparer une position de repli à Housseras, Autrey, et mis simplement des détachements aux débouchés de la forêt sur sa droite pour se couvrir.

C'était mal comprendre sa mission : il la concevait défensive à son aile droite, alors que je la voulais offensive, sous la forme d'une violente attaque se portant du sud au nord pour nettoyer les bois, où je savais que s'infiltraient les Allemands pour se glisser entre les 21ᵉ et 14ᵉ Corps.

Je me mettais immédiatement en relation, par le téléphone, avec le général Legrand et lui précisais mes instructions. Le commandant du 21ᵉ Corps me promit d'envoyer deux bataillons de chasseurs vers le Haut-du-Bois et de les orienter vers le nord. Je lui fis remarquer que ces bataillons seraient en relation avec la gauche du 14ᵉ Corps et qu'en arrivant à hauteur de Saint-Benoît, ils aideraient grandement la brigade coloniale chargée d'attaquer par l'ouest la position fortifiée près du village de Saint-Benoît.

Avant de quitter Jeanménil, je recommandai au général Dumézil, puisque ce n'était pas fait, de préparer l'attaque sur Saint-Benoît et la Chipote par un feu intense d'artillerie.

Je me rendais de là au 8ᵉ Corps dont je rencontrais le général à Essey-la-Côte. Tout y marchait convenablement suivant les ordres donnés. On me remit à ce moment, 11 h. 30, un croquis fait par un officier allemand et trouvé à Vallois par la cavalerie. Ce papier donnait la répartition du XXI° Corps allemand, dont le Q. G. était à Vallois le 27; il notait que les XIV° et XV° Corps avaient mission d'attaquer Rambervillers concentriquement. De là ces mouvements de rocade derrière la position fortifiée, Domptail, Ménarmont, Bazien, Sainte-Barbe, ayant pour but d'amener le XIV° Corps devant la droite de notre 21° et le XV° Corps dans une position enveloppante sur le front et le flanc droit de notre 14° Corps. ,

J'avais peu après (13 heures), la confirmation de ce plan, en recevant de mauvaises nouvelles du 14° Corps qui était, depuis le matin, très fortement attaqué sur tout son front. La 27° Division (Blazer) avait déjà perdu Nompatelize, et la gauche de la 23° (Putz) avait été rejetée de Saint-Dié sur les Moitresses.

Au reçu de ces nouvelles, j'invitais le général Legrand à mettre, à sa droite, toutes ses forces disponibles, de manière à dégager, à la fois, la forêt de Saint-Benoît et la gauche du 14° Corps. En même temps, je prévenais le 14° Corps que, dès demain, je ferais déboucher à 8 heures sur Anould, venant de Gérardmer, une brigade mixte (23° et 133° et un escadron), avec mission d'opérer dans le flanc gauche des attaques allemandes. Ce détachement, qui s'augmentera des deux bataillons de chasseurs déjà établis sur la côte de Mandray, sera aux ordres du général S...

Dans la soirée, on m'apporte un éclat d'obus tiré sur Rambervillers. C'est un énorme morceau de projectile de canon long de 13 cent. qui tire à 14 kilomètres. Comment lutter efficacement contre de pareils engins avec nos canons actuels? Je fais néanmoins venir le gouverneur d'Epinal et lui demande de mettre à ma disposition soit du 120 long, soit du 155. Encore n'aurai-je, avec cette dernière pièce, qu'une portée de 10 kilomètres. La question va être étudiée et résolue pour demain matin.

30 août.

A 2 heures du matin, je reçois de mauvaises nouvelles du 14° Corps. La 27° Division, qui a été engagée toute la journée dans la combe de Nompatelize, a été rejetée le soir sur les bois et son général (Blazer) est blessé (cuisse traversée).

Mon officier de liaison, le capitaine Langlacé, l'un des plus braves et des plus ardents, a disparu. Il avait ramené au combat une compagnie de chasseurs qui refluait, ayant perdu tous ses cadres, et s'était mis à cheval à sa tête avec une folle témérité. On l'a vu tomber de cheval et sa monture est revenue avec le cou traversé.

Le général Baret a retiré son Q. G. des Rouges-Eaux sur Bruyères.

Une heure après, la situation paraît moins sombre. Le général Blazer a gardé son commandement malgré sa blessure et il se fait fort de se maintenir à la Passée-du-Renard. —Le général Putz (28ᵉ Division), au sud-ouest et au sud de Saint-Dié, n'a pas été très sérieusement pressé. Il tient aux Moitresses, sur la côte Saint-Martin et au col d'Anozel. Il a dirigé deux bataillons sur la Croix-Idoux pour soutenir la droite du général Blazer.

Mon parti est pris. Je ne reculerai pas et je maintiens mon ordre d'attaque, malgré la déclaration du général Baret qui me représente sa Division de gauche comme à bout de forces.

Je préviens seulement le 21ᵉ Corps d'avoir à se flanc-garder plus solidement à droite sur Saint-Rémy et de porter du canon sur les routes conduisant dans la combe de Nompatelize, au fur et à mesure des progrès du détachement Barbade, pour aider la reprise de l'offensive du général Blazer.

A 5 heures, j'arrive au 13ᵉ Corps, où je constate les ravages faits à Rambervillers par le bombardement.

Après avoir bien précisé au général A... sa mission, je passe au 21ᵉ Corps à Jeanménil, où je recommande au général Legrand une attitude nettement offensive, dès qu'il sera rassuré sur sa droite (couverture et liaison avec le 14ᵉ Corps).

A ce moment, on fixera l'ennemi par une attaque de front et on cherchera à investir Sainte-Barbe par les bois.

A 10 heures, je suis au 14ᵉ Corps : Bruyères, Nompatelize et la Bourgonce ont été évacués par l'ennemi et réoccupés par la 27ᵉ Division. La brigade mixte venant d'Anould s'élève vers le nord de Saulcy, Entre-deux-Eaux et Tête-de-Béhouille. Son artillerie acquiert la supériorité sur l'artillerie allemande. Les Allemands sortent de Saint-Dié vers le sud; ils s'engagent avec la Division Putz et renforcent leur flanc d'Entre-deux-Eaux.

J'ai des nouvelles du capitaine Langlacé : il a été tué; un officier de cavalerie l'a vu étendu près de Nompatelize. Pauvre cher camarade! Je vais faire rechercher son corps. J'ai demandé la croix pour lui et je l'ai nommé hier chef de bataillon à titre temporaire (c'est le seul droit que j'aie).

L'Armée n'a pas, à la fin de la journée, fait de grands progrès. La brigade mixte a éprouvé une forte résistance à Saulcy, Mandray et à la Tête-de-Béhouille. — A sa gauche, la 28ᵉ Division, violemment attaquée de St-Dié, a reculé sur les hauteurs entre St-Jacques et St-Léonard; — la 27ᵉ Division a réoccupé Nompatelize et Sauceray. — La droite du 21ᵉ Corps (détachement Barbade) s'est heurtée à des lignes de tranchées successives à la Chipote; il n'a enlevé que la première. On a découvert que toute la crête boisée entre Ménil et la Chipote était organisée de la même manière; ce sera très dur à prendre. — Le front des autres Corps, 13ᵉ et 8ᵉ Corps et 6ᵉ Division de cavalerie, sont sans grand changement.

Mes ordres pour demain sont la continuation de la manœuvre d'aujourd'hui.

Le gouverneur d'Epinal m'a donné deux pièces de 155 et trois de 120 qui vont ouvrir le feu, demain je pense, dans la zone du 13ᵉ Corps d'Armée et prépareront les attaques sur le front fortifié.

31 août.

L'artillerie lourde est en retard. Elle est restée en panne aux environs de Rambervillers, les artilleurs (réservistes de la Place d'Epinal), s'étant éparpillés sous le coup de quelques obus qui ne leur avaient d'ailleurs fait subir aucune perte. Quels braves soldats! Je plains le gouverneur s'il en a beaucoup de cette trempe. On va envoyer de nuit une nouvelle équipe en auto; mais il sera difficile d'ouvrir le feu aujourd'hui.

Je vois de très bonne heure le 13ᵉ Corps, puis le 21ᵉ. Le 13ᵉ Corps a transféré son poste de commandement à Romont, mais il y tombe autant de projectiles qu'à Rambervillers. Je m'étonne de l'inertie de ce Corps, dont les deux Divisions accolées n'ont pas encore commencé leur attaque à 7 h. 30. Le général A... m'explique que l'artillerie commence sa préparation et qu'il va chercher, par sa gauche, à prendre pied dans le bois du Grand-Bras. Il m'expose les difficultés de ses attaques : dès que son infanterie franchit la crête des Pucelles, elle est prise sous le feu des obusiers de 15 cent. allemands auxquels il ne peut répondre.

Ce n'est pas tout à fait exact, puisqu'on emploie maintenant les grandes portées du 75 (6.700 m.); mais, la vérité, c'est que la position des obusiers n'est pas connue d'une façon précise et qu'on ne peut faire l'observation des coups. Ainsi donc, le premier soin à avoir est de se rendre compte de l'emplacement de ces obusiers par tous les moyens possibles. Ce résultat obtenu, on les combattra avec le 75 tirant à ses portées extrêmes. C'est ce que je recommande au général A... en lui annonçant de plus qu'il aura pour demain les deux pièces de 155 long; elles sont encore, me dit-on, à Moyemont.

Dans tous les cas, je lui demande de redoubler d'activité et d'énergie et de relever l'ardeur de tous les chefs, ardeur que je sens fléchir un peu partout par lassitude physique. Qu'il se fortifie sur son front, mais qu'il tienne toujours l'ennemi sous la menace d'une attaque, en poussant constamment ses lignes après préparation de son artillerie. Enfin, qu'il agisse vigoureusement par sa gauche.

Les observations sont du même ordre au 21ᵉ Corps. Je les fais d'abord à la Division Lanquetot, dont je trouve le chef sur mon passage et auquel je prescris d'occuper la lisière des bois à la même hauteur que la droite du 13ᵉ Corps.

Il paraît que ces lisières sont arrosées fréquemment par l'artillerie lourde allemande. Il n'y a, dans ce cas, qu'à se tenir à l'intérieur du bois pendant le tir, après avoir creusé des tranchées à la lisière pour les utiliser si l'infanterie adverse se lançait à l'attaque. Mais il est inadmissible que ces bois ne soient pas occupés et qu'on s'en tienne à une ligne en arrière. Il faut, de plus, chercher à glisser de l'artillerie à ces lisières, pour combattre de plus près les obusiers allemands.

Au général Legrand, que je trouve à Jeanménil, je fais observer qu'il est chargé de l'opération principale de la journée (rupture du front à la Chipote et au nord, puis attaque sur St-Rémy). Il en a confié la mission au général de Vassart auquel il a donné les brigades Hamon et Olleris et la brigade coloniale. Le général Barbade, avec les trois bataillons de chasseurs, doit flanc-garder à droite cette opération, en attaquant sur Saint-Rémy. J'approuve d'autant plus cette disposition qu'elle facilitera les opérations du 14ᵉ Corps sur Nompatelize.

Je me transporte à Haillainville. On y a commencé la préparation d'artillerie, mais le 120 long, placé à l'ouest du bois du Fays, n'est pas encore entré en action. La gauche du 8ᵉ Corps (général de Mondésir), a pris pied à Vallois, sur les pentes de la rive droite de la Mortagne : il a atteint les premières tranchées, mais les Allemands sont encore dans celles du haut. Il pense être maître des hauteurs ce soir. Il a, à sa gauche, un élément de liaison avec le 16ᵉ Corps (IIᵉ Armée).

Le centre et la droite sont orientés sur Magnières et Saint-Pierremont; ce dernier point est attaqué en partant de la lisière du bois du Feing.

Le général de C... voulait attendre, pour se lancer, que l'attaque du 13ᵉ Corps fût déclenchée sur le bois du Grand-Bras. Je lui dis de ne pas attendre ainsi et de commencer quand la préparation sera faite. Le général me répond qu'il veut mettre toute la méthode possible, pour ne pas avoir de mouvement de recul avec des troupes aussi fatiguées que les siennes. C'est entendu, mais je désire vivement qu'il occupe ce soir les hauteurs de Vallois, Magnières et Saint-Pierremont.

Le 14ᵉ Corps se maintient. Il est obligé de combattre pour reprendre Nompatelize, qu'il a eu le tort d'évacuer hier bénévolement à la nuit, par crainte d'une surprise dans l'obscurité (ce n'est pas à l'honneur des deux compagnies du bataillon de chasseurs dont le chef a demandé l'autorisation de se retirer ainsi). — A l'aile droite, le général Putz estime que le détachement du général S..., qui opère à l'est de la Meurthe, l'appuie bien mollement. Je fais dire à ce dernier d'attaquer à fond pour permettre à la 28ᵉ Division d'occuper le col d'Anozel. A 14 heures, je reçois le général Baquet, nommé au commandement de la 13ᵉ Division et le général de Mitry, qui prend le commandement de la 6ᵉ Division de cavalerie.

Les attaques se déclenchent bien tardivement aux 8°, 13°
et 21° Corps, vers 17 heures. Que donneront-elles?

Je suis déjà fixé sur l'extrême droite. Le général S... n'a
pas fait grand effort. Il a lancé ses troupes sur les hauteurs
au nord-est de Saulcy, la droite sur Coinches. Mais le colonel,
qui commande précisément cette droite, s'est laissé entraîner
vers Laveline, par crainte d'une cavalerie hypothétique, et
finalement, la brigade mixte ne dépassera pas Fouchifol ce
soir. C'est peu, si l'on songe qu'on a affaire à des troupes de
réserve allemandes, appuyées, il est vrai, d'obusiers de 105
et de 150.

La Division Putz n'a pas gagné beaucoup de terrain au
delà d'Anozel et des Moitresses. La Division Blazer a réoccupé
Nompatelize et prépare, en ce moment, une attaque sur Saint-
Rémy, que le détachement Barbade aborde par l'ouest.

À la nuit, Saint-Rémy est occupé par le 14° Corps.

La position du reste des troupes de la 1re Armée n'est pas
sensiblement modifiée : le 21° Corps n'a pu réussir à entamer
la place forte véritable que les Allemands ont élevée près du
col de la Chipote et le 8° Corps a échoué à Magnières et Vallois.

Mon attention a été appelée sur les opérations du général
commandant la   ° Division, qui a montré une indécision des
plus blâmables. Il a été d'ailleurs fort mal secondé par le
colonel commandant provisoirement la brigade et par le colonel commandant le   ° régiment d'infanterie. Enfin, un commandant du   ° a reculé de Sancy avec son bataillon sans être
attaqué. Je demande au général Toutée de se rendre demain
sur le terrain, d'y apprécier la situation et de me faire les propositions qui seront jugées nécessaires. Je lui donne rendez-
vous à Anould pour 7 heures, où le capitaine Richard lui portera mes instructions.

1er septembre.

Ma tournée des champs de bataille me confirme dans cette
idée que nous ne pourrons pas mordre sérieusement de front
sur les positions fortifiées des Allemands.

Au 21° Corps, j'en reçois la nette déclaration. Je prescris
de continuer cependant la menace d'enveloppement de la Chi-

pote, mais de construire des retranchements en face de l'ennemi pour se maintenir en terrain conquis.

Le 13e Corps lutte contre l'artillerie lourde allemande et cherchera, demain dans le brouillard, à prendre pied dans les bois du Grand-Bras et de la Horne.

Le 8e Corps va continuer ses attaques sur les hauteurs de Vallois et de Saint-Pierremont. Il pense que la prise de ce dernier point ferait tomber Magnières.

Quoi qu'il en soit, je ne puis plus espérer réussir une rupture de ce front fortifié et je vais chercher à envelopper l'aile gauche de l'ennemi, si je puis trouer ce flanc à l'est de Saint-Dié et de l'Ormont. Je décide donc de retirer la 44e Division du 21e Corps, pour la porter à mon extrême droite vers Fraize et la Croix-aux-Mines; mais c'est un mouvement qui va durer deux jours au moins.

A 15 heures, j'apprends que le général S... n'a pas pu se maintenir à hauteur de Coinches et qu'il a rétrogradé jusqu'à Mandray.

Je lui prescris de tenir à tout prix sur ces hauteurs; mais serai-je obéi?

J'apprends, en même temps, que le général Toutée a eu un accident de cheval, qui ne lui permet pas de conserver son commandement.

Sur sa proposition, je demande que le général commandant la * Division et le colonel commandant l'une de ses brigades soient relevés de leurs commandements. Le général Bataille remplacera le général Toutée, le général Barbade commandera la 41e Division, le colonel Nudant sera mis à la tête de la 81e brigade de cette Division. Enfin, le commandant du bataillon du * qui s'est replié sans combat, sera traduit en conseil de guerre.

A 17 heures, j'ai des nouvelles du détachement S... : il se maintient à peu près sur ses positions.

Le 21e Corps a été, dans la soirée, fortement contre-attaqué aux environs de la Chipote. La brigade Barbot avait essayé de déborder les fortifications allemandes par l'ouest et par le nord. Comme l'action se passait sous bois, le général ne s'est pas suffisamment rendu compte qu'il tournait le dos à Sainte-Barbe et offrait son aile gauche aux ennemis de Thiaville. Il avait donc été subitement assailli de ces deux directions et rejeté, avec de grandes pertes, sur Saint-Benoît, fort mal soutenu d'ailleurs par la brigade coloniale qui attaquait la Chipote au sud et au nord.

Bientôt les Allemands étaient eux-mêmes contre-attaqués et reculaient sur leurs positions. Mais la nuit était venue et la brigade Barbot maintenait sa ligne aux environs de la Chipote et les coloniaux avaient la leur vers le ravin de Corbe.

Un incident à noter pour l'avenir : au 157°, parmi les hommes de renfort récemment arrivés, se trouvaient quelques Alsaciens qui avaient demandé à servir. Au cours du combat, l'un d'eux a tué deux officiers par derrière. Il n'y a pas que des Français parmi ces prétendus Alsaciens.

2 septembre.

A 1 heure, télégramme chiffré du G. Q. G. Le général en Chef me demande de lui envoyer un Corps d'Armée et une Division. Le même prélèvement est d'ailleurs fait sur la II° Armée.

Cette mesure me navre, car c'est désormais la défensive sans phrase; mais l'intérêt supérieur de la patrie est en jeu. J'étudie la situation et je me décide à retirer le 21° Corps et la 27° Division. Le 21° Corps a une partie de son front dans les bois; ce sera le plus facile à décrocher. J'étendrai, jusqu'à la hauteur au nord de Bru, la droite du 13° Corps et je ferai tenir le reste du front par la 44° Division et la brigade coloniale. Quant à la 27° Division, qui tient la combe de Nompatelize, je ne sais vraiment comment je ferai. Je serai sans doute obligé de garder quelques bataillons de la 27° Division et d'étendre à gauche le front de la 28° déjà si étiré cependant.

Je donne les ordres essentiels par les officiers de liaison et je me rends moi-même aux 21° et 14° Corps (Thiarménil et Bruyères).

Les difficultés commencent: le général de Vassart, qui a été engagé tous ces jours derniers, me déclare être à peu près incapable de tenir le coup seul et j'ai, un moment, l'idée de lui donner la brigade de chasseurs à pied Olléris, par échange avec la brigade coloniale.

Récrimination du général Legrand, qui se déclare singulièrement amoindri par cet échange. Après discussion, je décide que le général de Vassart gardera sa brigade coloniale et que le 21ᵉ Corps passera, en outre, ses trois bataillons de chasseurs de réserve qui forment la réserve d'infanterie. De plus, la brigade de chasseurs restera demain sur place pour lui servir éventuellement de réserve; puis elle se repliera pour s'embarquer à son tour.

Il est entendu, en effet, que le 21ᵉ Corps, relevé, se repliera pendant la nuit seulement et qu'on ouvrira le feu de quelques batteries pour masquer le bruit des voitures.

Au 14ᵉ Corps, je trouve les deux Divisions engagées suivant l'habitude et je me heurte à des difficultés sérieuses pour relever la 27ᵉ. Mais, sur ces entrefaites, m'arrive un télégramme du G. Q. G., aux termes duquel je n'ai plus à fournir qu'un seul Corps d'Armée. J'en suis réellement soulagé. Le 14ᵉ Corps ne compte, en effet, que 15.000 fusils; comment aurait-il pu se tirer d'affaire avec une Division?

A midi, je reçois la visite d'un officier venant de la part du général de Castelnau; il me dit que son chef envisage l'obligation d'un mouvement de repli. Dans ce cas, sa droite se retirerait sur Borville et il demande que je porte ma gauche jusqu'à Saint-Boingt. C'est bien entendu, mais je prie l'officier de dire au général de Castelnau que je tiens à conserver, à tout prix, mon front actuel et que je lui demande de faire l'impossible pour rester sur la Mortagne. Je lui fais remarquer les conséquences désastreuses pour la France d'un repli au delà de la Moselle.

Mon artillerie lourde (155) a fait faillite : les pièces ayant été utilisées à la portée maxima (6.000 m.) sont presque toutes hors d'usage. Je les fais renvoyer en arrière et je vais prélever une douzaine de pièces de 95 sur le matériel de la place d'Épinal. Elles ne sont pas d'un modèle bien récent, mais au moins, elles envoient, à 8 kilomètres, un projectile ayant 12 kilogr. d'explosif.

Dans la soirée, je suis avisé d'attaques très vives contre nos détachements, qui sont en avant des cols du Bonhomme et de la Schlucht. Les deux groupes alpins du premier ont dû reculer de la Poutroye sur le Bonhomme et sur Orbey. Le 152ᵉ s'est maintenu en avant de Munster. On me signale, en outre, six trains militaires dirigés du nord et de l'est sur Thann. Ceci rapproché des attaques sur le front des 21e et 14e Corps, me montre le plan des Allemands de faire effort sur mon aile droite pour me décrocher des Vosges.

En tout cas, il faut s'attendre à de nouvelles attaques venant d'Alsace et je songe à augmenter mes disponibilités de ce côté, pour être, si possible, en état de reprendre moi-même l'offensive.

A cet effet, je prescris au 8e Corps d'envoyer, dès demain matin, sur Châtel et sur Thann, ses quatre groupes alpins de réserve. Je fais préparer, en même temps, huit trains qui transporteront ces troupes au Thillot pour demain soir (c'est très lent).

Un premier mécompte me vient du 8e Corps, qui a engagé ces bataillons et ne pourra les retirer qu'à la nuit tombée. Ils ne commenceront leur embarquement qu'à 10 heures ou midi demain.

3 septembre.

Je me rends de bonne heure au 14e Corps, dont les deux Divisions sont, comme toujours, aux prises avec l'ennemi. Celui-ci devient très dangereux par ses infiltrations dans les bois de la Madeleine et du Kemberg. D'autre part, le général Barel est malade au point de garder le lit. Je lui demande de conserver son commandement. Il est très énergique et me rend les plus grands services à ce point de vue.

Je lui explique la situation. La 41e Division va être retirée de son commandement, parce que son rôle est, avant tout, d'être réserve du groupement des Vosges. Elle continuera cependant à couvrir sa droite, mais sans pousser trop loin son offensive, puisqu'elle est en même temps obligée de tenir compte du danger qui peut lui venir de l'est par le Bonhomme et la Schlucht.

A la 44e, je trouve le général de Vassart un peu inquiet des attaques dont il est l'objet dans la région boisée de la Chipote où les coloniaux tiennent mal. Je lui demande de se cramponner à tout prix et d'employer au besoin tout ou partie de la brigade des chasseurs du général Olleris.

J'assiste au 13° Corps à une attaque sur les bois de la Grande-Coinche et d'Anglemont, précédée d'une vive canonnada. Les Allemands pénètrent dans les bois, mais sont repoussés l'après-midi par une vigoureuse contre-attaque.

Au 8° Corps, rien de saillant. On complète les mises en état de défense du front, sous le canon de l'ennemi et en gardant le contact. La 6° Division de cavalerie est au repos, le terrain ne se prêtant pas à son action.

Dans la soirée, j'apprends que la 41° Division, après avoir repris la Tête-de-Béhouille, en a été chassée et s'est repliée sur la côte de Mandray.

Je fais dire au général Bataille de ne plus entreprendre d'offensive de ce genre, vouée à l'insuccès, puisque sa réussite ne peut être exploitée. En effet, il est impossible de s'élever vers le nord tant qu'on ne sera pas dégagé de toute inquiétude sur sa droite. Or, les deux groupes alpins de la région du Bonhomme se sont repliés et le 152° lui-même est remonté vers Munster craignant pour ses communications.

Le général Bataille voudrait replier tout son monde sur la crête des Vosges, qui lui paraît plus facile à défendre. C'est une erreur: on peut être tourné sur cette crête comme ailleurs, et c'est faire le jeu de l'ennemi que de lui abandonner, de gaieté de cœur, un excellent terrain de chicane, où l'on peut jouer de la fortification passagère. Le 152° cherchera donc à reprendre ses positions en avant de Munster, qu'il a quittées sans être pressé.

4 septembre.

A 3 heures, je suis avisé des attaques violentes dont ont été l'objet le 13° et le 14° Corps et surtout la 44° Division d'infanterie.

Les 13° et 14° Corps ont pu repousser l'ennemi; mais la 44° Division assaillie pendant la nuit sur Saint-Benoît et au sud de la Chipote, a cédé du terrain et évacué Saint-Benoît. La retraite a commencé du côté des coloniaux qui étaient à la gauche vers Saint-Benoît et cette retraite a entraîné celle de la brigade Buchner. Quant aux brigades (Barbot à droite et Olleris au centre), elles avaient, au jour, conservé leurs positions.

Cette brigade Olleris devait s'embarquer dans la journée avec le 21ᵉ Corps dont elle fait partie. Mais j'avais prescris au général de Vassart de s'en servir en cas de besoin absolu.

Je lui renouvelais cet avis vers 5 heures, mais la brigade avait déjà commencé son mouvement de repli sur Housseras (en exécution d'un ordre datant de la veille) sans être remplacée sur son front, de sorte qu'il s'était produit un vide sous bois entre les brigades Buchner et Barbot, vide dont on ne s'aperçut à l'État-Major de la Division que dans la matinée, sans d'ailleurs que les Allemands songeassent à en profiter.

J'arrivai à la 44ᵉ Division vers 6 h. 1/2 et j'assistai à un bombardement extrêmement violent de Jeanménil, de Fraipertuis et des environs. Les Allemands cherchaient évidemment deux groupes de batteries postés l'un au nord-est de Jeanménil, l'autre au sud-ouest, qui leur faisaient le plus grand mal en tirant à longue portée sur Sainte-Barbe et à portée ordinaire sur les lisières d'Hertemeuche. Ce feu allemand, terrifiant à la vérité comme effet moral, n'eut en réalité que très peu de résultats.

J'avais prescrit au 13ᵉ Corps d'envoyer sa réserve de droite (un régiment) à la disposition du général de Vassart et au 8ᵉ Corps de porter ses disponibilités derrière sa droite, pour être en état de secourir le 13ᵉ Corps. Ce fut le 38ᵉ régiment que le 13ᵉ Corps envoya de Romont, ne voulant pas dégarnir sa droite.

Je donnai l'ordre au général de Vassart de lancer ce régiment en contre-attaque dans la direction du nord-est, par la lisière des bois de Saint-Benoît, pour prendre d'écharpe les attaques allemandes. Je comptais qu'à ce moment les troupes de front, dans la forêt, reprendraient à leur tour l'offensive, de manière à prendre les Allemands de front et d'écharpe.

J'avoue que le départ des chasseurs à pied du général Olleris me sembla, à ce moment, un contre-temps fâcheux. Le général de Vassart ayant appris, par des avions, la présence, vers Ménil et Thiaville, de rassemblements équivalant à un Corps d'Armée, m'exprima quelques craintes sur le résultat de l'attaque projetée; le commandant du 38ᵉ m'ayant, de son côté, dit que ses hommes n'avaient pas mangé, je laissai le général de Vassart libre de différer son attaque et de la lancer à son heure, après l'avoir fait préparer par l'artillerie. En tout cas, le renfort fourni par le 13ᵉ Corps ne devait pas être fondu sur le front de la 44ᵉ Division. C'était uniquement une réserve destinée à être employée offensivement dans une attaque.

Dans la matinée, les 13ᵉ et 8ᵉ Corps ne furent pas inquiétés; quant au 14ᵉ Corps, il fut attaqué sur sa gauche sans grand résultat.

Quelques détails sur les procédés barbares des Allemands. Dans les combats de bois, ils retournent, au préalable, les balles dans la douille de la cartouche, de manière à frapper le corps par l'arrière du projectile qui s'écarte et produit des blessures à bords déchiquetés. Les médecins m'avaient signalé ce genre de blessures; l'explication en a été donnée par des chargeurs retrouvés sur les champs de bataille.

Dans la nuit d'hier, une patrouille suspecte de trois chasseurs à pied parlant mal le français, a été arrêtée dans la forêt de Saint-Benoît. On s'aperçut que ces chasseurs avaient des pantalons et des bottes allemandes et on les passa par les armes.

Dans la soirée, j'apprends que le 14ᵉ Corps a été violemment attaqué sur tout son front et que la 27ᵉ Division a été rejetée sur la Passée-du-Renard. Le commandant du 14ᵉ Corps ajoute que ses troupes sont absolument épuisées et qu'il y a lieu de prévoir sans tarder un mouvement de repli. Ce recul découvre la droite de la 44ᵉ Division, qui a cédé, elle aussi, un peu de terrain, dans la journée, et dont la droite est au Haut-du-Bois.

Néanmoins, je ne veux pas encore envisager le recul. Je fais donc dire au 14ᵉ Corps de se maintenir, dans la journée de demain, à la Passée-du-Renard, au Haut-Jacques et au col de Vanemont, s'il ne peut faire mieux, et je ne préviens même pas la 44ᵉ Division du retrait de la gauche du 14ᵉ Corps pour ne pas l'influencer.

Le maniement de cette 44° Division, grossie d'éléments étrangers, m'a paru lourd. Il est évident que le général de Vassart a du mal à tenir tous les fils du système et les liaisons sont mal assurées. Aussi, je crée un Corps provisoire aux ordres du général Delétoille. Le général de Vassart conservera le commandement d'une Division, l'autre sera aux ordres du colonel Barbot, que je ferai nommer général. C'est un tour de force que de créer un Corps au combat, mais c'est nécessaire.

Je pourvoierai d'ailleurs ultérieurement ce Corps nouveau de ses services, et, pour le moment, il fonctionnera avec les services de l'ancienne 44° Division.

Le 13° Corps n'a pas été attaqué, il n'a été que bombardé comme la gauche de la 44°.

Le 8° Corps a été attaqué sur sa gauche et a perdu les tranchées à l'est de Vallois et le village lui-même. Il chassera demain l'ennemi de Vallois.

5 septembre.

Je me rends d'abord au 14° Corps où le général Baret me confirme l'état de fatigue de ses troupes, qui sont au feu tous les jours. L'ennemi a mobilisé tout ce qu'il a pu contre notre droite, où se trouvent non seulement les XV° et XIV° Corps, mais les troupes mobiles de la garnison de Strasbourg, avec une quantité considérable d'artillerie lourde.

Je renouvelle au 14° Corps mes ordres pour le front à conserver. Le combat est engagé sur les positions des deux Divisions.

Au Corps provisoire, je trouve peu de nouvelles. L'ennemi bombarde, suivant son habitude, la région de Jeanménil, de Larifontaine et il attaque sous bois. Mais on perd peu de terrain.

Le 13° Corps n'est pas engagé pour le moment; je lui prescris d'employer son artillerie lourde (2 batteries de 155 court et 2 batteries de 95 qu'il vient de recevoir) au bénéfice du Corps provisoire, après entente avec ce dernier, contre les batteries de Sainte-Barbe et de la crête boisée à l'est du bois d'Hertemeuche. Tout en désirant me maintenir en position et gagner du temps, je suis obligé de songer au repli possible et j'indique aux Corps le front à tenir en pareil cas.

8° Corps et 6° Division de cavalerie : de la forêt de Lalau par Hallainville et Ortoncourt à Moyemont exclu.

13° Corps : de Moyemont à Vomecourt inclus.

Corps provisoire : de Vomecourt à Gugnecourt (exclu).

14° Corps : de Laval à Granges.

Entre ces deux derniers Corps, je boucherai le vide au moyen de la Division de réserve d'Epinal qui s'établira de Gugnecourt à la Croix-de-Faîte. Je donne immédiatement des ordres pour que cette Division reconnaisse son front et sa mise en état de défense.

Le groupement des Vosges, en cas de repli de la droite, lâcherait le col du Bonhomme, mais tiendrait au sud et aurait sa gauche au Louchpach, à Habeaurupt et à Gerbépal (réserve à Gérardmer).

J'ai soin de noter qu'au cas où la droite seule se trouverait dans l'obligation de céder, le reste du front serait bien entendu conservé.

Dans la soirée, j'apprends que malgré mes ordres, la 27° Division a commencé un mouvement de repli vers le sud-ouest de Mon-Repos. Il faut y voir un effet de la lassitude et de la tension nerveuse, qui atteint à la longue (et on se bat tous les jours depuis un mois) les caractères les mieux trempés. Le général Blazer, qui est cependant le type du brave et de l'officier général d'avant-garde, n'a pu y échapper; mais il se ressaisira demain sous l'impulsion de son commandant de Corps d'Armée, qui, malgré sa bronchite, a conservé autant de ténacité que moi. Je lui explique la situation et je lui donne des ordres à ce sujet.

6 septembre.

Dans la nuit, il se produit une panique à la 41° Division. Le   ° régiment de gauche a lâché ses positions à la suite d'une attaque à la baïonnette (c'est du moins ce qu'il dit; je prescris une enquête, car ce régiment lâche pied décidément trop souvent). Cette retraite découvre le flanc de la 41°, qui recule sur Anould, Fraize et les hauteurs de Plainfaing.

Mauvaises nouvelles aussi du côté du Bonhomme, où le col des Bagenelles a été perdu. On n'y avait mis qu'une seule compagnie, alors que l'importance de cette position de flanc aurait exigé le double d'infanterie et de l'artillerie. J'envoie, dès le jour, au général Putz, à Gérardmer, l'ordre de faire reprendre l'offensive sur Mandray, le col des Journaux et les Bagenelles.

Je vais ensuite au 14ᵉ Corps à Bruyères, où je suis à 7 h. 30. Peu après, le général Baret m'y rejoint venant de la 27ᵉ Division, où tout est en voie de réparation : on attaque sur la Salle, les Jumeaux et Sauceray ; de même, à la 28ᵉ, on cherche à avancer sur Rougiville et le col d'Anozel.

Deux pièces de 120 de la place d'Epinal sont arrivées à Bruyères. Je prescris de chercher à les porter vers Corcieux et au delà, pour battre, si possible, d'Anozel à Mandray.

Je trouve ensuite le poste de commandement du Corps provisoire à Autrey. Le général Delétoille visite ses deux Divisions. Je ne l'attends pas, l'ennemi ne se livrant qu'à un vague bombardement des mêmes positions qu'hier.

L'artillerie lourde (155 court et 95) du 13ᵉ Corps, s'établit sur la Mortagne, au sud-ouest de Jeanménil et va ouvrir le feu sur Sainte-Barbe et la crête boisée au sud-ouest.

Je fais envoyer, de la place, une nouvelle batterie de 155 long, qui va s'ajouter à celles existant déjà (155 et 120) dans le bois du Fays et environs, pour attaquer les batteries lourdes allemandes de la région Bazien, Sainte-Barbe.

On semble être venu à bout des batteries de Domptail et de Ménarmont, qui sont maintenant silencieuses.

Le 38ᵉ (du 13ᵉ Corps), que j'avais mis à la disposition du Corps provisoire, est employé par celui-ci à l'établissement d'une tête de pont à Autrey. Ce n'est pas pour cette mission que je l'avais donné. Je décide donc que ce régiment rentrera à Saint-Gorgon en réserve d'armée.

Le combat languit sur le front des 8ᵉ et 13ᵉ Corps. Ce dernier a repris Vallois, sans pouvoir cependant réoccuper les tranchées de l'autre rive de la Mortagne. Je n'y tiens d'ailleurs pas absolument, puisque je n'ai pas l'intention de prendre l'offensive de ce côté.

On me signale le rapport d'un agent, d'après lequel les

Allemands rassembleraient, de Fribourg à Müllheim, des forces importantes destinées à opérer dans mon flanc droit par la Schlucht ; ils seraient couverts à gauche, vers Mulhouse, par une forte flanc-garde de trois régiments avec artillerie lourde.

Sans attacher à ce bruit plus d'importance qu'il ne comporte, je dois en tenir d'autant plus compte que j'ai toujours songé qu'un plan de cette nature serait bien dangereux pour moi. Je vais donc augmenter, autant que possible, les disponibilités du général Putz. Je lui prescris de faire monter, près de Gérardmer, deux des groupes alpins, tenus en réserve à Cornimont et au Thillot et je lui annonce une brigade de cavalerie que je tire de la 6ᵉ Division et qui lui arrivera après demain. Ce sera seulement une réserve de carabines à porter rapidement en un point donné, car le pays ne se prête nullement à l'emploi de la cavalerie.

Une attaque sur la Schlucht trouverait donc devant elle le 152ᵉ, le 12ᵉ B. C. P., un groupe d'artillerie montée, deux batteries de 65 de montagne, deux groupes alpins de réserve, deux bataillons de réserve et la brigade de cavalerie.

Le général Putz me demande de réorganiser le commandement de ses groupements. Je l'autorise à l'établir sur les bases ci-après :

Général Bataille, commandant les troupes qui sont engagées sur le front Anould, col du Bonhomme.

Général Claret de la Touche, commandant le détachement chargé de la défense de la Schlucht.

Le général Joubert aura sous ses ordres les troupes du secteur de Cornimont (Bramont, Bussang, Ballon d'Alsace).

Nous recevons la nouvelle que la France, la Russie et l'Angleterre se sont engagées à ne pas conclure la paix isolément : la guerre ne finira que par la défaite de l'Allemagne. Je fais traduire et tirer cette déclaration à un grand nombre d'exemplaires, que nos avions laisseront tomber demain dans les lignes allemandes. C'est de bonne guerre et cela détruira peut-être cette idée, répandue par ordre chez les soldats allemands, que la Russie marche avec eux.

Pas de changement sur le front des 8ᵉ et 13ᵉ Corps. Le Corps provisoire et le 14ᵉ Corps, qui ont attaqué, ont repris leurs positions de l'avant-veille, sauf la 27e Division qui n'a pu reprendre le Haut-Jacques; ils ont l'impression que la résistance faiblit devant eux.

La 41e Division n'a pu atteindre la crête de Mandray. Les Allemands, qui avaient évacué le Chipal, y rentrent à 20 heures et fusillent la population, y compris les femmes et les enfants.

7 septembre.

Sur des bruits fâcheux de retraite imminente qui me viennent de la IIe Armée, j'envoie au Q. G. de cette Armée le capitaine Dussauge, pour prier le général de Castelnau de tenir coûte que coûte et de ne pas entamer un mouvement de retraite, qui m'obligerait tout d'abord à infléchir ma gauche face au nord-ouest.

Quant à la continuation éventuelle du recul, je ne pourrais l'envisager que comme une catastrophe. Il ne me resterait, en effet, que l'un des deux partis suivants à prendre : ou suivre la IIe Armée dans sa retraite et ce serait l'abandon des Vosges et de la Franche-Comté, c'est-à-dire l'enveloppement possible de notre aile droite, *la fin de la France peut-être,* — ou m'en séparer pour résister dans la région d'Epinal-Belfort, avec la triste perspective d'être acculé à la Suisse; ce serait, dans les deux cas, une honte que je ne pourrais subir, moi vivant.

La mauvaise nuit que j'ai passée dans ces sombres réflexions ne m'empêche pas de visiter tous mes Corps, de la gauche à la droite.

Au 8e Corps, calme plat : on prépare l'attaque, par l'artillerie lourde, des obusiers allemands de la région de Moyen.

Je vois avec plaisir qu'on exerce les troupes non employées sur le front, suivant les ordres que j'ai donnés.

Le 13e Corps n'a rien de nouveau à me dire : il va, comme le 8e, mettre toute son artillerie lourde contre Bazien et Sainte-Barbe.

Au Corps provisoire, j'apprends que les Allemands ont poussé leurs avant-postes à la lisière sud du bois d'Herte-meuche et qu'ils établissent des abatis et autres défenses dans

4

l'intérieur du bois. Je m'étonne qu'on ait pu laisser l'ennemi faire ce genre de progrès. Cela n'eut pas été possible si la défense sur ce front avait été agressive.

Je prescris, en tout cas, au général Delétoille d'arroser la lisière et même l'intérieur du bois pour les rendre intenables et d'attaquer ensuite pour y reprendre pied.

Au 14ᵉ Corps, mauvaises nouvelles. Non seulement le Haut-Jacques n'a pas été repris, mais la Croix-Idoux a été perdue. L'infiltration allemande venant de Saint-Dié, continue dans les bois de la Madeleine et peut devenir très dangereuse. Je prescris de reprendre, à tout prix, le Haut-Jacques et, si possible, la Croix-Idoux. Le premier de ces cols va être attaqué par le détachement Bulot, le second sera abordé par le sud-ouest en même temps que par l'est, où se trouve un bataillon du 140ᵉ à peu près coupé de son Corps. (Pourra-t-on seulement lui faire parvenir l'ordre d'attaque? Le général Blazer l'a envoyé de deux côtés différents et prétend être sûr du résultat).

Je vais envoyer, par prélèvement sur Épinal, deux batteries de deux pièces de 95 au 14ᵉ Corps. L'une des batteries sera placée, si possible, à Mon-Repos, contre les batteries allemandes de la région de Nompatelize, l'autre près de Vanémont : elle sera employée au bénéfice de la 41ᵉ Division dans la région de Mandray, ou sur Saint-Dié et environs pour soulager la 28ᵉ Division.

La 47ᵉ Division reprend ses attaques sur la crête de Mandray. Je lui prescris de ne pas chercher à atteindre la Tête-de-Béhouille, tant que le détachement du col du Bonhomme n'aura pas pu se donner de l'air, en occupant le village même du Bonhomme.

On m'enlève ma 6ᵉ Division de cavalerie. Je reçois un télégramme du G. Q. G. me prescrivant de la diriger sur la ligne Mirecourt-Neufchâteau. Voilà ma combinaison avec le groupem   des Vosges irréalisable. Je vais arrêter la brigade de d. gons que je destinais à Gérardmer et la diriger, dès demain, dans la direction de Mirecourt.

A 16 heures, le capitaine Dussauge revient du Q. G. de la

II° Armée (Neuves-Maisons), où je l'avais envoyé ce matin. Il me rend compte de sa mission :

Il a trouvé le général de Castelnau très triste et préoccupé. Il venait d'apprendre la mort de l'un de ses fils et on lui annonçait l'évacuation de la hauteur de Sainte-Geneviève.

Le général Anthoine, son chef d'État-Major, avait préparé l'ordre de retraite et allait enjoindre aux autorités de Nancy d'avoir à quitter la ville.

Le capitaine Dussauge représenta combien cette décision était grave à tous les points de vue; le général répondit qu'il n'y pouvait rien et que les Allemands, maîtres de Sainte-Geneviève, bombarderaient et prendraient Nancy comme ils le voudraient.

En même temps, le général Anthoine faisait ressortir l'excellence de la position de Saffais-Belchamp, sur laquelle on pourrait résister dans de meilleures conditions.

Le capitaine Dussauge objecta encore que, si nous avions évacué la butte de Sainte-Geneviève, cela ne prouvait pas que les Allemands y fussent, et il supplia le général de Castelnau de faire vérifier sur place la situation. En même temps, il demandait au chef d'État-Major de reprendre son ordre de retraite, auquel il ne manquait que la signature du général (les exemplaires étaient déjà tapés avec croquis joints).

Mon officier de liaison avait su convaincre. Le général commandant l'armée consentit à attendre et, quelques heures après, on apprenait que les Allemands n'étaient pas à Sainte-Geneviève.

Et voici ce qui s'était passé : le commandant de Montlebert, chargé de défendre Sainte-Geneviève, avait repoussé l'attaque; mais son lieutenant-colonel, N..., mal renseigné ou craignant d'être tourné, lui avait envoyé, à trois reprises, l'ordre d'évacuer la position. C'est au troisième ordre seulement que le commandant avait obéi, la mort dans l'âme. Mais ce repli avait échappé aux Allemands, très éprouvés par leur échec de la veille, de sorte que la hauteur était restée inoccupée entre les deux fronts.

Dès que la nouvelle fut connue au Q. G. de l'Armée, on donna l'ordre de se reporter sur la hauteur. Toute idée de retraite fut définitivement abandonnée et le général de Castelnau me fit dire qu'il combattrait sur ses positions actuelles. Quel soulagement!

8 septembre.

Rien de bien nouveau sur le front. La 41ᵉ Division a perdu cette nuit le col des Journaux qu'elle va réattaquer ce matin.

Au 14ᵉ Corps, la 28ᵉ Division est à peu près tranquille: la 27ᵉ s'efforce de reprendre le Haut-Jacques et la Croix-Idoux.

Canonnade sans intérêt sur le reste du front.

On croit remarquer que la résistance faiblit et que les Allemands entament un mouvement de retraite.

D'autre part, je suis avisé des progrès du groupe principal des Armées sur l'Ourcq, le Grand-Morin et la Haute-Seine, avec infléchissement de notre droite vers Verdun. Il y a menace d'enveloppement de notre part sur les deux ailes allemandes. La situation se présente donc bien. Mais le général Sarrail est menacé sur ses derrières, que protègent mal la place de Toul et les forts des Hauts-de-Meuse. Si les Allemands se retirent sur mon front, serait-ce pour se porter sur les derrières de la IIIᵉ Armée, ou bien, veulent-ils corser l'attaque qui se dessine en ce moment sur le centre de la IIᵉ Armée (Mont d'Amance, qui est fortement bombardé)? De toutes façons, il faut enrayer le mouvement et je donne, en pleine nuit, l'ordre d'attaquer :

Le 13ᵉ Corps, par sa gauche, sur le bois du Charbonnier; premiers objectifs à atteindre de nuit : Xaffevillers et le bois du Grand-Bras.

Le 8ᵉ Corps, par sa droite, sur Domptail; premiers objectifs à atteindre de nuit : Saint-Pierremont, Magnières.

L'attaque commencera à 2 h. 30. Au jour, elle sera générale sur tout le front, afin de fixer l'ennemi partout : cependant, le Corps provisoire devra nettoyer le bois d'Hertemeuche et s'y établir.

Je préviens de cette décision le G. Q. G. et la IIᵉ Armée.

Dans l'après-midi, je reçois une triste nouvelle : le général Bataille vient d'être tué, son officier d'ordonnance et le

lieutenant-colonel Gratier, blessés près de la maison forestière du col du Bonhomme, où ils se tenaient au cours du
combat. Plusieurs obus de 15 sont tombés sur la maison
même. Tous les cadres disparaissent successivement. Je
n'aurai bientôt plus le moyen de les remplacer. Je désigne le
général Claret de la Touche pour prendre le commandement
de la 41° Division.

9 septembre.

Je me rends à 4 heures au 13° Corps.

L'attaque sur les bois du Grand-Bras et de la Horne a
réussi. Les 98° et 16° régiments y ont pris pied, mais, à la
gauche du 13° Corps, le 8° Corps a pris l'offensive tardivement, sans avoir préparé et apporté ses moyens de passage
sur la Mortagne. Bref, les attaques n'ont pu entamer ni Pier-
remont ni Magnières.

Les troupes du 13° Corps ont été à leur tour contre-atta-
quées sur leurs deux flancs et leurs derrières et ont dû se
replier sur les positions de départ, Menu-Bois et Grande-
Pucelle, en faisant de grandes pertes. Un élément du 85°
(8° Corps), qui avait été dirigé sur Xaffevillers pour aider le
13°, avait évacué prématurément ce village et permis à l'infanterie allemande de venir installer des mitrailleuses prenant en flanc les 98° et 16° régiments dans leur retraite.

J'ai témoigné très vertement mon mécontentement au
commandant du 8° Corps et je l'ai invité à reprendre ses
attaques de la façon la plus énergique, en le prévenant que
le 13° Corps agirait de même.

Toutes ces attaques venaient d'être préparées par l'artillerie. Il était 10 heures et l'infanterie allait se lancer, dans
les deux Corps, lorsque je fus avisé que le général Joffre me
demandait un Corps d'Armée à diriger sur Paris. C'était,
en effet, à l'aile gauche des Armées que se livrait la partie
décisive : il n'y avait pas à hésiter, quelque gêne que ce prélèvement pût me causer.

J'arrêtais donc les attaques sans en donner le motif et je
décidais de retirer de la ligne le 13° Corps pendant la nuit,
pour l'embarquer le surlendemain aux environs d'Epinal. Ce

Corps serait remplacé, sur la plus grande partie de son front, par les troupes d'Epinal (Division de réserve et 170ᵉ régiment actif) et le reste du front serait pris, partie par le 8ᵉ Corps qui étendrait sa droite jusqu'au Menu-Bois inclus, partie par le Corps provisoire, qui pousserait sa gauche jusqu'au bois du Ban-de-Nossoncourt inclus.

La Division d'Epinal serait mise en route immédiatement, de façon à doubler le 13ᵉ Corps sur ses positions avant la nuit et le 13ᵉ Corps se déroberait, une fois l'obscurité venue, pour ne pas donner l'éveil. Il laisserait sur place son artillerie lourde et ses bataillons de chasseurs de réserve, qu'il passerait à la Division de réserve d'Epinal.

A midi, on me fait savoir que la 41ᵉ Division a repris le col des Journaux et qu'une attaque (brigade de landwehr et deux batteries) se produit sur Thann. Le gouverneur de Belfort dirige un détachement sur le flanc de cette attaque, le général Joubert renforce directement d'un bataillon son détachement de la vallée. J'espère que nous pourrons repousser l'ennemi.

J'en reviens à ma situation. Je perds successivement deux Corps d'Armée; vais-je tenir encore mon front, déjà si étendu avec mon ancien effectif? Je me décide pour l'affirmative : je conserverai donc mes positions. J'aurai toujours le temps de replier tout ou partie de mon front, si j'y suis forcé et, les quelques jours pendant lesquels je pourrai tenir, seront autant de gagné dans l'intérêt général.

10 septembre.

La relève du 13ᵉ Corps par la Division de réserve d'Epinal s'est faite dans des conditions difficiles, à 2 heures et sous une pluie torrentielle.

On avait eu quelque peine à réunir cette Division qui était, par détachements, au travail sur le Durbion. et elle n'avait pu dépasser la Mortagne qu'au milieu de la nuit.

Ce matin, à 7 heures, je trouve les colonnes du 13ᵉ Corps en route vers leurs cantonnements d'attente avant l'embarquement. On ne paraît d'ailleurs pas très pressé au G. Q. G. puisqu'un nouveau télégramme me dit d'attendre à ce sujet de nouveaux ordres.

Rien de marquant sur le front, à part quelques canonnades. J'en suis à me demander si l'ennemi ne retire pas de troupes et je prescris à tous mes Corps, malgré leur fatigue et leur usure, de harceler les lignes avancées et de faire des prisonniers ou de rapporter des numéros trouvés sur les morts, pour identifier les troupes qui nous sont opposées.

L'attaque sur Thann a été repoussée hier soir sans grande difficulté.

J'ai demandé hier au G. Q. G. de disposer de la 66ᵉ Division de réserve et de la 14ᵉ brigade de dragons (général Mazel), qui postées au sud de Belfort, ont pour mission de couvrir la place de ce côté et de s'opposer à tout mouvement d'invasion par là. Je ne crois plus qu'un mouvement de ce genre soit possible.

La réponse m'arrive aujourd'hui : je puis disposer de la 66ᵉ Division de réserve, mais la brigade de dragons restera aux ordres du gouverneur de Belfort. Je vais donc, dès demain, acheminer cette Division vers le nord, direction Corcieux, pour relever, si possible, la 41ᵉ Division.

Le général Joffre m'adresse un télégramme de félicitations ainsi conçu :

ORDRE GÉNÉRAL Nº 36.

10 septembre 1914.

Depuis près d'un mois votre Armée combat presque journellement, montrant des qualités remarquables d'endurance, de ténacité et de bravoure.

Vous avez su vous-même insuffler à tous l'énergie dont vous êtes animé.

Malgré les prélèvements importants qui ont été successivement opérés sur vos forces, vous avez su maintenir l'ennemi, et vos troupes ont compensé la diminution de leurs effectifs par une activité toujours croissante.

Je tiens à vous témoigner, à vous et à la Ire Armée, toute ma satisfaction pour les résultats obtenus.

Signé : JOFFRE.

Si j'ai eu le mérite de ne jamais me laisser abattre et de remonter le moral des chefs que la confiance abandonnait trop souvent, j'y ai été puissamment aidé par les braves troupes qu'on me représentait, à chaque instant, comme ruinées physiquement et moralement. Ces troupes soi-disant ruinées, j'ai pu les tenir journellement au combat pendant trente jours et elles ont fait preuve d'une endurance dont personne ne les croyait capables.

Je tiens à noter ici, comme un témoignage de reconnaissance à mes soldats et à leurs chefs, les sentiments que m'inspirent les exploits accomplis par la Ire Armée depuis le début de la campagne.

J'avais pour nos hommes la plus vive affection; cette affection se double aujourd'hui d'une admiration sans limites.

Je croyais bien les connaître ayant, au cours de ma longue carrière, commandé en France et en Afrique des troupes de tempérament différent.

Je savais le Français, brave, dévoué et volontairement discipliné, en dépit de l'air frondeur et grognard que, parfois, il affecte.

Je le savais capable d'enthousiasme, d'élan et d'héroïsme; mais jusqu'où irait la force d'endurance morale et physique chez des Latins, qu'on pouvait croire amollis par des siècles de civilisation et par le développement sans cesse accru du bien-être?

Nous étions d'ailleurs les premiers à nous décrier nous-mêmes.

Nous n'avions, en tout cas, fait à ce sujet, avant la guerre, aucune expérience concluante : les grandes manœuvres étaient plutôt une école pour les cadres supérieurs qu'une épreuve d'endurance, et l'on évitait généralement tout excès de fatigue aux troupes.

Aussi, quel point d'interrogation, dès le début des hostilités, quand je me suis rendu compte du caractère sauvage de cette guerre et de l'acharnement inouï de la bataille! Ce n'est pas, je l'avoue, sans serrements de cœur et sans angoisses, que je maintiens au feu, depuis des semaines, des troupes épuisées, avec des effectifs réduits de moitié et les trois quarts des cadres hors de combat, risquant ainsi de dépasser la limite des forces humaines.

Oui, j'ai pu paraître parfois un chef inhumain et brutal, quand je répondais aux commandants de Corps d'Armée, qui me représentaient l'état d'usure de leurs forces et l'impossibilité de résister : « Attaquez, attaquez encore, vos objectifs sont les mêmes, il n'y a pas d'autre tactique ».

J'étais simplement un ardent serviteur de la Patrie, qui comprenait la gravité de la situation.

De la solidité de cette charnière des Vosges que nous tenons, dépend, en réalité, le salut de la France.

Vient-elle à céder? Plus de rétablissement possible : la France est perdue.

Tout mouvement de retraite nous est donc interdit. Il faut tomber sur place jusqu'au dernier plutôt que de reculer. Et chefs et soldats ont tenu et tiendront, étonnant le monde par cette magnifique endurance, par ce stoïcisme qu'on se refusait généralement à reconnaître au Français aimable et léger.

Dans la soirée, j'apprends que les Allemands ont attaqué sur tout le front et occupé, devant le Corps provisoire, une partie du bois du Ban-de-Nossoncourt et la ferme de Champ-Chaudron. C'est peu de chose ; on reprendra cela demain. Partout ailleurs ils ont été repoussés.

Mais pourquoi cette attaque? Est-ce pour m'empêcher d'embarquer mon 13ᵉ Corps, ou bien est-ce pour dissimuler un retrait de leurs troupes? Je penche pour cette dernière explication, car un sous-officier, fait prisonnier dans les bois de Saint-Benoît et appartenant au 60ᵉ de landwehr, affirme qu'il vient d'arriver dans la région et que c'est la première fois qu'il va au feu. Ils poussent en avant des unités de landwehr pour retirer leurs corps actifs.

Dans la nuit, je reçois l'ordre d'embarquer le 13ᵉ Corps à partir de demain midi. Mais ce sera long : on ne me donne que vingt-quatre marches par jour.

11 septembre.

Je fais établir dans la journée l'instruction ci-après, qui sera distribuée à tous mes Corps.

Iʳᵉ ARMÉE

ÉTAT-MAJOR

3ᵉ BUREAU

Le 11 Septembre 1914.

INSTRUCTION DU GÉNÉRAL DUBAIL, COMMANDANT LA Iʳᵉ ARMÉE, AU SUJET DES PROCÉDÉS DE COMBAT A EMPLOYER VIS-A-VIS DES ALLEMANDS.

L'expérience des combats livrés jusqu'à ce jour montre qu'il y a lieu de modifier notre tactique, en nous inspirant des desiderata suivants :

1° Economiser notre infanterie ;

2° Arriver à mettre en œuvre notre arti. ie utilement, c'est-à-dire à moins de 5.000 mètres ;

3° Chercher à rendre possible à notre infanterie le combat rapproché et notamment la lutte à l'arme blanche, dans laquelle elle est incontestablement supérieure à son adversaire ;

4° Diminuer la fatigue des hommes, qui a pris jusqu'ici des proportions inquiétantes.

On peut atteindre ce résultat en employant les moyens suivants, analogues à ceux qu'ont déjà adoptés plusieurs Corps d'armée.

a) Lorsque l'allure générale de l'action le permet, entamer la lutte d'artillerie l'après-midi seulement, de manière à provoquer l'entrée en scène des obusiers allemands et à repérer leur emplacement.

Comme on ne peut, avec notre matériel, espérer un résultat décisif, conduire cette lutte à grande distance avec un minimum d'artillerie, couverte par quelques éléments d'infanterie seulement;

b) Dans ce cas, laisser pendant toute la matinée, la majeure partie de l'infanterie au repos, faire à ce moment les distributions, alimenter les hommes de manière qu'à partir de midi, ils soient prêts à marcher ;

c) A la nuit tombante, pousser en avant notre infanterie qui, à cette heure, ne craint plus grand chose de l'artillerie adverse, lui faire gagner du terrain en avant, et rapprocher nos batteries de manière qu'au point du jour, celles-ci se trouvent placées à bonne distance de tir, non seulement de leurs objectifs d'infanterie et d'artillerie de campagne adverses, mais encore des obusiers ;

Profiter ensuite de l'incontestable supériorité de notre matériel, lorsqu'il peut agir à moins de 4 ou 5.000 mètres, pour obtenir avec les deux armes, des résultats décisifs.

La progression de l'infanterie peut se faire également de jour, en utilisant les terrains coupés et les bois de grande étendue (dans les bois, l'infanterie marche en ligne de petites colonnes, avec un gradé énergique en queue de chaque colonne); assurer la direction, déboucher avec précaution ;

d) Ne pas craindre, au cours de ces opérations, de lancer en avant de petits éléments d'infanterie, pour chercher, dans les combats de nuit, à démoraliser et à désorganiser un adversaire, qui n'a jamais tenu jusqu'ici devant un combat à la baïonnette.

Ne pas craindre, non plus, le combat sous bois. Lorsqu'on prévoit une rencontre sous bois, prendre entre les colonnes l'intervalle de déploiement et mettre la baïonnette au canon.

Dans les bois de futaie, les chefs de bataillons feront marcher en seconde ligne, de préférence derrière une aile, une ou deux compagnies dont ils dirigeront eux-mêmes l'attaque, aussitôt que la première ligne est engagée ;

e) Lorsqu'une position est enlevée, la fortifier. Avoir soin de combiner le feu des tranchées; creuser des tranchées profondes et dissimulées aux vues, organiser le tir et installer, dès qu'on le peut, des défenses accessoires ;

f) Soustraire aux vues des aéroplanes les mouvements, les rassemblements des troupes et les parcs de voitures. A cet effet, utiliser les arbres des routes, les vergers, les lisières de bois.

Le général commandant la 1re Armée,
Signé : DUBAIL.

La matinée n'apporte pas grand changement à la situation. Peu de canonnade même. Au Corps provisoire, l'attaque n'est pas encore reprise à 9 heures sur le bois du Ban-de-Nossoncourt. On veut la préparer par l'artillerie. Or, les Français et les Allemands sont, en certains points, si près les uns des autres qu'on craint d'atteindre les nôtres. Des précisions sont réclamées avant d'ouvrir le feu. Le général Delétoille me demande de lui laisser le choix de l'heure. C'est tout naturel.

A midi, la 41e Division me rend compte que l'ennemi cède devant elle. J'apprends, d'autre part, que Saint-Dié est évacué. Je donne l'ordre à tous les Corps d'attaquer pour vérifier le fait et de préparer, s'il y a lieu, des détachements de poursuite.

Dans l'après-midi, on progresse à droite : je crois bien que le 14ᵉ Corps sera à Saint-Dié ce soir. Mais, au centre et à gauche, on se heurte à des arrière-gardes retranchées.

Le 8ᵉ Corps ne fait aucun progrès, ce qui ne m'étonne pas: le commandement y est plus fatigué encore que les troupes. Le capitaine Pichot-Duclos, officier de liaison avec le G. Q. G., m'apporte une note du général Joffre me disant en substance ce qui suit :

« L'ennemi paraît retirer des troupes pour les porter en Woëvre contre notre aile droite; notre 20ᵉ Corps vient d'être envoyé au nord-ouest de Nancy, pour s'opposer à ce mouvement; étudiez la possibilité de continuer votre mission, en retirant un Corps d'Armée de votre front pour le mettre, vers Bayon, en réserve des Iʳᵉ et IIᵉ Armées. Ce Corps pourrait être envoyé dans la Woëvre. Il sera possible de vous donner des unités de réserve pour le remplacer ».

Ainsi, mon Armée va s'en aller par morceaux; mais l'intérêt général l'exige et je dois faire taire le sentiment un peu égoïste qui me fait regretter de voir mes forces diminuées et de n'être pas appelé moi-même à jouer un rôle direct dans la bataille générale.

J'étudie la solution possible : le Corps, dont le retrait pourrait être relativement rapide, est le 8ᵉ (à ma gauche). Les autres sont éloignés et dans les bois. Mais le retrait du 8ᵉ formerait un vide ouvrant la voie sur les ponts de Bayon et de Charmes et obligerait certainement la IIᵉ Armée à replier sa droite. Je n'aurais d'ailleurs pour remplacer le 8ᵉ Corps que la 66ᵉ Division de réserve que j'appelle à Corcieux, mais qui n'arrivera au Thillot que le 12.

J'aimerais mieux retirer le 14ᵉ Corps; ce serait d'ailleurs un meilleur cadeau à faire au Groupe d'Armées, mais il faudrait attendre que ce Corps fût sorti des bois et eût atteint Saint-Dié (il y sera peut-être ce soir); ce Corps serait relevé, le 15, par la 66ᵉ Division de réserve et se trouverait disponible le 18 à Bayon.

Ce serait un peu tard et cependant cette solution me paraît la meilleure.

Je télégraphie au général Joffre en donnant la préférence à l'envoi du 14ᵉ Corps, si le mouvement ne doit pas être immédiat.

On me prend le colonel Nudant pour en faire un chef d'État-Major d'Armée. Je regretterai beaucoup cet officier supérieur, énergique, qui avait fort bien commandé la 81ᵉ brigade et le gros de la 41ᵉ Division, dans la région de Mandray.

Je le remplace par le colonel Bulot du 22ᵉ. On m'envoie le général Bolgert pour commander la 41ᵉ Division; le général Claret de la Touche auquel j'avais donné provisoirement le commandement ne va pas être content. Il se rabattra sur le commandement d'une Division de réserve.

Je suis avisé, dans la soirée, de l'occupation de Saint-Dié par le 14ᵉ Corps.

Les Allemands n'ont incendié de la ville qu'un quartier; mais ils ont généralement dévalisé toutes les maisons occupées; ils ont emporté notamment l'argenterie, le linge, la vaisselle et les pendules. Affaire d'habitude!

12 septembre.

Dans la nuit, je reçois un télégramme m'annonçant que, sur la proposition du général Joffre, le Président de la République m'a conféré la dignité de Grand'Croix de la Légion d'honneur.

J'en suis très fier, mais un peu honteux d'être le premier récompensé de mon Armée. Je remercie et je demande instamment que l'on m'accorde les récompenses que j'ai réclamées pour la troupe et les cadres, après trente jours de combats incessants.

Je vais aux attaques du 8ᵉ Corps. La droite de ce Corps a été elle-même attaquée pendant la nuit aux bois du Faing et des Aulnes; l'attaque a d'ailleurs été repoussée.

La résistance de l'ennemi étant sérieuse à Saint-Pierremont, le commandant de la 16ᵉ Division se décide à prendre pied d'abord dans le bois du Grand-Bras, pour faire tomber cette position.

A sa gauche, le 15ᵉ Division est entrée dans Vallois; elle

attaque maintenant le mamelon 337. Mais le général de Mondésir est inquiet sur sa droite, où le 307°, de la Division de réserve, vers Doncières, aurait reculé. C'est d'ailleurs absolument inexact ; j'en ai la preuve quelques instants après, en me rendant à la Division de réserve d'Epinal.

Cette constatation fait ressortir la difficulté des liaisons avec des troupes privées de cadres et qui sont de pures troupes de réservistes, car il ne reste dans le rang qu'une trentaine d'hommes de l'active par compagnie. On conçoit que les conditions du début de la guerre soient changées : la capacité offensive diminuée, les liaisons difficiles, etc.

En ce qui concerne la Division de réserve d'Epinal, elle n'a rien trouvé devant elle : elle atteint donc Bazien et Sainte-Barbe à 9 heures, elle va pousser sur Baccarat et contourner à l'ouest les bois de Glonville. Pour en finir avec cette aile, disons tout de suite qu'elle ouvre ainsi la voie au 8° Corps qui, dans l'après-midi, arrive sur la Meurthe à Glonville et Flin.

Je me transporte au Corps provisoire qui a dépassé la Chipote et marche sur Raon et Thiaville, après avoir poussé sa droite (Barbot) sur Saint-Rémy.

Sur un officier allemand tué, on trouve des ordres, d'où il résulte que le 1er Bavarois a été retiré du front depuis deux jours.

Le 14° Corps a dépassé la Meurthe avec ses avancées qu'il pousse sur Ban-de-Sapt et Saales. Pas de nouvelles de la 41° Division qui doit être à Coinches.

A 13 heures, je reçois du G. Q. G. l'ordre ferme de retirer de ma ligne un Corps d'Armée, pour l'embarquer entre Biarville et Vezelise le plus tôt possible.

Je désigne le 14° Corps, dont je partagerai le front entre le Corps provisoire et la 41° Division.

Mais je demande au G. Q. G. l'autorisation d'embarquer au moins une Division à Laveline et à Bruyères pour activer l'enlèvement.

Je compte retirer le 14° Corps demain matin ; on pourrait donc commencer les embarquements le soir même.

Toute l'Armée borde la Meurthe dans la soirée. Des détachements de poursuite sont jetés sur la rive droite. On a pris une compagnie de mitrailleuses au nord de Baccarat. Les Allemands ont fait sauter les ponts, mais ceux de Baccarat, de Raon, et du chemin de fer de Thiaville sont réparables.

Pour demain, je prescris de s'établir sur la Meurthe avec avant-postes au delà de la forêt de Mondon, dans l'ordre suivant :

La Division de réserve d'Epinal, de Baccarat (inclus) à Thiaville (exclus), avec avant-postes à Gelacourt, Merville, Vency. — Le Corps provisoire, de Thiaville à Etival (inclus); avant-postes à Neuf-Maisons, La Tronche, Saint-Prayel et Hurbache. — La 41ᵉ Division, gros à Saint-Dié, avec avant-postes à Ban-de-Sapt, Montagne d'Ormont et Coinches. Liaison à la Tête-de-Béhouille avec le groupement des Vosges, qui aura la 115ᵉ brigade de réserve vers le Chipal.

Le 14ᵉ Corps est retiré du front et se rendra dans la région de Bruyères pour s'y tenir prêt à être embarqué.

Tel est du moins mon projet, mais il ne tient pas ; car, à 23 heures, le général Joffre me fait savoir qu'il faut désigner un autre Corps que le 14ᵉ, en raison de l'impossibilité d'un embarquement aux environs de Bruyères. On ne peut faire de transport que sur la partie de la ligne Biarville-Vezelise. De plus, il faut embarquer le Corps le plus vite possible. Je désigne donc le 8ᵉ Corps et je donne immédiatement des ordres.

Ce 8ᵉ Corps laissera sur la Meurthe deux régiments d'arrière-garde, avec un groupe d'artillerie et il repliera son gros dans la direction de Bayon, Châtel, de manière à pouvoir commencer ses embarquements demain à partir de midi.

J'oriente, sur Rambervillers et environs de l'est, le 14ᵉ Corps pour le mouvement de demain matin (parcs et convois vers Brouvelieures et Bruyères), de manière à faire relever, après demain matin, l'arrière-garde du 8ᵉ Corps par l'une des Divisions du 14ᵉ Corps, la seconde Division étant tenue en deuxième ligne sur la Mortagne.

Les mouvements de retraite et de relève seront un peu compliqués, mais je n'ai pas créé la situation : elle m'est imposée.

13 septembre.

Tandis qu'on s'établit sur la Meurthe, en poussant au

delà des détachements de poursuite, je parcours les terrains d'action des derniers jours.

Les villages sont absolument en ruines; des cadavres jonchent encore le sol et dégagent une odeur insupportable. On va se hâter d'enterrer ces braves, mais il faudra un certain temps et je vais faire appel aux autorités civiles pour l'organisation du travail.

Les tranchées et autres défenses des Allemands ne sont pas, en général, mieux établies que les nôtres; mais ils font un usage plus fréquent du fil de fer, dont nous avons manqué si souvent. Dans les villages, je trouve les maisons crenelées, au rez-de-chaussée et à l'étage, du côté extérieur; les portes donnant sur la rue sont enlevées et les passages souvent élargis; enfin les caves de l'autre côté de la rue servent de refuges pendant le bombardement.

On comprend dès lors facilement leur méthode au combat : seules, quelques sentinelles veillent en temps calme ou pendant le bombardement sur la lisière extérieure; mais lorsque l'attaque d'infanterie se produit, les soldats alertés dans les caves, viennent garnir les créneaux et ouvrent le feu.

La défense de Saint-Pierremont avait été conçue dans ce sens; de plus, le pont avait été barricadé avec des charrettes et du fil de fer, un blanc d'eau tendu et le gué coupé de herses et de fils de fer.

Or, ce village, que nous avions complètement détruit à coups de canon et que nous tenions sous le feu des lisières du bois de Feing, a résisté à des assauts répétés de jour et de nuit. Les cadavres français, que je trouve à l'entrée du pont, montrent que les premières attaques ont failli emporter le morceau et ont été arrêtées presque à bout portant.

Je vois dans le village une pauvre vieille avec deux petits enfants. Elle est restée, malgré la présence des Allemands et le bombardement, terrée dans une cave depuis dix jours; elle y vivait de pommes de terre. Elle n'a plus rien à manger maintenant et sa maison est brûlée. Je lui fais donner une provision de pain par un convoi qui passe et je lui remets une somme d'argent. Je vais faire visiter ce soir tous les villages pour ravitailler les malheureux qui s'y trouvent encore. Mais les pauvres petits, comment sont-ils encore vivants!

Les Allemands apportent un soin particulier à la création d'abris à proximité de leurs batteries ou de leurs tranchées. On distingue facilement les abris de MM. les officiers, par la quantité de bouteilles vides qui s'y trouvent encore.

Dans les bois de Sainte-Barbe, les tranchées sont si nombreuses et orientées de façons tellement variées, qu'il est difficile de se rendre compte de la situation tactique à laquelle chaque groupe correspond. On sent que les troupes ont progressé ou reculé des deux côtés pas à pas et qu'à chaque arrêt, leur premier soin était de se terrer. Je suis heureux de constater ainsi que mes ordres à ce sujet ont été exécutés.

A 15 heures, je suis avisé que le 8ᵉ Corps s'embarquera demain à partir de 6 heures, à Charmes et à Châtel, qu'on va former une nouvelle armée vers Vandeleville et que j'aurai à lui fournir une partie de ses services télégraphiques. On me rendra, dans quelque temps, des éléments d'Afrique sur mulets.

Dans la soirée, je reçois une instruction du G. Q. G., modifiant la composition et la mission des Iʳᵉ et IIᵉ Armées.

La Iʳᵉ Armée, perdant le 8ᵉ Corps, mais recevant en échange le 16ᵉ Corps et les cinq Divisions de réserve de la région de Nancy, sera chargée de toutes les opérations entre Moselle et Vosges. La IIᵉ Armée, composée des 20ᵉ Corps et 8ᵉ Corps, d'une Division de cavalerie et des troupes de Toul opérera dans la Woëvre. Je dois m'entendre à ce sujet avec le général de Castelnau. J'envoie donc mon sous-chef, le lieutenant-colonel Debeney, à Neuves-Maisons.

ARTICULATION DE LA 1ʳᵉ ARMÉE EN TROIS GROUPEMENTS

(effective le 16 septembre)

Combat du Ban-de-Sapt (14 sept.-20 sept. 1914)

14 septembre.

Le lieutenant-colonel Debeney revient à 1 heure. Il m'apporte les dispositions actuelles des forces qui passent sous mon commandement et il est convenu que ce passage de commandement se fera le 16, à 0 heure.

La tâche, que je vais avoir, de commander 350.000 hommes, de Nancy à Belfort, est des plus lourdes. Elle est également très délicate, car les éléments de réserve de la région de Nancy ne se sont pas toujours montrés très solides.

Je vais tout d'abord former trois grands groupements, car il me serait difficile de commander directement dix grosses unités, sans compter le groupement des Vosges. Je forme donc :

1° *Le groupement de Nancy*, sous les ordres du général Taverna (commandant actuel du 16ᵉ Corps), comprenant les trois Divisions de réserve (59ᵉ, 64ᵉ, 68ᵉ, dont le groupe est aux ordres du général Léon Durand), les deux autres Divisions de réserve (70ᵉ et 74ᵉ) et le 16ᵉ Corps.

2° *Le groupement central*, qui se composera de la 14ᵉ brigade de dragons, du 14ᵉ Corps, du Corps provisoire, de la 41ᵉ Division et de la Division de réserve d'Épinal. Il restera directement sous mes ordres.

3° *Le groupement des Vosges*, comprenant sa composition actuelle et commandé par le général Putz.

J'ai l'intention d'avoir de fortes réserves d'armée, soit : à gauche, entre Blainville et Bayon, une Division du 16ᵉ Corps, — au centre, à Rambervillers et à l'ouest, le 14ᵉ Corps en entier. — à droite, la 66ᵉ Division de réserve vers Gerbépal et Gérardmer.

Je m'efforcerai même de retirer encore du front une Division au moins du Corps provisoire. Mais toute cette organisation demandera plusieurs jours pour sa réalisation. Il faut d'abord se fortifier sur le front, fortifier également les postes avancés sur la rive nord-est de la Meurthe, de manière à pouvoir faire de l'économie des forces au profit des réserves.

Jusqu'à nouvel ordre, les Corps seront très agressifs par leurs détachements jetés en avant pour harceler l'ennemi et, en tout cas, pour garder le contact.

Mais, quand les réserves seront constituées, je compte faire de véritables expéditions en avant de la Meurthe, pour détruire les groupements ennemis et attirer à moi le plus de forces possible, dans le but de dégager d'autant les autres armées françaises.

Je fais établir des directives dans ce sens, mais je prescris aussi de s'efforcer de donner au moins deux jours de repos sur trois, sans d'ailleurs laisser les troupes inertes dans les cantonnements.

On rétablira une discipline rigoureuse, en exigeant les marques extérieures de respect et les honneurs, une tenue correcte et des soins de propreté. (Tout cela est déjà obtenu dans bien des Corps, mais j'y insiste de nouveau).

Je me rends à 7 heures à Saint-Dié et je trouve, aux Tiges, le général Bolgert, commandant la 41ᵉ Division. Il est accompagné du général Delétoille, commandant le Corps provisoire, venu pour se concerter avec lui.

On entend le canon : c'est un combat qui se livre vers le Ban-de-Sapt avec des forces allemandes formant peut-être arrière-garde. Mais ce doit être sérieux, puisque le général Bolgert y a envoyé toute une brigade moins un bataillon, avec un groupe d'artillerie et qu'il y avait déjà sur les lieux trois bataillons de chasseurs, que le 14ᵉ Corps y avait laissés jusqu'à la relève par la 41ᵉ Division.

Les renseignements qui parviennent en ma présence sont assez confus. Le colonel Bulot, qui commande sur place, néglige de nous dire la force approximative de l'ennemi. Je fais remarquer au général Bolgert qu'il s'est démuni un peu trop vite de ses réserves, puisqu'il n'a plus qu'un bataillon à Saint-Dié et que son 152°, en route du Valtin sur Saint-Dié, n'est pas encore arrivé.

Il faut en finir avec cette arrière-garde allemande. Je prescris au général d'y aller voir et de diriger lui-même l'action. Il semble bien qu'un mouvement par les bois, sur Gemainfaing, derrière la gauche ennemie, aurait dû être tenté et qu'il aurait eu du succès.

Avant de partir, je fais étudier l'établissement, près du Kemberg, à Foucharupt, d'une section de 155 long pour battre les directions du Ban-de-Sapt, de la Fave et de Coinches. Le commandant de l'artillerie me demande trois ou quatre kilomètres de fil téléphonique, pour établir le poste d'observation sur le sommet du Kemberg.

Je préviens de même le général Delétoille, puisque je l'ai sous la main, de mon désir d'établir une section de 155 long sur le Repy, d'une façon analogue, pour battre les vallées de la Plaine, du Rabodeau et de Robache.

En revenant de Saint-Dié, je visite les défenses établies au Haut-Jacques par les Allemands. J'y trouve une petite « feste » formée de tranchées sous bois en arc de cercle avec flanquements et réduit.

Au sud de la route, ces tranchées sont fort bien dissimulées sous un toit de rondins et de branches de sapin avec créneaux invisibles au ras du sol et 30 mètres de réseau de fil de fer en avant. Le champ de tir est à peine de 50 mètres, mais le terrain va en descendant et la position est évidemment très forte. Quant au réduit, c'est une tranchée couverte du même genre, dans laquelle il faut se tenir et tirer assis et dont on ne peut sortir que par l'unique ouverture. On comprend facilement qu'un sous-officier énergique placé à cette entrée, puisse maintenir facilement ses hommes à leur poste.

15 septembre.

Je me rends à 6 h. 30 à Dombasle, Q. G. du 16° Corps, pour m'entendre avec le général Taverna au sujet de sa prise de commandement du groupement de Nancy. Je lui donne toutes mes instructions au sujet de la mise en état de défense du front, de la remise en main des unités, de l'attitude agressive à conserver vis-à-vis de l'ennemi par des détachements de contact, de l'intérêt qu'il y à se disposer en profondeur pour se constituer des réserves.

En revenant, je visite le pont du chemin de fer de **Damelevières** que la II° Armée a fait sauter en se repliant. La rupture est parfaite, hélas! trois arches sont par terre. De plus, la courbure du tracé du pont rend sa réparation impossible au moyen des éléments de pont métallique dont je dispose. Il faut songer à une dérivation qui va demander six semaines et, pendant ce temps, je ne pourrai pas me servir de la ligne directe d'Epinal à Nancy; il faudra faire le tour par Mirecourt, Saint-Vincent, Jarville, ce qui va compliquer singulièrement le service.

Je vois, en passant, la position Saffais-Belchamp, qui a été organisée par le 16° Corps et même occupée par lui. C'est tout à fait insuffisant : les tranchées sont peu profondes, pas couvertes et aucun abri n'a été établi en vue d'un bombardement possible.

Le 16° Corps n'a pas eu le temps de terminer le travail et puis le rendement est faible, parce que nous n'aimons pas remuer la terre. Il faudra absolument nous y mettre cependant.

En rentrant à Epinal, je trouve le chef d'Etat-Major du général Léon Durand, qui m'apporte une lettre dans laquelle le général m'expose qu'il ne peut être sous les ordres d'un commandant de Corps d'Armée, le général Taverna. J'ai dû prendre la décision contre laquelle il s'élève, en faisant taire mes sentiments personnels et en ne visant que l'intérêt du service. Le général Taverna est celui de mon aile gauche qui m'inspire le plus de confiance au point de vue de l'énergie, du sang-froid et de la méthode. Je ne puis changer d'opinion à deux jours d'intervalle; je vais donc soumettre le cas au général en Chef et je prie le général Léon Durand de conserver provisoirement son commandement.

Mes ordres pour demain prescrivent une opération combinée dans la région du Ban-de-Sapt, pour nous donner de l'air et rejeter l'ennemi au delà de la frontière. Elle sera menée par le général Delétoille avec une Division de son corps provisoire et la 41° Division. Le groupement des Vosges flancgardera à droite.

Dans les autres Corps, des détachements des trois armes seront lancés, dans la zone particulière de chacun de ces Corps, jusqu'au contact qu'ils devront conserver, en rejetant l'ennemi devant eux et en faisant des prisonniers pour définir les corps qui leur sont opposés et leurs effectifs.

16 septembre.

J'arrive vers 7 heures sur la hauteur au nord de Denipaire, où je trouve le général Delétoille et j'assiste au combat qui se livre dans la région du Ban-de-Sapt. Gemainfaing, tenue par l'ennemi.

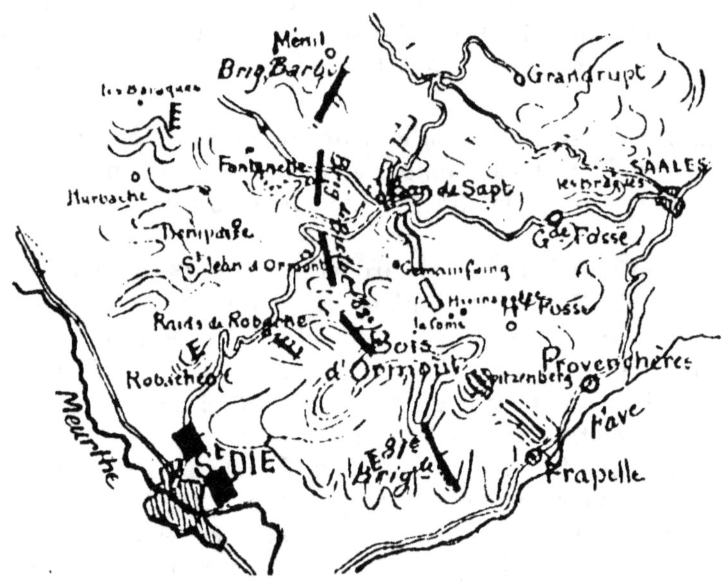

Dispositif d'attaque du 16 septembre 1914.

La brigade Bulot (de la 41ᵉ Division) attaque de front, de Fontenelle et de Saint-Jean-d'Ormont, et cherche à tourner la gauche allemande en suivant les pentes boisées des bois d'Ormont. La brigade Barbot du Corps provisoire attaque plus au nord sur la droite ennemie en partant de Ménil.

Les attaques de la 41ᵉ Division sont appuyées par un groupe de 75 sur la crête au sud-est des Baraques, un autre groupe près des Raids-de-Robache et une batterie de deux pièces de 120 long au nord de Robache.

La 81ᵉ brigade attaque, en suivant le versant nord-ouest de la Fave, le Spitzenberg et la croupe de Frapelle, qui sont occupées par l'ennemi. Elle est appuyée par un groupe d'artillerie. Son rôle sera ultérieurement de menacer la retraite de l'ennemi par le col de la Grande-Fosse.

Enfin, deux bataillons sont en réserve à Saint-Dié. La préparation par l'artillerie se fait lentement pendant que l'infanterie progresse.

Je vais, à 11 heures, trouver le général Bolgert à Robache : il est depuis le matin sans nouvelles du colonel Bulot, dont il ne connaît même pas les dispositions initiales et dont il n'a pu encore avoir de compte-rendu, malgré l'envoi d'un officier. Je lui fais part de mon étonnement et je lui dis qu'en pareil cas, il n'y a pas à hésiter : il faut se rendre auprès du colonel faisant fonctions de général de brigade, obtenir de lui les explications nécessaires et donner une nouvelle impulsion aux opérations. Je le fais partir sur-le-champ.

Tandis que nos affaires progressent de ce côté, je suis rappelé à Épinal par un télégramme du G. Q. G., me donnant des directives nouvelles qui sont en substance les suivantes :

« L'ennemi semble masser des forces importantes dans la région Metz, Thionville, dans l'intention probable d'intervenir sur le flanc droit de la IIᵉ Armée. La Iʳᵉ Armée doit donc se tenir prête à intervenir efficacement, vers le nord, soit dans la Woëvre, soit par les deux rives de la Moselle. En conséquence. elle tiendra prête, aux environs de Nancy, une forte réserve. autant que possible un Corps d'Armée. »

Je réponds que, dès demain, le 16ᵉ Corps sera retiré du front et rendu à Nancy et environs du sud-ouest, — et que. de plus, j'envisage la réunion d'autres réserves.

Je donne des ordres pour que le 16ᵉ Corps soit remplacé sur son front par les 70ᵉ et 74ᵉ Divisions de réserve. Je prescris, en outre, au 14ᵉ Corps de céder à la 71ᵉ Division de réserve, la partie du front qu'il occupe entre Glonville et Waliménil et de se rassembler dans la région de Blainville.

Je suis avisé de l'arrivée de cinq bataillons de réservistes de la 14ᵉ région. Cinq autres bataillons suivront très prochainement. Je vais m'en servir pour renforcer mon aile droite et retirer peut-être encore du front, tout ou partie du Corps provisoire.

C'est aujourd'hui, à o heure, qu'ont commencé à fonctionner les trois groupements de forces qui forment l'articulation nouvelle de la Iʳᵉ Armée et dont j'ai donné la composition dans la journée du 14.

17 septembre.

Je reçois à 9 heures un télégramme chiffré du G. Q. G. me prescrivant de tenir le 14ᵉ Corps prêt à être embarqué pour l'ouest le plus tôt possible. J'avais déjà, dans la nuit, orienté ce Corps d'Armée sur la région Bayon, Blainville, face au nord-ouest. Je change cette orientation pour l'amener plus au sud-ouest, sur la Moselle entre Charmes et Épinal, à proximité de ses gares possibles d'embarquement. Je cherche à téléphoner au commandant de Corps pour le prévenir (ce sera difficile, car il est en route) et j'envoie un officier (capitaine Dussauge), ce qui sera plus sûr.

En tout cas, je rends compte que le 14ᵉ Corps pourra commencer ses embarquements demain à o heure.

Mon Armée continue à s'émietter et j'enrage de ne pouvoir être à la bataille avec tous les Corps que j'ai successivement envoyés au groupement principal des Armées. Je comprends cependant toute l'importance de ma mission, qui est essentiellement de conserver intact cet immense front de Nancy à Belfort et de soulager les autres Armées en attirant à moi le plus possible de forces ennemies. Je vais donc m'efforcer de résoudre ce difficile problème : garder la même attitude agressive, avec des forces de plus en plus réduites et une augmentation de front.

J'ai prescrit, dans ce but, au général Delétoille de reprendre l'exécution de l'opération qui n'a pu réussir que très partiellement hier dans la région du Ban-de-Sapt. Cette région paraît décidément occupée par des forces équivalentes à un Corps d'Armée si l'on y comprend les troupes de la Plaine et du Rabodeau. Le général Delétoille prendra l'offensive à 13 heures.

Je me rends à 15 h. 3o aux Raids-de-Robache, où je trouve le général Bolgert (retour du terrain de combat) et le général Delétoille venu pour lui préciser ses instructions. L'attaque progresse lentement; l'artillerie appuie difficilement (il pleut et le brouillard est épais). La crête de l'Ormont est en notre pouvoir; on va, je pense, descendre sur le col d'Hermanpaire en tournant la gauche ennemie et en donnant la main à l'attaque qui progresse par la vallée de la Fave. Mais je suis obligé de partir avant la fin de la journée, sans attendre le résultat. Je quitte le champ de bataille à 17 heures.

Le général Joffre me fait demander si je consens à perdre mon chef d'Etat-Major, le général Demange, à qui on donnerait le grade et le commandement d'une Division (on est à court de divisionnaires). Je réponds que je vois tout avantage à cette mesure au point de vue de l'intérêt général, malgré mes regrets de voir partir le général Demange. Je prendrai comme chef d'Etat-Major, mon sous-chef, le lieutenant-colonel Debeney; mais je demande pour lui le grade de colonel. La réponse favorable ne se fait pas attendre. Je la reçois le jour même.

A mon aile droite, la 41e Division a fait peu de progrès à la fin du jour : sa 82e brigade est arrêtée devant la ferme de la Côme; la 81e brigade tient le sommet de l'Ormont qui domine la Petite-Fosse, mais n'a pu en descendre. A gauche, la brigade du Corps provisoire n'a guère dépassé Ban-de-Sapt.

Je reçois, en renfort, les 151e et 152e brigades d'infanterie, qui débarquent à Rambervillers et Bruyères.

EXTENSION VERS L'OUEST
DE LA ZONE D'ACTION DE LA 1ʳ ARMÉE
JUSQU'A LA LIGNE
PONT-A-MOUSSON, DOMÈVRE-EN-HAYE, FOUG, VAUCOULEURS, NEUFCHATEAU

(18 septembre 1914)

18 septembre.

Je vais de bon matin à la 71ᵉ Division de réserve, dont je trouve le général à Baccarat. Le pont de cette localité, sur la Meurthe, va être rétabli pour les poids lourds dans trois jours (il y a deux arches détruites).

Je m'entends avec le général Kaufmant sur l'organisation de son front et des centres de résistance, pour laquelle d'ailleurs je vais lui envoyer une instruction. Je lui prescris de voir de près la brigade de réserve, qui lui arrive par voie ferrée aujourd'hui même, et d'y établir une discipline solide avant de l'envoyer en première ligne.

Il me dit que ses reconnaissances ont atteint hier Blamont, que l'infanterie allemande était en train d'évacuer, et Harbouey où l'une des reconnaissances a couché.

En rentrant à Epinal à midi, je trouve un télégramme du G. Q. G. me prescrivant des reconnaissances aériennes. Il s'agit de vérifier si les Allemands embarquent des troupes, entre Château-Salins et Sarreguemines, à destination du nord (Arlon et Luxembourg). Je compte faire partir quatre reconnaissances d'Epinal et de Nancy; mais elles ne pourront le faire qu'à partir de 16 heures et le vent est bien violent.

17 heures : les avions ne peuvent se mettre en route ce soir; ce sera pour demain matin.

Je reçois de nouvelles directives du G. Q. G.. La IIᵉ Armée va être appelée à opérer sur un autre théâtre d'opérations que la Woëvre. Elle laisse le 8e Corps sur place (Commercy, Saint-Mihiel)); celui-ci passe à la IIIe Armée, qui est chargée de faire face au nord-est et de rejeter sur Metz les forces allemandes de la Woëvre.

Je prends sous mon commandement la place de Toul et la 2e Division de cavalerie que me laisse la IIe Armée, et ma mission est de m'opposer à toute offensive allemande pouvant se produire d'Alsace, entre Vosges et Moselle, ou déboucher de Metz vers le sud. De plus, je dois avoir une attitude menaçante.

Mon front s'étend démesurément et mes forces n'augmentent pas. Je m'efforcerai cependant d'être en mesure de tenir partout et d'avoir, en outre, des réserves pour attaquer ou contre-attaquer.

Je vais poursuivre tout d'abord l'organisation de mon front, en créant des centres de résistance notamment au Kemberg, au bois de la Madeleine et aux Deux-Jumeaux, avec réduits au Haut-Jacques et à la Croix-Idoux; au Répy avec réduit à la Chipote; au Grand-Rein avec réduits au carrefour à l'est de Sainte-Barbe et à Sainte-Barbe même ; enfin sur les hauteurs de Baccarat. Ces centres de résistance seront armés de pièces de gros calibre. Les avant-postes de la rive droite de la Meurthe seront également fortifiés.

L'organisation de ces centres me permettra de faire de l'économie sur le front et d'avoir en réserve :

A ma gauche, le 16e Corps vers Nancy, — au centre, une Division du Corps provisoire vers Rambervillers; — à droite, la 66e Division de réserve vers Corcieux et Gerbépal.

Le front sera tenu, au nord-est de Toul, par la Division de Toul et un régiment de cavalerie; — aux abords de Nancy (Grand Couronné), entre la hauteur Sainte-Geneviève et Lunéville, par les cinq Divisions de réserve; — de Lunéville à Flin (exclu) par la 2e Division de cavalerie et la 14e brigade de dragons; — de Raon à Saint-Dié par la 41e Division; — enfin, sur les Vosges par le groupement des Vosges. Mais cette organisation exigera plusieurs jours pour être complète et je transporterai alors mon Q. G., plus au nord-ouest, à Neuves-Maisons ou à Bayon.

Dans tous les cas, pour le moment, je sens une résistance sérieuse dans le Ban-de-Sapt. L'ennemi y fait tête et se renforce. Ce ne sont plus des combats d'arrière-garde. Les Allemands veulent-ils ainsi masquer le déplacement, vers le nord, de leur VII° Armée? Mystère!

19 septembre.

Je pars d'Epinal à 6 h. 30 et je me rends à Sionviller et Serres, où j'ai donné rendez-vous aux généraux des 74° (général Bigot) et 70° (général Fayolle). Ce sont les deux Divisions de réserve qui ont remplacé, sur ses positions, le 16° Corps mis en réserve à Nancy. Je risque plusieurs fois de rester embourbé en plein champ, obligé que je suis de quitter la route devant les ponts coupés et de suivre des chemins qui disparaissent sous l'eau (il pleut à torrents et les plaines sont inondées).

Je m'entends avec les deux généraux sur la nécessité de faire de l'économie sur le front, afin de se ménager des réserves et d'établir, à cet effet, sur ce front, des centres de résistance se flanquant mutuellement.

Je recommande les tranchées profondes, recouvertes, avec abris solides et réseau de fil de fer en avant.

Je reviens sur les ordres déjà donnés au sujet de la remise en main de la troupe, des manœuvres, de la discipline. Enfin, des reconnaissances offensives tiendront l'ennemi journellement sous la menace d'une attaque.

Les opérations dans le Ban-de-Sapt et l'Ormont marchent avec lenteur. On a fini par occuper la ferme de la Côme et les premières maisons d'Hermanpaire, mais on ne peut aller plus loin, en raison d'un feu intense de grosse artillerie partant des environs de la Grande-Fosse. On a l'impression que l'infanterie allemande se dérobe sous la protection d'un barrage d'artillerie.

Dans l'après-midi, je suis avisé que le 8° Corps est appelé à opérer à l'ouest de l'Argonne. Il va donc se produire un grand vide entre ma gauche et la droite de la III° Armée, qui est à Hattonchâtel.

Pour le boucher, je vais placer la 2ᵉ Division de cavalerie
à Saint-Baussant, Beaumont. La 73ᵉ Division de réserve à
laquelle je rattache la brigade de Toul, s'établira dans la région
Domèvre, Minorville, Manoncourt, Royaumeix; avant-garde
sur le front Lironville, Bernécourt, avec détachement mixte
à Mamey (liaison avec Pont-à-Mousson).

Dans cette situation, je pourrai prendre en flanc l'ennemi
qui chercherait à refouler ma Division de cavalerie et à progresser sur Commercy. De plus mes troupes de réserve sont
ainsi en mesure d'assurer le débouché de mon 16ᵉ Corps, entre
Toul et Frouard, vers le nord-ouest.

Mais décidément, je suis bien loin à Epinal; je voudrais
que ma nouvelle organisation du front de Meurthe entre Baccarat et Saint-Dié fût terminée et le Corps provisoire retiré
du front, au moins en partie, pour me rendre à Neuves-Maisons où je pense transporter mon Q. G.

Ce désir devient d'autant plus pressant que je reçois
l'ordre du G. Q. G. de compléter et de renforcer la défense
du Grand-Couronné de Nancy, en faisant aux places que je
commande tous les emprunts nécessaires. On me prévient
que des canons de marine vont m'être envoyés et que je puis,
ou bien les envoyer directement au Grand-Couronné, ou les
donner à la Place de Toul, à laquelle j'enlèverais ses 155
longs. C'est cette dernière solution que je compte adopter,
en raison de la facilité plus grande de construction des plates-
formes de ces dernières pièces.

Je désigne le général Curmer, qui commande un secteur
de la Place de Toul, pour aller étudier les améliorations et ren-
forcements du Grand-Couronné. J'enverrai demain, pour travailler la question avec lui, le commandant Gascouin, de mon
Etat-Major, et demain soir, je prendrai mes décisions et je
ferai les demandes nécessaires.

20 septembre.

J'arrive à Saint-Dié à 8 heures, avec l'intention de voir le
général Claret de la Touche, qui doit prendre le commandement de la 41ᵉ Division et céder sa Division de réserve au
général Bolgert. Je ne trouve que ce dernier auquel je donne

mes instructions, en le priant de les transmettre à son successeur.

Les attaques de la 41° Division se font avec trop de monde. Puisqu'on a la supériorité numérique, il faut se ménager des disponibilités pour donner du repos à une partie des troupes. Je ne veux pas qu'on me dise, dans quelques jours, que la Division est fatiguée et se trouve hors d'état de tenir la campagne. Il faut combattre sans relâche et s'organiser de manière à pouvoir le faire.

On combat d'ailleurs avec beaucoup de mollesse et le souci légitime, mais poussé trop loin, de ne pas faire de pertes; ce n'est pas en jetant plus de monde en ligne qu'on obtiendra des résultats, mais plutôt en actionnant davantage les chefs de la ligne de combat.

Je ferai d'ailleurs le même reproche à la brigade du Corps provisoire, qui n'avance guère à l'est de Ban-de-Sapt et n'aide pas assez la 41° Division.

Il faut en finir avec cette opération du Ban-de-Sapt, qui a surtout pour but de tenir la route de Saint-Jean-d'Ormont, Petite-Fosse, sans chercher à aller plus au nord.

Dès que ce résultat sera atteint, j'étendrai à gauche le front de la 41° Division jusqu'à Raon-l'Etape inclus et je retirerai peu à peu le Corps provisoire pour le placer en réserve. Je ferai passer la 41° Division au groupement des Vosges, sous les ordres du général Putz, et je pourrai alors me rapprocher de la Woëvre, où vont se passer des événements auxquels j'aurai à prendre part.

Mais il faut, avant tout, que le front de Meurthe soit organisé défensivement et armé de pièces de gros calibre.

Je m'assure que l'étude en est faite pour le Kemberg, la Madeleine et les Jumeaux par le colonel Marchal, commandant l'artillerie de la 41° Division. Les pièces de 155 long vont arriver demain. Aujourd'hui même doivent arriver à Saint-Dié des outils et un bataillon de travailleurs venant d'Epinal. (Il en est de même pour le Repy et pour Baccarat.)

Je passe au Chêne-Pierrot, poste de commandement du général Delétoille, à 10 heures; je ne trouve pas le général, qui est à Etival pour des questions de mise en état de défense. Le combat est lent; l'artillerie tire à peine : il est vrai qu'il pleut très fort et qu'il y a un peu de brouillard. On escompte cependant beaucoup l'action d'une batterie de deux pièces de 120 qu'on a rapprochées de Denipaire, pour éteindre l'artillerie lourde allemande des environs de Chatas. J'exprime le désir (à transmettre au général Delétoille, si je ne le vois pas), que l'action soit menée plus rondement.

Je me rends à Etival, mais le général vient de quitter la localité précisément pour rejoindre son poste de commandement. Il est trop tard pour remonter. Je rentre à Epinal à midi trente. J'y apprends que Hermanpaire est définitivement occupé par nous. Nous tenons donc le col de Petite-Fosse.

En même temps, le général Delétoille demande que le groupement des Vosges l'aide un peu en opérant dans la vallée de la Fave. Le général Putz y consent et va lancer trois bataillons de la 66ᵉ Division de réserve. C'est la Division nouvellement arrivée de Belfort. Je ne serai pas fâché de voir son attitude au feu. Je désire cependant qu'on n'étende pas les hostilités jusqu'au col de Sainte-Marie, ce qui serait exagéré. Je le fais dire au général Putz.

Des renseignements me parviennent de la 73ᵉ Division de réserve. Outre la Division de cavalerie bavaroise à six régiments, on a identifié la présence de six régiments d'infanterie bavaroise appartenant au IIIᵉ Corps bavarois dans la région Beney, Thiaucourt et Pannes et d'une Division du XIVᵉ Corps vers Viéville et Fey-en-Haye.

Je donne ces renseignements au G. Q. G. qui me répond : « Si la présence de ces forces ennemies se confirme, disposez votre 16ᵉ Corps pour qu'il soit en mesure de tomber dans le flanc de ces forces, dans le cas où elles s'avanceraient sur les Hauts-de-Meuse ».

C'était bien mon intention : je donne donc l'ordre au 16ᵉ Corps de porter demain ses avant-gardes sur Francheville et Bouvron et son gros derrière la Moselle, dans la région Gondreville, Aingeray, Velaine-en-Haye. Mais je me trouve décidément trop loin à Epinal et je décide que mon G. Q. sera le 22 à Neuves-Maisons.

J'irai demain à Bruyères où je convoque le général Putz, pour lui expliquer la situation et étendre son commandement jusqu'à Raon-l'Etape inclus.

LA STABILISATION DU FRONT
(septembre à décembre 1914)

BATAILLE DE FLIREY
(21 septembre-30 septembre 1914)

COMBATS DE MAMEY, DU BOIS DE MORT-MARE, D'APREMONT,
DU BOIS D'AILLY, DES HAUTS-DE-MEUSE, DE CHAUVONCOURT, etc.

21 septembre.

Vu le général Putz, à 8 heures, à Bruyères. Longue conversation pour le mettre au courant de la situation. Son Q. G. sera à Bruyères demain. Dès demain aussi, je vais faire retirer du front la Division de Vassart, du Corps provisoire, et la ramener à Rambervillers.

Le général Putz remplacera peu à peu sur ses positions avancées la Division Barbot, afin que je puisse ultérieurement la retirer à son tour. A cet effet, il faut liquider l'opération du Ban-de-Sapt et établir une ligne d'avant-postes fortifiés, allant de Moyenmoutier à la Fave par la Chapelle, la Fontenelle, Gemainfaing, la Côme, la Corne nord de l'Ormont, le Spitzenberg et Frapelle. Peut-être l'intervention des quatre bataillons de la 66ᵉ Division de réserve sur la rive gauche de la Fave, permettra-t-elle d'atteindre ce résultat aujourd'hui.

En rentrant à Epinal, je reçois des nouvelles intéressantes de ma gauche. Les Allemands ont lancé le IIIᵉ Corps bavarois contre la droite de la IIIᵉ Armée. Ce Corps a attaqué sur Hattonchâtel et pris ce point; il pousse plus au sud, de Pannes sur Heudicourt; on le dit suivi d'autres Corps. En tout cas, le XIVᵉ Corps allemand serait tout entier dans la région; il attaque avec une partie de ses forces ma 73ᵉ Division, sur le front Mamey, bois Brûlé, Flirey et à gauche.

Cette offensive du IIIᵉ Corps bavarois en direction du pont de Saint-Mihiel, me paraît des plus dangereuses pour la droite de la III° Armée. L'attaque sur la 73° Division a certainement pour but de masquer cette offensive.

Il est grand temps d'arrêter le mouvement en opérant par le sud dans le flanc gauche des Allemands. Je donne l'ordre au 16° Corps (à 11 h. 30) de pousser au delà de la Moselle : avant-garde à Minorville, — gros dans la région Andilly, Avrainville, Jaillon, Francheville, Bouvron, — détachement mixte à Saizerais surveillant la direction de Jézainville.

Le 16° Corps ne peut intervenir aujourd'hui, il ne le ferait que par morceaux, ce qui nuirait à son action. Je prévois donc son entrée en ligne pour demain seulement dans la direction de Bernécourt, Saint-Baussant. Je le fais savoir au général Sarrail (III° Armée), en lui demandant que cette offensive du 16° Corps puisse se conjuguer avec une offensive inverse de la droite de la III° Armée.

Je partirai demain matin pour Toul, où j'établirai mon poste de commandement et mon poste d'observation vers Domèvre. Cependant si les choses se gâtaient, je m'y rendrais ce soir même.

14 heures. Je pars, en effet, pour Toul où je vais me rendre compte de ce que la place peut donner comme artillerie lourde. Le gouverneur, général Rémy, peut fournir trois batteries de 155 long. On me signale en plus deux groupes de 120 Baquet, laissés par la II° Armée à demi-étape, au sud de Toul. Je fais donner l'ordre à ces derniers de se rendre à Toul. Je mets toute cette artillerie lourde aux ordres du lieutenant-colonel Fetter, de la Place, et je lui prescris d'être demain à 8 heures, avec deux batteries de 155 long et les 120 Baquet, à Royaumeix, avec une batterie à Domèvre. Cette artillerie sera mise à la disposition du 16° Corps.

Je vais à Francheville, à 17 h. et demie, au Q. G. du général Taverna. Les troupes du 16° Corps sont encore en route, sous la pluie. Certaines ont fait 35 kilomètres en deux fois, car elles étaient déjà au cantonnement quand l'ordre est arrivé de pousser au nord de la Moselle.

Je me plains amèrement du manque d'ordre dans la marche de certains régiments. La pluie n'est pas à elle seule une excuse suffisante (mais il y a des bataillons commandés par des sous-lieutenants : l'un d'eux sort de Saint-Maixent il y a quelques mois).

Je donne l'ordre d'opérations pour le 16ᵉ Corps, la 73ᵉ Division de réserve et la 2ᵉ Division de cavalerie.

Les dispositions peuvent se résumer ainsi : l'ennemi a attaqué aujourd'hui en forces sur le front Hattonchâtel-Heudicourt (IIIᵉ Armée). Il s'est flanc-gardé, en prenant l'offensive dans la région bois de Mort-Mare, Fey-en-Haye.

J'ai l'intention, demain, de tomber dans le flanc et, si possible, sur les derrières de l'attaque principale. En conséquence, le 16ᵉ Corps, attaquera dans la direction générale Minorville, Flirey, Essey. Cette offensive sera appuyée à gauche par la 2ᵉ Division de cavalerie, à droite par la 73ᵉ Division de réserve, qui attaquera sur le front bois d'Euvezin, Fey-en-Haye).

Je passe sous silence les précisions et dispositions de détail. Les attaques seront déclenchées sur mon ordre.

A 18 heures, je suis avisé que la 73ᵉ Division (qui dispose en outre de la brigade de Toul : trois régiments à deux bataillons, commandée par le colonel Riberpray), a été sérieusement attaquée et a dû se replier sur Bernécourt, bois dit le Ray, Martincourt, Gézincourt. Je ne change pas mes dispositions pour les attaques de demain.

Je rentre à Epinal à 21 heures. Là, j'apprends que les Allemands ont fait effort sur tout mon front, devant la 71ᵉ Division de réserve et devant le Corps provisoire, sans compter le Ban-de-Sapt et l'Ormont (41ᵉ Division) où nous combattons continuellement. Il y a là une action d'ensemble, qui a certainement pour but de masquer une opération (celle de Woëvre sans doute) et de nous empêcher d'enlever des forces pour les porter ailleurs. Je donne des ordres pour qu'on reprenne demain l'offensive sur tout le front, afin de voir si c'est sérieux ou non.

22 septembre.

Je quitte définitivement Epinal à 5 h. 30. De Toul, je donne, à 8 heures, l'ordre au 16ᵉ Corps et à la 73ᵉ Division de réserve d'attaquer, dès que l'artillerie lourde aura pu préparer l'action (il fait un brouillard assez épais).

Je me rends à 9 heures au poste de commandement du commandant du 16ᵉ Corps, mais là je m'aperçois que l'ordre d'attaque n'a pas encore été envoyé aux Divisions. Je fais quelque bruit à ce sujet.

Je trouve, à Manoncourt, le général Lebocq, commandant la 73ᵉ Division, que j'avais convoqué. Il me parle de ses combats d'hier, me dit que ses troupes sont très éprouvées, une brigade surtout. Mais je l'arrête aussitôt pour lui faire comprendre, d'une façon qui ne comporte aucune discussion, qu'il ne saurait être question ni de retraite, ni de repos. Si l'on veut avoir le dernier mot dans cette guerre d'usure, il faut durer et pour cela combattre sans relâche et recommencer tous les jours, tout en subsistant. On doit donc trouver le moyen d'alimenter les troupes presque sur la ligne de combat. Nous finissons par nous entendre; ce général est, je pense, remonté pour quelque temps. Il va attaquer et je le préviens que le 16ᵉ Corps fera donner sa batterie de 155 long, qui est près de Domèvre, à son bénéfice, pour préparer l'action sur Lironville et Mamey.

A 13 heures, je me rends à Manoncourt où je retrouve le général commandant la 73ᵉ Division de réserve. On n'attaque pas encore, bien que l'artillerie lourde et de campagne aient commencé la préparation depuis longtemps sur Lironville et Mamey. Je m'étonne. On me dit que l'on attend que le 16ᵉ Corps à gauche ait débouché de Noviant-aux-Prés. Je donne l'ordre ferme d'attaquer, sans attendre quoi que ce soit à gauche. C'est la 73ᵉ Division qui doit donner de l'air au 16ᵉ Corps pour lui permettre d'attaquer sur Flirey et Essey. Il n'y a donc qu'à marcher.

Entre temps, je m'étonne que la Division B..., qui doit, en réserve d'Armée, suivre le mouvement de l'aile droite du 16ᵉ Corps, ne soit pas aux environs de Domèvre : elle est restée inerte, sa tête à Manoncourt. J'en fais l'observation au général commandant la Division lui-même et je lui prescris de se rapprocher immédiatement de la ligne de combat pour être éventuellement prêt à intervenir à droite de la Division V... Que tout cela est donc lourd!

En revenant à Manoncourt, à 15 heures, j'apprends que la Division V... de première ligne, attaque seulement Bernécourt (avec au moins deux heures de retard), ce qui a donné aux Allemands le temps de prendre leurs précautions. La route Bernécourt, Noviant, est copieusement arrosée de leurs projectiles. Je ne remarque cependant pas de coups d'obusiers. Les auraient-ils retirés du front?

A l'extrême droite, le colonel Riberpray attaque timidement. Il craint beaucoup la région de l'auberge Saint-Pierre, où il se trouvera, s'il atteint la grand'route, en butte à des feux d'artillerie sans pouvoir y répondre. Je fais préparer son attaque par une batterie de 155 long et toute l'artillerie de la Division B...

Au soir, on a fait sur tout le front quelque progrès : on est à 300 ou 400 mètres des lisières de la Hazelle, de la Voisogne et de Mamey; mais, dans la nuit, la brigade de Toul, à droite, recule sur ses positions de la veille.

Je prescris, pour le lendemain, la continuation de l'opération. Cependant, je rétrécis un peu le champ d'action de la Division V... à gauche, et je fais entrer en ligne, à sa droite, une brigade de la Division B... qui, partant de Noviant, prendra comme objectif la corne est du bois de la Voisogne et de la partie orientale du bois de Mort-Mare. L'autre brigade de la Division sera en réserve d'armée derrière la droite. J'entrevois déjà l'emploi de cette brigade à la gauche du 16e Corps, dans la direction de Saint-Baussant, puisque le mouvement enveloppant par mon aile droite rencontre trop d'obstacles pour se produire. Mais je ne pourrai passer à l'exécution, que lorsque j'aurai les deux points d'appui de la Voisogne et de Lironville.

23 septembre.

Au jour, les attaques reprennent. Le général Lebocq avait, dans la nuit, envoyé deux bataillons de réserve à sa brigade de Lironville pour enlever le village par une attaque de nuit. Elle n'a pas eu lieu : on a manqué d'énergie.

Je me porte à la 73e Division, où l'on me rend compte que la 65e brigade (de gauche) a occupé ce matin les tran-

chées allemandes au sud de Lironville; mais elle est gênée
pour progresser, par un feu de flanquement de mitrailleuses
partant de la lisière est de la Voisogne. Je prescris à la brigade de la Division B... d'agir avec énergie pour saisir cette
corne le plus tôt possible. Elle me répond qu'à son tour, elle
est maîtrisée par un feu d'artillerie de flanquement partant
du nord de Lironville (où des batteries doivent être en caponnière).

Le commandant du 16ᵉ Corps, que je trouve à Minorville,
me dit que l'artillerie va copieusement préparer l'attaque de
la partie est du bois de la Voisogne et qu'il emportera le morceau. La gauche du 16ᵉ Corps est entrée ce matin, à 7 heures,
dans le bois de la Hazelle.

Entre temps, un avion allemand nous a survolés et a certainement relevé nos rassemblements, celui notamment de la
brigade Sébille qui est trop massée et trop en vue à l'ouest
de Manonville. Je fais dire au général B... d'y prendre garde :
la brigade Sébille se déplace vers la gauche et vient contre
Minorville. Elle s'y trouvera déjà dans la direction du nord-
ouest où je prévois son emploi pour l'après-midi.

J'ai fait dire ce matin à l'artillerie de Sainte-Geneviève
(Grand-Couronné) d'appuyer l'attaque de Mamey en arrosant toute la partie du terrain entre Mamey et l'auberge
Saint-Pierre. Je compte d'un moment à l'autre sur cette intervention.

Des prisonniers qu'on a faits à la Hazelle, on apprend que
tout le XIVᵉ Corps est devant nous, le IIIᵉ bavarois plus au
nord contre la IIIᵉ Armée. Il y avait une brigade entière dans
le bois de la Hazelle. Enfin, le XIVᵉ Corps est venu par étapes
des environs de Baccarat. Ces renseignements confirment ce
que nous savions.

11 heures. Mauvais renseignements : l'ennemi a repris
l'offensive du bois du Jury sur la Hazelle (infanterie et artillerie) et rejeté l'aile gauche du 16ᵉ Corps sur Bernécourt. La
2ᵉ Division de cavalerie signale, en outre, un mouvement
d'un bataillon avec artillerie de Xivray sur Beaumont. Elle
est elle-même obligée d'abandonner Beaumont sous un feu
violent d'artillerie. Son Q. G. se porte à Bouconville.

C'est le moment d'intervenir vigoureusement à gauche. Je remets la brigade Sébille à la disposition du 16° Corps, pour qu'il la fasse agir dans la direction de Saint-Baussant, après avoir repoussé la contre-attaque allemande. Mais il faut deux heures à cette brigade pour entrer en action dans sa nouvelle zone.

Je viens d'apprendre que le fort de Liouville est bombardé de Montsec par de l'artillerie lourde. Cela n'a pas grande importance pour le moment. Il est même bon que cette artillerie lourde s'attarde à Montsec. Liouville répond.

15 heures. On me dit que le bois de la Hazelle a été évacué à la suite d'une défaillance incompréhensible de plusieurs compagnies, défaillance qui aurait provoqué le recul jusqu'à Bernécourt. J'aurai recours à des mesures sévères de répression après enquête, s'il y a lieu. Dans tous les cas, je prescris au général Taverna de prendre lui-même la direction des attaques de sa gauche, de réoccuper la Hazelle et de marcher sur Saint-Baussant; j'ajoute : « Tâchez de racheter, par l'énergie de ces attaques, la faute commise qui rejaillit sur tout le 16° Corps ».

Il exécute bien cet ordre, car j'apprends, à 16 heures, que la partie sud du bois de la Hazelle est occupée; je vois d'ailleurs l'attaque progresser à gauche vers Beaumont, sous les coups des obusiers de 150, dont les éclatements s'éloignent vers le nord.

Je me porte à la droite (73°) et, là aussi, j'apprends que, sous des feux d'écharpe, les tranchées devant Lironville sont évacuées par des isolés; je donne l'ordre ferme au général Lebocq d'arrêter le mouvement par tous les moyens, en y employant au besoin l'escadron divisionnaire, et en établissant à la sortie du bois un barrage avec des gendarmes et de l'infanterie pour ramener ces égarés.

Une heure après, l'ordre est rétabli; mais on a fait quelques centaines de mètres de recul. On va se fortifier sur place en avant de la lisière du bois dit le Ray et s'y maintenir.

Au centre, le bois de la Voisogne est enfin occupé. La 73° Division n'hésite pas à établir, à la corne sud-est, une bat-

terie en caponnière, pour prendre d'écharpe les défenseurs des
abords de Lironville.

Je suis avisé par le G. Q. G. que le 8ᵉ Corps va être rendu
à la IIIᵉ Armée et sera à Lironville demain. On me dit d'agir
en liaison avec elle, ce que je fais déjà et on me demande
encore d'envoyer dans le nord une unité de réserve, si possible.

Je vais bientôt n'avoir plus qu'une toile d'araignée; néanmoins, je me soumets dans l'intérêt général et je réponds que
je retirerai du Grand-Couronné la 74ᵉ Division de réserve,
qui pourra être embarquée le 27, entre Dameleviéres et
Bayon.

Pour demain, je prescris de se fortifier sur les positions
conquises et de se reconstituer des réserves à l'aile gauche, en
vue d'être prêt à reprendre l'offensive sur mon ordre, pour
coopérer à l'action de la droite de la IIIᵉ Armée. C'est tout
ce que je puis dire, ne sachant rien encore des dispositions
du général Sarrail.

Les pertes ont été très sérieuses, surtout à la 73ᵉ Division
de réserve. Il y a une effrayante consommation d'officiers
supérieurs et de capitaines. J'ai vu nombre d'officiers et
de gradés revenir du combat blessés; j'ai le cœur serré de
voir tant de braves gens atteints, mais je songe aussi à l'impossibilité où je vais être de les remplacer et alors mes troupes
tourneront à l'état de bandes. C'est d'ailleurs et fort heureusement la même situation de l'autre côté. J'en ai la confirmation par l'interrogatoire des prisonniers faits ce matin,
qui disent les pertes énormes subies, les ravages que fait
notre artillerie, la pénurie des cadres, etc...

C'est une consolation, mais nous perdons chaque jour,
faute de cadres, un peu de notre capacité offensive. Je le
sens bien aux efforts que je suis obligé de faire sur le champ
de bataille, pour actionner tout le monde et combattre une
sorte de résignation, qui atteint trop souvent le moral des
mieux trempés.

J'ai promis au général Lebocq de lui donner demain quelques médailles à remettre, sur le terrain même, aux braves qui auront accompli une action d'éclat. Je lui ai demandé de recompléter ses cadres au jour le jour, en nommant sous-officiers les soldats les plus énergiques et en faisant des sous-lieutenants et des capitaines. Il ne faut pas attendre, dans les Corps, qu'on ait une chambre et un bureau pour travailler : il suffit d'un tas de pierres, d'un crayon et de papier, si l'on connaît bien sa troupe et ses cadres.

Le soir, les Allemands reprennent l'offensive sur les bois de la Voisogne et de la Hazelle et les font évacuer. La 73ᵉ Division s'est également tenue à la lisière du bois des Hayes, sans pouvoir reprendre le terrain perdu. Cependant, à gauche, la brigade Sébille, qui a attaqué sur Grosrouvres et Beaumont, a pu occuper ce dernier point, malgré un véritable bombardement de l'artillerie lourde.

24 septembre.

J'ai prescrit de se fortifier sur place et de se tenir prêt à reprendre les attaques par coopération avec le 8ᵉ Corps, qui doit entrer en ligne en venant de la direction de Saint-Mihiel et de Gironville.

Dans la nuit, j'ai fait rendre à Toul les pièces de 120 Baquet, qui sont en partie détraquées par le tir à 5.000 mètres. Avec les attelages et le personnel, je constitue deux batteries de 95 à quatre pièces chacune, qui seront aujourd'hui rendues, dans la matinée, dans la zone de la 73ᵉ Division (en réalité, elles ne sont arrivées qu'à 15 heures).

11 heures. Je suis avisé que le 8ᵉ Corps aura à peine une Division débarquée aujourd'hui, que cette Division est surtout chargée de garder les ponts de la Meuse et qu'elle n'aura, vers la partie orientale des Hauts-de-Meuse, que des éléments légers (un bataillon et une batterie vers Grandvoisin, un bataillon vers Marbotte). On me fait dire du G. Q. G. de ne pas attendre l'action du 8ᵉ Corps.

Je donne donc l'ordre d'attaquer sur tout le front (11 h. 30). Le 16ᵉ Corps aura comme direction générale Saint-Baussant. Il sera accompagné, à gauche, par la 2ᵉ Division de cavalerie et appuyé, sur sa droite, par la 73° Division de réserve.

Les premiers objectifs à atteindre sont les bois de la Hazelle et de la Voisogne. La 73° Division aidera tout d'abord le 16° Corps, par son canon, sur la Voisogne et marchera ensuite sur Lironville.

Je demande au 8° Corps d'envoyer un bataillon sur Broussais pour soutenir la 2° Division de cavalerie. Je reçois, deux heures après, un officier envoyé par le général de Mondésir (commandant la 16° Division), qui me donne de mauvaises nouvelles : le 6° Corps de la III° Armée a dû se replier sur la Meuse. La 15° Division du 8° Corps a été envoyée au nord du front de la III° Armée. La 16° Division est donc seule pour couvrir les ponts de la Meuse. Elle ne peut s'éloigner beaucoup vers l'est. La situation devient critique. Que donneront nos attaques? Peu de chose sans doute, car je n'ai plus de réserves. Je songe à appeler de Rambervillers, par voie ferrée, une brigade du Corps provisoire. J'envoie, à cet effet, mon chef d'État-Major à Toul pour s'entendre avec la D. E. S.

16 heures. La réponse est négative : on ne peut réunir le nombre de trains nécessaires, en raison des transports en cours.

Je songe alors à une autre solution.

Je vais retirer une Division du Couronné de Nancy, pour l'amener en deux étapes à ma gauche. Mais, comme l'opération n'est pas sans risques, puisque je dégarnis sensiblement un front, d'où le général en chef m'a prescrit déjà de retirer une Division (la 74°), j'en demande l'autorisation au G. Q. G. Je lui demande de plus de me laisser la 74° Division de réserve pour l'employer aussi en Woëvre. Je le préviens enfin que je compte faire venir, en deux étapes, une Division du Corps provisoire vers Dameleviéres, c'est-à-dire en face de la partie la plus dangereuse du front.

Dans la nuit, j'ai la réponse. Le G. Q. G. approuve tout, mais me dit que la D. A. peut me donner, en douze heures, des trains pour transporter la Division du Corps provisoire. Je prends alors la décision suivante : je ferai venir par étapes (deux jours), la 64° Division de réserve du Grand-Couronné et je m'en servirai pour agir par ma gauche, de manière à couper éventuellement la retraite aux colonnes allemandes qui marchent sur Saint-Mihiel. La Division du Corps provisoire ira, par terre, jusqu'à Charmes, où elle s'embarquera pour rejoindre la 64°. Je l'emploierai au coup de force que je médite pour demain et après-demain.

25 septembre.

1 heure. Le général en Chef me prescrit de prendre la direction des opérations à l'est de la Meuse, c'est-à-dire que la 16° Division (8° Corps) et la 7° Division de cavalerie passent sous mon commandement.

6 heures. J'apprends que le 16° Corps a occupé le bois de la Hazelle et que l'ennemi se replie de ce côté.

8 heures. La droite du 16° Corps pénètre dans le bois de la Voisogne et livre combat pour gagner la lisière nord.

À la même heure, la 73° Division occupe Lironville, sa droite à Mamey.

Dans la nuit, j'avais prescrit à la place de Toul de m'envoyer des obus incendiaires et deux mortiers de 220. Je voulais mettre le feu aux deux bois de la Voisogne et de la Hazelle ou les écraser. L'opération est inutile pour le moment. Mais je mets cependant toute l'artillerie en ligne sous les ordres du commandant de l'artillerie du 16° Corps, en vue d'une concentration de feux qui se fera, dans la région de Saint-Baussant, entre le bois de Mort-Mare et Lahayville, que je donne comme objectif à la gauche du 16° Corps. Le centre et la droite se contenteront, si elles ne peuvent progresser, de garder les lisières des bois du Jury et de la Hazelle, les crêtes au nord de Lironville et les positions au sud de Fey-en-Haye.

Dès le matin, j'ai prescrit à la 16° Division de marcher dans la direction du nord-est, sa gauche à la Meuse vers Saint-Mihiel, sa droite sur Apremont et Montsec, en liaison avec ma gauche par l'intermédiaire des 7° et 2° Divisions de cavalerie que j'oriente : 2° Division sur Saint-Baussant, 7° Division sur Montsec.

Je suis un peu gêné pour cette action de la 16° Division que je ne puis carrément détacher de la Meuse, parce qu'on me dit que le Camp-des-Romains (fort) a été pris d'assaut à 4 heures par les Allemands. Mais la nouvelle demande confirmation (1).

On a fait beaucoup de prisonniers dans les bois et dans le village de Lironville; les tranchées et les lisières sont couvertes de cadavres allemands entassés, je m'en rends compte personnellement au bois de la Woëvre; d'ailleurs l'interrogatoire des prisonniers fait ressortir l'importance des pertes subies par les Allemands.

14 heures. Le 16ᵉ Corps s'attarde un peu à sa marche sur Seicheprey (il est trop prudent et pas assez mordant). Il perd du temps à nettoyer le bois de Jury et Limey. Sa droite ne peut sortir du bois de la Voisogne sans être prise sous le feu d'une artillerie puissante. Peu importe, c'est la gauche qu'il est nécessaire de faire avancer sur Saint-Baussant. Aussi j'attends, avec impatience, l'arrivée, vers le sud du bois de la Hazelle, de toute l'artillerie lourde (au total quatre batteries de deux pièces de 155, deux batteries de quatre pièces et une de deux pièces de 95, deux pièces de 120 Baquet, deux mortiers de 220), pour préparer l'attaque par une concentration de feux.

J'ai prescrit de ne plus tirer avec le 75 que sur des objectifs observables et jamais sur zone, afin d'éviter le gaspillage des munitions devenu inquiétant (j'en ai reçu l'ordre du G. Q. G.).

16 heures. A gauche, la 2ᵉ Division de cavalerie est arrêtée devant Xivray. Le 16ᵉ Corps attaque Seicheprey et la corne sud-ouest du bois de Mort-Mare; il ne peut déboucher à droite, de la Voisogne. La 73ᵉ Division de réserve borde les pentes au nord de Lironville, tient par sa droite le bois Brûlé et la crête au sud de la grande route (auberge de Saint-Pierre).

Je reçois à ce moment l'ordre du général en Chef de prendre sous mon commandement la IIIᵉ Armée (Verdun) et la direction des opérations à l'est de la Meuse. Mission : assurer la sécurité de la droite des Armées contre toute attaque débouchant d'Alsace ou de Lorraine.

La première mesure à prendre est de me rendre compte

(1) Ce n'était, hélas! que trop vrai. (La garnison du fort appartenait à la IIIᵉ Armée).

des dispositions actuelles de cette III⁰ Armée, que j'ignore. Je prescris donc au général Sarrail de m'envoyer un officier dûment documenté. Je donnerai mon ordre après son arrivée.

La journée est déjà avancée. L'artillerie lourde arrive aux environs du bois de la Hazelle, mais je doute qu'on fasse ce soir beaucoup de progrès. Il va être 17 heures et je donne un ordre particulier au 16⁰ Corps, à la 73⁰ Division de réserve, aux deux Divisions de cavalerie et à la 16⁰ Division.

Je puis résumer cet ordre en disant que le 16⁰ Corps doit continuer ses attaques sur Saint-Baussant et la partie ouest de la forêt de Mort-Mare; — la 73⁰ Division sur Remenauville et Fey-en-Haye. — Les 2⁰ et 7⁰ Divisions de cavalerie appuieront l'attaque du 16⁰ Corps sur Saint-Baussant. — La 16⁰ Division (8⁰ Corps), s'efforcera d'atteindre la route Saint-Mihiel, Apremont, puis la route Saint-Mihiel, Woinville.

Je ne parle pas des petites opérations exécutées sur le reste de mon front, parce qu'elles sont très secondaires. Mais il y a partout des détachements qui prennent l'offensive. Ainsi, hier, la 66⁰ Division de réserve a très brillamment enlevé à la baïonnette les hauteurs de Lesseux dans la vallée de la Fave. C'est à noter, car j'avais quelques préventions contre cette Division venue de Belfort.

20 heures. Je rentre à Neuves-Maisons pour m'entendre avec le sous-chef d'Etat-Major de la III⁰ Armée et donner mes ordres.

Il me rend compte de la situation de cette Armée :

Au nord, aile gauche (5⁰ et 15⁰ Corps), à l'ouest de Verdun, dans l'Argonne. Derrière cette aile, la 15⁰ Division du 8⁰ Corps est en seconde ligne et a établi une position de repli.

Au centre, au sud-est de Verdun, 6⁰ Corps très fatigué et une Division de réserve sur le front des Eparges, Saint-Rémy, la Croix-sur-Meuse. Ces forces ne peuvent guère qu'être défensives.

A l'aile droite, à l'ouest de Saint-Mihiel, la 75⁰ Division de réserve qui a lâché pied et perdu le pont. A sa gauche, le général D..., avec une autre de ses Divisions de réserve.

La première mesure à tenter est la reprise du pont de

Saint-Mihiel. Le général D... s'y emploiera cette nuit avec deux Divisions de réserve. Je prescris au général Sarrail de faire venir sur Saint-Mihiel, en renfort, par chemin de fer, une brigade ou une Division du 15° Corps, s'il croit possible ce prélèvement (ce renfort ne sera utilisable qu'après-demain).

Le 6° Corps fortifiera son front et cherchera à progresser (direction générale, Chaillon, Creuë).

26 septembre.

En arrivant sur le terrain, à 5 heures, j'apprends que la 16° Division n'a pu prendre Apremont hier soir; elle en est à 3 ou 400 mètres. — Xivray et Marvoisin sont pris par la 2° Division de cavalerie; — à sa gauche la 7° Division de cavalerie a du mal à prendre pied dans Loupmont et les bois de la Charrière. — Seicheprey est emporté par la gauche du 16° Corps (un général allemand y a été tué). On débouche du Jury et de la Voisogne. — A droite, la 73° Division a dépassé Limey et l'Auberge Saint-Pierre.

L'attaque continue sur Chauvoncourt et Saint-Mihiel, dont le général D... n'a pu reprendre le pont cette nuit.

Le fort du Camp-des-Romains a été bombardé par nous au moyen des obus de 75 à longue portée (9.000 mètres). Je ne sais encore quels en sont les résultats.

L'artillerie lourde allemande du Montsec, qui a continué à bombarder, cette nuit, Liouville, est prise à partie par l'artillerie de Gironville, l'artillerie lourde du 16° Corps (environs de la Hazelle) et l'artillerie des Divisions de cavalerie. Sur tout notre front, les attaques progressent lentement.

13 heures. J'envoie les ordres suivants : aux six bataillons de la 64° Division de réserve, qui vont arriver à Hamonville, de marcher par le bois Chanot sur Richecourt et Nonsard; — aux deux bataillons de tête de la Division de Vassart, qui vont arriver à 14 heures à Raulecourt, de prendre l'offensive sur Bouconville, le bois de la Haute-Charrière et ultérieurement sur Montsec (attaque de nuit si nécessaire).

Ces attaques devront se déclencher à 16 heures et être le signal d'une attaque générale.

Je suis toujours préoccupé de l'attaque des Divisions de

réserve sur Chauvoncourt. Elles n'ont pas encore pu reprendre le pont de Saint-Mihiel et demandent l'appui de la 16ᵉ Division, qui ne peut que leur envoyer deux compagnies vers la corne nord-est du bois de Malimbois.

16 heures. La tête de la 63ᵉ Division est arrivée à Hamonville assez fatiguée (70 kilomètres depuis la nuit). Elle va s'engager, entre Beaumont et Rambucourt, sur Richecourt à la gauche du 16ᵉ Corps. Je dis au général C... de n'opérer ce soir qu'avec son premier régiment, puisque le reste est trop fatigué. Plus à gauche, venant de Rambucourt, la tête de colonne de la Division de Vassart marche, par Rambucourt, sur la forêt de la Grande-Charrière (cette Division venue par chemin de fer a eu un accident qui lui a brisé ses voitures, fait quelques blessés et causé du retard; je lui remplace ses voitures à Toul).

L'offensive est reprise sur toute la ligne; l'ennemi cherche à faire un barrage avec de grosses pièces (105, 150, 220) établies à Montsec et près du bois de Mort-Mare. Il bat frénétiquement le front Rambucourt, Beaumont et aussi Seicheprey. Que veut-il obtenir? Sans doute arrêter notre offensive pour filer dans la nuit.

Je fais attaquer cette artillerie par la mienne (les mortiers de 220 sont en place avec trois batteries de 155 long et deux de 95; la plupart de ces batteries près de Bernécourt et à l'ouest).

Le général V... me dit que sa brigade de gauche est écrasée sous les projectiles. Je relève vertement cette exagération qui peut faire croire à une dépression morale chez le chef lui-même, la plus terrible comme résultat. Déjà hier, ce général m'avait dit qu'il avait perdu la moitié de son effectif. J'ai voulu vérifier : il avait perdu 2.000 hommes, gros chiffre évidemment, mais qui ne représente pas même le 1/5ᵉ.

J'étais d'autant plus fâché de cette exagération (causée simplement par les racontars de quelques blessés), que la conversation avait lieu devant le général C..., qui arrivait en ligne et qui, en dehors de l'impression fâcheuse ressentie, songeait déjà à contourner Bernécourt à gauche, pour trouver un terrain moins battu, au risque de créer, de ce côté, une concentration d'infanterie des plus vulnérables. J'ai mis tout cela au point, en secouant un peu tout ce monde et en leur rappelant qu'il fallait conserver un sang-froid imperturbable, se montrer sourd aux doléances et aux appréciations trop pessimistes ou n'y ajouter foi qu'après contrôle.

Dans la nuit, j'apprends que les attaques des deux Divisions de réserve ont échoué devant Saint-Mihiel, qui reste aux mains des Allemands. La 16ᵉ Division tient la route entre Saint-Mihiel et Apremont, mais n'a pu occuper ce dernier point. Le bois de la Haute-Charrière n'a pu être pris; on a tenté une attaque sur Richecourt qui n'a pas réussi. Aucun progrès sur le reste du front.

Pour demain, je donne l'ordre de continuer l'offensive dans les directions indiquées aujourd'hui. La 15ᵉ Division du 8ᵉ Corps qui a été poussée cet après-midi sur Fleury-sur-Aire, atteindra la Meuse demain à midi. Une brigade et l'A. D. passeront aux ponts de bateaux en aval de Génicourt et suivront la progression de la droite du 6ᵉ Corps pour entrer en ligne dès que le terrain le permettra (cette droite est à Lacroix-sur-Meuse). L'autre brigade et l'artillerie de corps borderont la Meuse entre Bannoncourt et Dompcevrin; elles coopéreront à l'action du 6ᵉ Corps par leur feu, se tiendront en liaison avec les Divisions de réserve du général D... et interviendront au besoin dans la lutte sur Saint-Mihiel. Leur rôle ultérieur est d'opérer à droite de la brigade voisine de la 15ᵉ Division.

Direction d'attaque du 6ᵉ Corps sur Vigneulles, — de la 15ᵉ Division du 8ᵉ Corps sur Chaillon, Heudicourt.

27 septembre.

Je trouve à 6 heures le général Taverna à Ansauville, où je vois passer quelques blessés suivis d'un soldat, pâle et défait, mais sans blessures. Le général me dit que c'est un ardent et un brave : il est de toutes les patrouilles ou reconnaissances et refuse de se reposer.

« Il se tuera à la peine et c'est moi qui l'ai fait diriger sur le poste de secours pour l'obliger à prendre quelque repos ».

— « Mais pourquoi ne fait-on pas un gradé de ce soldat d'élite? »

— « C'est qu'il appartient à l'Ordre des Jésuites ».

— « Ce n'est pas une raison. Nous avons besoin de braves gens et de conducteurs d'hommes d'où qu'ils viennent. Faites-lui donner des galons et, en attendant, amenez-le moi ».

Le soldat vient à moi, un peu intimidé, inquiet peut-être. Je prends une médaille des mains de mon officier d'ordonnance qui en a toujours une provision et je l'attache sur la poitrine de mon brave en le félicitant. Il balbutie des remerciements et s'en va les larmes aux yeux (1).

Je suis obligé, ce matin, de molester tout le monde. Je suis mécontent du peu d'énergie déployée et, en tout cas, des résultats médiocres obtenus.

Le 16ᵉ Corps s'acharne, avec insuccès d'ailleurs, sur le bois de Mort-Mare. Je lui dis que ce sont les progrès de sa gauche sur Saint-Baussant qui m'intéressent. Il faut marcher là-dessus en liaison avec la 63ᵉ Division de réserve, qui opère sur Richecourt, et avec la Division de Vassart, qui s'avance plus à gauche sur Montsec et Apremont (car je fais déboucher la brigade coloniale de Gironville sur ce dernier point).

Je fais en même temps une concentration de feux sur Montsec, avec toute l'artillerie encore mobile de Liouville et de Gironville (le 120 notamment), en y ajoutant une batterie de deux pièces de 155.

Le chef d'Etat-Major de la III° Armée vient me trouver à midi, pour me donner la situation exacte de son armée. Il me dit que la région nue de Spada est absolument impraticable, étant sous le feu d'une artillerie allemande formidable et que le 6ᵉ Corps ne pourra progresser que par son centre ou sa gauche.

Il est alors convenu que ce Corps se resserrera sur son centre, laissant le front Lacroix-sur-Meuse, Seuzey à la brigade de la 15ᵉ Division, qui y est arrivée et qui cherche à progresser sur Dompierre et Deuxnouds.

J'apprends que la Division de Vassart a pu entrer dans le bois de la Grande-Charrière et que la 63ᵉ Division de réserve

____

(1) J'ai su, plus tard, que ce héros obscur était tombé en Champagne comme sous-lieutenant.

est arrivée à 200 mètres de Richecourt. La brigade coloniale est en retard et va attaquer, non sur Loupmont, mais sur Apremont, que la 16ᵉ Division n'a pas encore occupé.

Je reçois, à 14 heures, un télégramme du G. Q. G. me demandant d'envoyer par chemin de fer une Division active et une de réserve. On me prévient, en outre, qu'on me prendra un Corps d'Armée, quand les opérations en Woëvre seront terminées.

Je vais expédier la Division Barbot, qui est aujourd'hui réunie à Rambervillers et la 70ᵉ du Grand-Couronné. Mais la situation va devenir particulièrement délicate. Je demande, en conséquence, l'autorisation de faire venir à Saint-Nicolas, la brigade active de Belfort comme réserve disponible.

La fin de la journée n'est pas brillante. On est arrêté partout par un déploiement extraordinaire d'artillerie lourde.

Je donne l'ordre de continuer les opérations pendant la nuit et la journée du lendemain.

La brigade de la 15ᵉ Division, qui a passé la Meuse, est mise à la disposition du 6ᵉ Corps (dont la droite a légèrement progressé au sud-est de Lacroix-sur-Meuse). L'autre brigade de la Division, qui passera la Meuse à Dompcevrin, sera aux ordres du général D... pour les opérations sur Saint-Mihiel et au delà.

Pendant la nuit, je fais tirer le 155 sur les cantonnements allemands de Lahayville, Saint-Baussant, Essey, Pannes, Euvezin.

Reçu lettre du général Joffre au sujet des munitions de 75 (il faut économiser). Je fais étudier le remplacement d'une partie des batteries de 75 par des batteries de 90, ce qui va, hélas! réduire encore ma capacité offensive.

J'apprends, à 20 heures, que la droite du 6ᵉ Corps a progressé jusqu'à 1.000 mètres de Spada. Le passage de la brigade du 8ᵉ Corps va être possible à Dompcevrin. Cependant, il faut réparer le pont qui est rompu et sous l'eau. On va y travailler toute la nuit.

J'ai, à 8 heures, communication de l'ordre d'opérations du général D... C'est l'expectative. Je lui fais dire qu'il ne saurait s'agir de défensive. Je ne lui ai pas donné des renforts pour rien. Il faut attaquer et passer la Meuse.

Le 16ᵉ Corps attaque sur le bois de la Sonnard; toute l'artillerie lourde prépare l'offensive. Si cette attaque est couronnée de succès, le Corps viendra plus facilement à bout de Saint-Baussant pour avancer son aile gauche.

La brigade coloniale a pris ce matin Apremont et Loupmont, mais elle vient, à 9 heures, d'en être chassée. Elle reprend les attaques.

La brigade de Belfort va arriver en chemin de fer, je la ferai diriger sur Chaligny et Ludres (près de la forêt de Haye); elle y sera en réserve d'armée.

14 heures. La brigade Castaing de la Division de Vassart a été rejetée de la forêt de Géréchamp. Elle va reprendre l'attaque.

On m'a signalé hier des retraits de troupes allemandes sur le front des 15ᵉ et 5ᵉ Corps français à l'ouest de Verdun. Où vont ces troupes retirées? Peut-être sur mon front pour nous rejeter. Je dois du moins le prévoir. Je recommande à tous de se créer des disponibilités. Je prescris au groupe des Divisions du Grand-Couronné de placer un groupe d'artillerie pour la surveillance de mon aile droite, en cas de brouillard. Une batterie sera entre Maidières et Blenod, — la seconde batterie au sud-est de Jezainville, — la troisième sur la rive droite, à la corne sud-ouest du bois de Facq.

A 15 heures, l'attaque se déclenche sur la Sonnard et Saint-Baussant, d'une part (16ᵉ Corps), — sur Richecourt, de l'autre (63ᵉ Division de réserve). Réussira-t-elle mieux qu'à gauche?

17 heures. Il y a, du côté allemand, un déploiement formidable d'artillerie lourde de tous calibres. Les attaques sont maîtrisées à la sortie de Seicheprey, de Remières, sur le bois de la Sonnard et sur Richecourt. A gauche, on reprend pied dans le bois de Géréchamp.

J'apprends que l'attaque sur Saint-Mihiel n'a pas eu lieu. Le pont de Dompcevrin ne pouvant être rétabli que très tard, la brigade du 8ᵉ Corps ne passera la Meuse que demain matin. De plus, Han-sur-Meuse vient d'être pris par les Allemands.

Je décide donc que la brigade du 8ᵉ Corps, de Bannoncourt, Dompcevrin, se portera cette nuit sur Kœur, de manière à passer en amont et à opérer à la gauche de la 16ᵉ Division, tandis que les Divisions de réserve reprendront les attaques sur Saint-Mihiel. Enfin, je fais diriger sur Lérouville la brigade de Belfort qui devait débarquer au sud de Nancy. Cette brigade attaquera sur la rive droite de la Meuse avec le 8ᵉ Corps.

29 septembre.

Pendant la nuit, on a repoussé toutes les attaques allemandes : sur la droite du 5ᵉ Corps, dans l'Argonne, sur la gauche du 6ᵉ dans le bois des Chevaliers, enfin sur le front de la 41ᵉ Division de réserve, au sud de Réchicourt et à l'est.

J'ai fait canonner, avec des obus à longue portée, les environs de Saint-Mihiel (batterie de 75 placée entre Liouville et Saint-Julien).

On a repris, pendant la nuit, le pont de Han, mais aucun progrès n'a été réalisé sur le reste du front. Je fais sur Saint-Mihiel une concentration de feux au moyen de pièces lourdes (une batterie de deux pièces entre Liouville et Saint-Julien, une batterie de deux pièces vers Sampigny, sans compter les quatre pièces de 120 long et le groupe de 155 Rim. du général D...).

J'apprends que les Divisions de réserve devant Chauvoncourt n'ont fait qu'une mise en état de défense dérisoire. J'envoie par auto de Toul une demi-compagnie du génie avec outils et fils de fer, pour exécuter ou compléter cette organisation.

9 heures. On m'apprend que les Allemands ont démoli, en quelques coups de canon, le pont de Dompcevrin construit dans la nuit. Or, c'est là que le général D... voulait faire passer sa gauche pour attaquer la côte Sainte-Marie, en même temps qu'il attaquerait Saint-Mihiel par l'ouest. Il comptait sur le brouillard qui a fait totalement défaut ce matin. Je lui avais dit hier par téléphone combien peu son plan m'inspirait de confiance et j'avais modifié ces dispositions en prescrivant une attaque du gros du 8ᵉ Corps par la forêt d'Apremont, en liaison avec la Division de Vassart.

Je me porte, à 10 heures, à Lérouville, où je trouve le général de C... qui doit attaquer à midi sur le front Saint-Mihiel, Apremont, sa gauche cherchant à s'avancer par Han-sur-Meuse et Ailly, sur la hauteur à l'est du fort du Camp-des-Romains.

Je lui fais remarquer que cette attaque de gauche ne pourra sans doute pas franchir le fleuve sous le feu des Allemands. Il en convient et fera de ce détachement une simple flanc-garde le reliant avec les Divisions de réserve du général D...

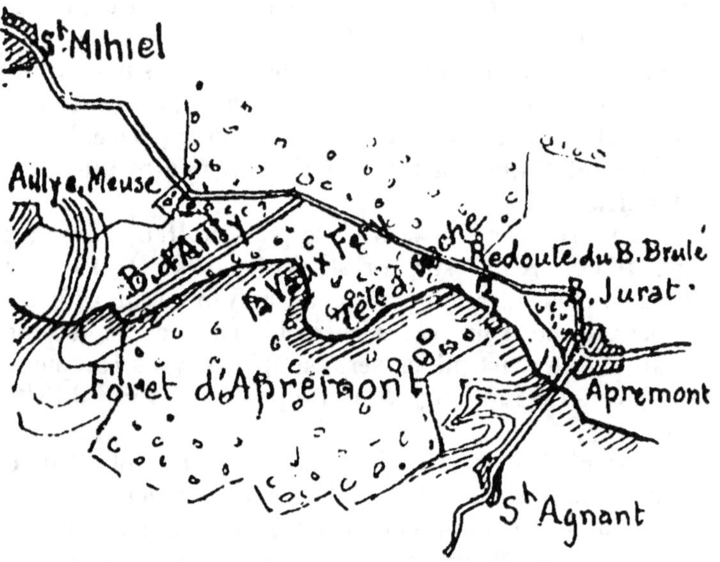

Front du 8e Corps dans la forêt d'Apremont.

Je lui dis mon mécontentement du retard apporté à son mouvement par le colonel P..., commandant la 39e brigade. Cette brigade, qui était à Bannoncourt, Dompcevrin, avait reçu l'ordre, à 20 heures, de se mettre en route immédiatement pour Sampigny.

J'avais prescrit au général D..., sous les ordres duquel elle était, d'envoyer un officier d'État-Major pour s'assurer de l'exécution du mouvement. Or, cette brigade ne s'est mise en route qu'à 5 heures et demie ce matin; encore est-ce sur l'intervention d'un officier de mon État-Major, que j'avais envoyé, de mon côté, pour s'assurer de l'exactitude de cette exécution.

J'ai prescrit une enquête pour avoir les éclaircissements nécessaires. Il est inadmissible qu'un officier supérieur retarde ainsi l'exécution d'un mouvement sous le prétexte d'emmener sa brigade en une colonne bien complète au point de départ.

Sans cette erreur, j'aurais prescrit l'attaque de très bonne heure.

La brigade de Belfort ayant débarqué à Lérouville entre 2 heures et 8 heures, se trouve actuellement en réserve entre Sampigny et Lérouville.

11 heures. Il n'y a rien de changé sur le front, cependant j'apprends, en passant, que les coloniaux sont dans les tranchées à quelques centaines de mètres de Loupmont. On a progressé de ce côté.

Devant Richecourt, la 64ᵉ Division a repoussé cette nuit de très violentes attaques. Elle tient toujours dans ses tranchées. On emporte un sous-lieutenant de réserve grièvement blessé. Il demande, avant d'être porté au poste de secours, à voir le général pour savoir si Richecourt a été enlevé à l'ennemi. Le brave soldat! Je le citerai à l'ordre de l'armée.

16 heures. Je vais au 16ᵉ Corps : on y a préparé l'attaque sur le bois de la Sonnard avec l'artillerie lourde. Cette attaque est déclenchée depuis 15 heures.

L'artillerie allemande n'est pas éteinte, car elle fait un barrage de feux impressionnant. Cependant l'attaque progresse de 500 mètres déjà. Gardera-t-elle son avantage? Je pousse jusqu'à la 64ᵉ Division de réserve où l'attaque sur Réchicourt va se produire à 17 heures. De loin, je vois l'engagement de la Division de Vassart et celui de la 16ᵉ Division dans les bois d'Apremont. Je devine plutôt celui-ci aux éclatements au-dessus des bois.

Rien à ma droite. Cependant, on tire avec l'artillerie lourde de Mousson sur la gare de Pagny, où s'est manifestée une activité insolite. Par réciprocité, les Allemands tirent de la Grande-Fosse sur la gare de Saint-Dié. On me le télégraphie.

D'une façon générale, je sens que la Ire Armée forme maintenant un outil solide dont l'action est méthodique; on combat sans répit, on ne lâche plus, on fortifie le terrain conquis et on y reste sous les bombardements les plus violents. Les actes de bravoure et de dévouement sont tellement nombreux qu'on ne sait à qui décerner les médailles militaires que j'ai données dans les Corps d'Armée.

Renseignement curieux d'un prisonnier : il dit que ses officiers sont très étonnés de l'existence d'un fort français à Bernécourt. C'est bien, en effet, le centre de l'emplacement de mon artillerie lourde, mais il n'y a pas le moindre ouvrage. Les Allemands n'ont fait à peu près aucun mal à ce soi-disant fort; il n'y a eu qu'un malencontreux obus qui, la nuit dernière, a atteint neuf hommes (1 mort et 8 blessés), c'est-à-dire l'équipe d'une pièce de 155. Encore avait-on commis la faute de ne pas faire de tranchées pour les servants des deux côtés de la pièce. L'oubli ou la négligence a été réparé depuis et on n'a pas eu la moindre atteinte.

Comme résultats de fin de journée, on a légèrement progressé dans les bois d'Ailly et d'Apremont et près du bois de la Sonnard, où l'on touche presque la corne sud et où l'on occupe des tranchées allemandes.

Les coloniaux sont entrés dans Loupmont, mais n'ont pu s'y maintenir.

Sur le front de la IIIe Armée, peu de changement : attaque allemande repoussée près de la Chalade. On va placer du gros calibre près de la droite du 6e Corps, qui doit reprendre vigoureusement l'offensive demain matin.

J'ai fait distribuer, dans la journée, des boucliers au 16e Corps et aux 73e et 64e Divisions de réserve. Cette dernière Division et la 16e reçoivent des grenades à main (les premières fabriquées). Demain, le 8e Corps recevra des boucliers.

30 septembre.

Je vais stimuler le 8e Corps, qui doit chercher à remettre de l'ordre dans ses brigades et gagner du terrain dans les bois. Je veux absolument des progrès journaliers, si faibles soient-ils, car si nous ne restons pas offensifs, nous serons attaqués nous-mêmes et dominés par les Allemands.

On a fort judicieusement poussé des pièces à bras dans les bois d'Apremont. Grâce à l'une d'elles, on a produit, hier soir, une panique chez l'ennemi et on a enlevé une mitrailleuse. On va préparer l'offensive au moyen de l'artillerie lourde qui cherchera à démolir l'artillerie allemande opposée aux attaques longeant le bois d'Ailly.

Le G. Q. G. m'a demandé, cette nuit, si la 7ᵉ Division de cavalerie pourrait être enlevée. Je lui ai répondu: « Pas le 30, car elle a des éléments engagés, mais le 1ᵉʳ septembre, à partir de o heure ». Je préviens en conséquence les deux Divisions, la 2ᵉ devant prendre sur le front la partie occupée par la 7ᵉ.

Les opérations de cet après-midi vont comporter une attaque du 16ᵉ Corps sur le bois de la Sonnard et Saint-Baussant, et de la 64ᵉ Division de réserve sur Richecourt et Lahayville par les deux rives du Rupt-de-Mad. Commencement à 15 heures.

A gauche, dans la matinée, le 85ᵉ du 8ᵉ Corps a poussé dans le bois d'Ailly, mais n'a pu s'y maintenir. On recommencera.

A droite, mais de nuit, la brigade Riberpray va chercher à occuper la croupe au sud de Fey-en-Haye, la droite dans le bois Le Prêtre. C'est audacieux, parce que le bois Le Prêtre est occupé par l'ennemi et qu'on peut être pris de flanc; mais il faut menacer l'ennemi et l'obliger à rester en forces devant nous.

1ᵉʳ octobre.

Hier soir et dans la nuit, on a légèrement progressé sur le front de la 64ᵉ Division de réserve vers Lahayville et à la droite (73ᵉ Division), où la brigade Riberpray a occupé les abords de Fey-en-Haye.

Je vais aujourd'hui concentrer mes efforts sur Apremont et hauteurs au nord-est, en faisant préparer l'attaque par une concentration de feux d'artillerie lourde sur la position, de midi à 13 heures. J'ai, dans les environs, 22 pièces dont dix-huit de 120 long et quatre de 155. Au cours de la nuit sont arrivées de Baccarat trois pièces de 120 long et deux de 155, menées par tracteurs. Dans l'obscurité, ce convoi a même bousculé mon auto au tournant d'un chemin.

A 15 heures, je ferai attaquer par l'infanterie sur Apremont et au nord-est (droite de la 16ᵉ Division et brigade coloniale); mais en même temps sur Loupmont, Richecourt et Saint-Baussant, afin de fixer l'ennemi et de l'empêcher de déplacer ses réserves. A cet effet, l'artillerie lourde de Bernécourt ouvrira, elle aussi, le feu à midi, dans le but de tenir l'ennemi incertain du point d'attaque probable.

15 heures. Les positions ont été largement canonnées. L'ennemi a peu répondu; il s'acharne cependant sur le fort de Liouville où il n'y a plus personne, la garnison ayant quitté le fort, qui n'est plus qu'un amas de décombres, pour se tenir dans un petit bois à proximité. Les Allemands dépensent donc des tonnes d'acier en pure perte et les batteries des environs de Liouville et du fort de Gironville ne sont pas inquiétées.

L'infanterie progresse dans le bois d'Apremont et se porte à l'attaque sur Apremont par l'ouest (16ᵉ Division) et sur Loupmont (brigade coloniale). Elle pénètre également dans le bois de la Haute-Charrière (brigade Castaing); enfin, elle marche sur Richecourt (64ᵉ Division de réserve) et sur le bois de la Sonnard (16ᵉ Corps).

L'artillerie allemande entre en action pour repousser les attaques. Il y a notamment deux batteries dont je vois les lueurs dans une échancrure de la longue crête entre Apremont et Loupmont et que notre artillerie lourde a de la peine à maîtriser.

Nous faisons des pertes sérieuses; le colonel Marchand est blessé d'un éclat d'obus.

Le soir, nous avons progressé un peu partout, sans avoir pu emporter le morceau.

Dans la soirée, j'ai fait canonner, avec du 120 long, Chauvoncourt et les ponts de Saint-Mihiel.

Je reçois, dans la nuit, l'ordre particulier n° 33 dans lequel le général en Chef exprime sa satisfaction aux Iʳᵉ et IIIᵉ Armées placées sous mon commandement.

Au G. Q. G., le 1ᵉʳ octobre 1914.

Dans les opérations qui se déroulent autour de Verdun depuis deux semaines, les Iᵉ et IIIᵉ Armées ont à lutter contre un adversaire pourvu de puissants moyens matériels, notamment d'une nombreuse artillerie de très gros calibre.

Malgré ces conditions difficiles, dans les nombreux combats qu'elles ont eu à livrer de jour et de nuit, les troupes de ces deux armées, sous la conduite de chefs ardents et résolus, n'ont cessé de faire preuve d'une ténacité indomptable et d'un esprit de sacrifice admirable.

Le commandant en Chef est heureux d'exprimer son entière satisfaction aux chefs et aux troupes de ces deux Armées, dont les belles qualités d'énergie et d'entrain apportent une aide précieuse dans la recherche du succès final; il compte qu'elles parviendront à rejeter l'ennemi au delà des Hauts-de-Meuse.

Signé : JOFFRE.

En ce qui concerne la Iᵉ Armée, cet ordre marque, en quelque sorte, le terme des opérations commencées le 21 septembre dans la région de Flirey et plus à l'ouest sous la forme d'une action de flanc destinée à enrayer le mouvement des Allemands sur Saint-Mihiel.

Dans l'ensemble, les opérations vont continuer sans discontinuité apparente; mais dès maintenant on peut dire que l'ennemi a échoué : il est définitivement fixé en Woëvre.

2 octobre.

A o heure, d'après mes ordres, un détachement du groupe des Divisions de réserve (une compagnie d'infanterie, une section du génie) a fait une reconnaissance sur St-Mihiel. Après avoir repoussé quelques postes à Menouville et près de la ville, ce détachement a pu atteindre le pont de bateaux nouvellement construit et y mettre le feu en un quart d'heure. Je vais récompenser ces braves gens; mais la facilité avec laquelle cette petite expédition a pu s'exécuter condamne l'inertie du groupe des Divisions de réserve. Je ferai recommencer le coup cette nuit avec plus d'effectif.

Les ordres donnés pour aujourd'hui sont la continuation des opérations d'hier. Le feu de l'artillerie lourde sera repris à midi.

Je voulais combiner une action, sur les bois d'Ailly, de la gauche de la 16ᵉ Division avec une attaque de la droite du 6ᵉ Corps sur la côte Sainte-Marie. Mais l'artillerie lourde, que la IIIᵉ Armée veut employer à la préparation de cette dernière attaque, ne sera en place que tard dans la journée. Je suis donc amené à n'envisager l'opération projetée que pour demain. Je vais, en conséquence, employer l'artillerie lourde du groupe des Divisions de réserve, qui est dans le vallon au nord-ouest de Kœur (cote 248), à rendre intenable Chauvoncourt, à couper les communications de l'ennemi en canonnant les ponts de Saint-Mihiel, enfin à démonter les batteries repérées sur la rive droite (ceci dans l'intérêt de la gauche de la 16ᵉ Division, qui continue ses attaques sur le bois d'Ailly).

Je me rends d'ailleurs au 8ᵉ Corps pour coordonner toutes ces actions et m'occuper de quelques points de détail : inviter, par exemple, le général commandant la 16ᵉ Division à mettre du canon à la lisière des bois au nord-ouest de Saint-Agnant, pour appuyer ses attaques sur le bois Jurat, qui traînent indéfiniment. Il a employé ce système dans l'intérieur du bois d'Apremont et obtenu un recul de l'ennemi. Il faut continuer partout où c'est possible.

Des renseignements reçus du front, il résulte qu'on a très peu progressé, sauf à la 64ᵉ Division de réserve et qu'on a même perdu un peu de terrain au centre de la 16ᵉ Division. De plus, l'artillerie se tient maintenant généralement à plus de trois kilomètres de la ligne de combat, se plaçant ainsi dans l'impossibilité d'intervenir utilement.

Je réunis les généraux intéressés à Lérouville et je m'efforce de réchauffer leur zèle.

Nous sommes arrivés à un de ces points morts que je connais bien : les pertes, la continuité du danger finissent par entamer le moral des cadres mêmes. Il faut absolument réagir. Je flétris cette disposition d'esprit et j'invite les généraux à réveiller personnellement l'ardeur de leurs sous-ordres. Je les invite, en outre, à donner des ordres fermes pour que l'artillerie pousse de nuit des batteries ou même des pièces dans les villages et les bois du front et que les observateurs n'hésitent pas à établir leurs abris même sur des positions dangereuses. Il faut à tout prix aider l'infanterie à progresser.

A Lérouville, je suis avisé que l'artillerie lourde, envoyée par la place de Verdun, sera prête à entrer en ligne à 14 heures et que la droite du 6ᵉ Corps poussera sur la côte Sainte-Marie à 16 heures.

Je modifie mes dispositions premières et je prescris aux batteries de 120 long de Kœur de préparer, dès 14 heures, l'attaque du 6ᵉ Corps sur la côte Sainte-Marie. En même temps, le reste de mon artillerie lourde reprendra son feu sur les mêmes objectifs qu'hier et, sur tout le front, les attaques se déclencheront à 16 heures.

Mais à 13 heures, j'apprends que l'artillerie lourde de Verdun est en retard et n'ouvrira son feu que demain matin. Le 6ᵉ Corps n'agira qu'avec cinq bataillons sur la côte Sainte-Marie et n'aura que l'appui de mon artillerie lourde.

3 octobre.

Les attaques d'hier n'ont pas donné grands résultats. On a fait quelques progrès au bois d'Ailly, où la gauche de la 16ᵉ Division touche à la laie forestière, et à la gauche du 16ᵉ Corps, au nord du bois de Remières. J'avais prescrit de faire des prisonniers. On n'en a pris qu'un à la 73ᵉ Division. C'est un homme du 29ᵉ régiment de réserve, d'une Division qui ne s'était pas encore révélée : elle appartient au VIᵉ Corps de réserve. Il s'est fait prendre au bois Le Prêtre. On recommencera partout ce soir pour prendre des Allemands et savoir si le XIVᵉ Corps est toujours là.

Je passe de bonne heure au 8ᵉ Corps, puis à la Division de Vassart pour dire à ce dernier général, qu'on s'endort sur son front ; je le prie d'entretenir l'activité dans ses troupes, pour éviter le marasme toujours à craindre dans ce genre de guerre et aussi pour perfectionner l'instruction de ses cadres et de ses renforts, qui en ont grand besoin. Il m'explique qu'on est au contact intime partout, qu'on se heurte à des tranchées couvertes, précédées de fils de fer, de grosseur extraordinaire et qu'on ne peut plus avancer qu'à la sape.

Je le sais : nous faisons partout une véritable guerre de siège, mais on peut encore, de nuit, tenter des coups de main en cherchant les flancs des tranchées ou les intervalles vides, et c'est le goût de ce genre d'opérations que je veux développer.

J'entends le canon et la fusillade sur le front du 8° Corps. Ce sont les Allemands qui contre-attaquent dans le bois d'Ailly. A 4 heures, on me dit qu'on a conservé les positions acquises.

Le 16° Corps a occupé cette nuit une tranchée allemande dans laquelle se trouvaient douze cadavres. Mais ces morts n'ont ni casque, ni pattes d'épaules. On va chercher à les identifier au moyen des papiers trouvés sur eux ou des marques de vêtements.

Je suis avisé, dans la soirée, que ce sont des Ersatz de la Garde.

J'ai laissé les opérations de ce jour et de demain matin à l'initiative des commandants de Corps d'Armée. Le commandant du 16° Corps me fait dire qu'il s'est entendu avec la 64° Division de réserve, sa voisine de gauche, pour une attaque d'ensemble sur Richecourt, Lahayville (64° Division), et le bois de la Sonnard (16° Corps). J'approuve.

Dans la journée, je reconstitue le Corps provisoire avec cette 64° Division de réserve et la Division de Vassart, sous les ordres du général Delétoille, que je fais venir de Rambervillers, où il était disponible.

Je fais établir une instruction d'ensemble définissant bien le rôle des Ire et III° Armées, qui sera distribuée demain. La mission de la Ire Armée est désormais défensive sur la plus grande partie de son front, mais offensive sur les Hauts-de-Meuse.

Le 6° Corps (III° Armée) n'a rien pu faire hier soir. Après avoir pris pied dans son attaque sur la côte Sainte-Marie, il en a été repoussé la nuit tombée et s'est replié sur Maizey.

Le G. Q. G. me demande encore une Division pour le nord. Je désigne la 58° Division qui est dans les Vosges et je la ferai embarquer aux environs d'Epinal. Elle sera remplacée par une partie de la 66° Division. Mais mes lignes de ce côté ressemblent de plus en plus à une toile d'araignée.

Ce G. Q. G. est inquiet à propos des ponts de Saint-Mihiel, par où l'ennemi pourrait essayer de passer. Il me prescrit de prendre une Division au 15° Corps (entre Argonne et Verdun) pour la faire descendre en face de Saint-Mihiel.

Naturellement, le général Sarrail ne l'entend pas ainsi. Il fait remarquer l'étendue du front qu'il doit couvrir avec les 5° et 15° Corps, alors que son voisin, le 2° Corps s'étire à gauche et l'oblige, lui aussi, à étendre son front de ce côté.

Néanmoins, je lui prescris d'envoyer un régiment et un groupe à Pierrefitte et d'en tenir un second prêt à suivre au moyen du petit chemin de fer à voie étroite, si possible.

J'ai eu, cet après-midi, la visite d'un officier de l'Etat-Major de la III° Armée, avec lequel j'ai traité cette question et celle de la mise en état de défense des positions de cette III° Armée. J'avais trouvé cette mise en état de défense trop sommaire et fort incomplète : elle était surtout linéaire et manquait de centres de résistance, de flanquements. Tout cela sera perfectionné et complété dans le sens de nos organisations sur le front de la I° Armée.

Demain, je ne pense pas que le 8° et le 6° Corps soient en état d'attaquer sérieusement comme je l'avais espéré. Ils vont se réorganiser et se fortifier. Je ferai attaquer les batteries allemandes par notre artillerie lourde, et la seule offensive importante sera celle des 16° Corps et 64° Division de réserve.

En songeant aux attaques violentes dont la gauche du 8° Corps a été l'objet de la part du III° Bavarois, je me demande si cela n'est pas destiné à masquer le retrait de tout ou partie du XIV° Corps.

J'y crois d'autant plus que la présence de ces cadavres d'Ersatz de la Garde, trouvés sur le front du 16° Corps, indique déjà l'entrée en ligne d'unités nouvelles destinées sans doute à remplacer le XIV° Corps.

4 octobre.

L'attaque de nuit sur Chauvoncourt n'a rien donné, cela ne m'étonne pas de la   ° Division de réserve qui en était chargée. Le général D... va faire une enquête sur la façon dont l'attaque a été conduite. Cela n'en changera d'ailleurs pas le résultat.

Il m'est arrivé, dans la nuit, la traduction d'un radio-télégramme allemand intercepté, qui confirme le retrait du XIV° Corps dans la nuit du 1er au 2 octobre. Les Allemands auraient encore 110.000 hommes sur mon front.

Je suis fort mécontent de voir que mes Corps n'ont pu s'apercevoir de ce mouvement : il n'en aurait pas été ainsi si l'on avait réussi les reconnaissances et attaques de détail, que j'avais prescrites pour la nuit du 1er au 2.

Pour ce matin, je fais appuyer par le 1er groupe de l'A. L. les attaques du 16° Corps et de la 64° Division de réserve. Je donne l'ordre de rassembler la 2° Division de cavalerie, pour la retirer du front où elle est inutile et pour me constituer une réserve que je porterai vers Fraimbois, pour boucher le vide fait par le départ de la 14° brigade de cavalerie. Je reçois, à l'ouest de Saint-Mihiel, le régiment et le groupe d'artillerie qui m'est envoyé du 15° Corps par la III° Armée. Enfin, je fais venir le groupe des 155 C. T. R. que j'avais encore à Rambervillers.

Les officiers de liaison des Corps d'Armée, que je vois en passant à Toul, à 8 heures, ne me donnent aucun renseignement nouveau sur le front.

Je confirme mes ordres de ce matin et je demande, en outre, au 8° Corps de battre, avec son artillerie lourde, le mur bastionné de la caserne de Chauvoncourt, les ponts de Saint-Mihiel et les positions de batterie à l'est de cette ville.

Au 16ᵉ Corps, où je me trouve à 9 h. 30, l'attaque est déclenchée sur le bois de la Sonnard et dans la direction de Saint-Baussant; mais on n'a encore aucun renseignement sur les résultats obtenus. Il fait une brume épaisse et l'artillerie ne peut guère intervenir. C'est tant mieux, car les obusiers allemands, postés vers la ferme de l'Evacuation et le talus du chemin de fer au nord-est, prennent habituellement de flanc toutes ces attaques et les arrêtent sans qu'on ait pu jusqu'à ce jour réussir à les éteindre.

Au 8ᵉ Corps, le général de Mondésir se fait fort d'arriver au bois Jurat en peu de temps. Il a placé une batterie à la lisière située à 1.500 mètres sud-ouest du bois, et compte écraser les retranchements de l'ennemi après avoir fait momentanément évacuer les nôtres qui sont à 50 mètres des premiers.

13 heures. Les attaques du 16ᵉ Corps et de la 64ᵉ Division de réserve ont échoué. On ne peut sortir des tranchées sans se trouver sous un feu écrasant. Je vais, sans abandonner la sape, faire essayer le rempart en sac à terre pour avancer jusqu'aux réseaux de fil de fer de l'ennemi. C'est une véritable guerre de siège, il faut y adapter nos moyens d'attaque. Déjà, les boucliers que j'ai fait envoyer de Toul ont été très appréciés. Hier, des hommes revenant des tranchées, montraient gaiement des balles écrasées sur leur plastron. Ce matin, un autre avait un trou en plein bouclier, mais la balle tirée à quelques mètres ne lui avait fait qu'une contusion sans percer la capote.

Dans la soirée, on m'amène des prisonniers faits dans une tranchée près de Lahayville (16ᵉ Corps). Ce sont encore des Ersatz de la Garde. Le XIVᵉ Corps allemand a bien été enlevé et remplacé. Ces hommes ont été pris dans les circonstances suivantes, intéressantes à noter :

J'ai fait distribuer des grenades à main de l'approvisionnement de Toul. De la ligne de combat, on les jette dans les tranchées ennemies, quand on en est à faible distance (moins de 30 mètres), et elles produisent, en touchant le but, un effet impressionnant. Dans la tranchée allemande qui nous occupe, ils étaient une douzaine d'Ersatz; la grenade en a tué trois et aussitôt les neuf autres se sont rendus.

5 octobre.

La situation n'a pas varié pendant la nuit. Je donne l'ordre de doter l'aile droite (73ᵉ Division) de deux canons de 155 long près de Mamey; elle en était totalement dépourvue, alors que les occasions de tirer à longue distance s'offraient souvent de ce côté.

Par contre, je ferai retirer ce soir deux canons de 155 long du centre (Bernécourt), où se trouve une agglomération excessive de pièces lourdes. Ces deux canons seront transportés de la rive droite de la Meuse au nord-ouest de Kœur, en même temps que je ferai mettre un mortier de 220 dans le bois au nord-est de Marbotte, afin de compléter le groupe d'A. L. chargé de détruire les ponts de Saint-Mihiel et de battre les environs.

C'est, en effet, le but que je vais poursuivre. N'ayant pu faire évacuer cette position par pression des deux côtés, faute d'effectifs et surtout de moyens matériels suffisants, je vais l'attaquer directement par le canon, en même temps que je ferai continuer la pression du 8ᵉ Corps par le sud. Je compte peu sur l'action du 6ᵉ Corps à ce sujet.

9 heures. Je vois le commandant du 8ᵉ Corps, le général Guipon et le général de Mondésir que j'avais convoqués à Lérouville.

Le général Guipon commandera le 3ᵉ groupement d'A. L. de la vallée de la Meuse (Iʳᵉ Armée) et le 3ᵉ groupement d'A. L. plus au nord (IIIᵉ Armée). Il recevra directement mes ordres pour ses opérations qui sont presque de la guerre de siège.

Le général de Mondésir m'explique sa préparation de la manœuvre pour s'emparer du bois Jurat. Minutieuse préparation par l'A. L. suivie d'un feu de 15 minutes à explosifs d'une batterie de 75 postée à la lisière sud-ouest du bois de la Louvière, pour faire une brèche de 100 mètres (destruction des fils de fer et tranchées), par où passera l'attaque.

La tranchée française qui est à 50 mètres du bois Jurat sera évacuée pendant le tir de l'artillerie, pour ne pas exposer nos soldats à recevoir nos propres projectiles. On a préparé des mannequins pour masquer cet abandon momentané. Détail macabre à noter : le parapet de cette tranchée est en partie fait de cadavres allemands recouverts de terre (l'acharnement du combat n'a pas permis d'agir autrement).

L'attaque de la droite de la 16° Division sur le bois Jurat aura lieu demain à 15 heures et sera appuyée, à droite, par la brigade coloniale qui attaquera Apremont par l'est.

A 12 heures, on m'apporte un télégramme chiffré du G. Q. G., qui me demande deux Divisions (une active au moins) et une artillerie de corps. Je vais envoyer, dès ce soir, la 58° Division de réserve, pour laquelle j'avais, avant-hier, reçu contre-ordre et, après-demain, une Division et l'artillerie de corps du 16° Corps. A cet effet, je donne l'ordre à ce Corps de restreindre son front en cédant le bois de la Voisogne à la 73° Division de réserve et en se plaçant par Divisions successives. Cette opération se fera dans la nuit.

Dans la nuit également, je reçois du G. Q. G., les ordres pour l'embarquement de la 58° Division de réserve. Ce sera pour aujourd'hui dans la région de Bruyères. La Division du 16° Corps s'embarquera ultérieurement sur ordre à recevoir (le commencement sera fixé à demain, je pense).

Je vois à Toul le général Joppé, commandant le groupe des Divisions de réserve au nord de Nancy. Je lui donne des instructions de détail sur sa mission. Il faut limiter, vers le sud, l'occupation du Grand-Couronné au Rembétant, en englobant, bien entendu, la forêt de Champenoux. Les positions de Crion et de Sionviller, entre le canal et la Vesouze, seront surveillées par les deux bataillons de chasseurs qui y sont déjà; mais elles seraient éventuellement défendues par mes soins. Il n'est pas possible pour le 2° groupe des Divisions de réserve de s'étendre davantage, maintenant que le nombre des Divisions est réduit à trois.

J'invite le général à perfectionner son organisation défensive, en multipliant surtout les flanquements. Je lui dis aussi d'exercer ses troupes et d'y maintenir une discipline des plus sévères.

A 9 h. 30, je vais à la 73° Division à Manonville. J'invite le général Lebocq à revoir son dispositif : il a remplacé le 16° Corps à la Voisogne et la relève s'est passée sans incident, mais sa gauche est trop faible. Par contre, sa brigade mixte

6

de droite a trop de monde en première ligne et pas de réserves. Enfin, je mets sous ses ordres le détachement de Montauville, Jezainville (trois bataillons de territoriaux et un de l'active), fournis par la place de Toul et qui me paraît peu surveillé.

Tandis que je suis là, je reçois un télégramme qui reproduit un radio allemand de la V° Armée intercepté (nous en avons la clef). Ce document dit en substance : « Les Français rassemblent des troupes au nord de Toul pour les transporter de Commercy vers l'ouest. Le détachement d'Armée attaquera en conséquence ».

Ainsi, les Allemands ont été presque aussitôt prévenus de nos mouvements (le radio était de minuit) et cependant j'ai eu soin de faire dicter l'ordre de retrait du 16° Corps aux seuls officiers de liaison. Nous sommes entourés d'espions et franchement inférieurs, sur ce terrain, à nos adversaires, car mon 2° bureau éprouve toute espèce de difficultés à se créer des intelligences derrière les troupes allemandes; il faut en faire l'aveu.

Ainsi, nous devons nous attendre à être attaqués. Je le fais téléphoner à tous les Corps et je prescris, à tout hasard, au 16° Corps de renvoyer sur le front un groupe de son artillerie de Corps (le reste de la Division continuera ses mouvements vers la voie ferrée).

L'événement se produit à 14 h. et demie sur la droite du 8° Corps, qui devait commencer son attaque à 16 heures. Les Allemands se jettent sur la corne du bois Brûlé où se trouve l'ouvrage d'infanterie occupé par nos troupes et sortent du bois Jurat. L'effet de surprise est manqué, mais le 16° Corps, ne peut faire la préparation méthodique qu'il avait prévue pour son attaque.

En tout cas, les Allemands sont repoussés avec de lourdes pertes, tandis que les coloniaux attaquent sur Apremont, en partant des lisières du bois de Sauley.

Je vois leur ligne de combat littéralement couverte par les éclatements de l'artillerie allemande (pièces de campagne et obusiers). Les braves gens! Ils progressent quand même sous cet ouragan, mais je doute maintenant qu'ils atteignent complètement le but.

Sur la hauteur, les Allemands essaient aussi de faire un barrage avec le feu de leurs obusiers de 15 cent. en avant de la lisière du bois Jurat. Ils bombardent de même le bois Brûlé et l'ouvrage de campagne.

Sur le centre, ils ouvrent une violente canonnade sans résultat.

Je comprends très bien le sens de leur attaque. En choisissant le bois Brûlé et la région du bois Jurat, ils agissent sur Commercy, où ils pensent que doivent se faire nos embarquements (ils se trompent, d'ailleurs).

A la nuit, nous nous trouvons sur nos positions sans gain ni perte de terrain : les coloniaux se sont cependant maintenus à 600 mètres d'Apremont. Il se confirme que les Allemands ont perdu beaucoup de monde; leur attaque leur a coûté cher.

Je ne parle pas des opérations sur le front de la III⁰ Armée, qui n'a gagné un peu de terrain que vers le nord-est.

Mon artillerie de gros calibre a fortement canonné les positions à l'est de Saint-Mihiel. Je fais continuer de nuit un tir lent sur Chauvoncourt et les ponts de Saint-Mihiel. Cette nuit, on active l'installation de deux mortiers de 220 entre Mécrin et Marbotte; on amène de Toul sur les hauteurs plus au sud deux pièces de 155 long et un groupe de batteries de 155 C. T. R. que j'ai rappelé de Rambervillers. La concentration des feux va donc être très violente à l'est de Saint-Mihiel.

7 octobre.

J'envoie, à 7 heures, des instructions au 3⁰ groupe de Divisions de réserve. Ce groupe est complètement inactif. J'invite le général D... à se servir au moins de son artillerie de montagne pour rendre intenable Chauvoncourt et à tenir ses troupes prêtes à saisir toutes les occasions favorables pour tenter un coup de main de jour ou de nuit.

Je vais, à 9 heures, au 8⁰ Corps pour coordonner l'action des groupes d'A. L. Il faut détruire les batteries allemandes de la rive droite de la Meuse qui flanquent le bois d'Ailly, écraser, en même temps, les tranchées allemandes en terrain découvert et permettre ainsi l'action de la gauche de la 16ᵉ Division sur la pointe sud-ouest du bois d'Ailly.

Je suis avisé par le G. Q. G. que les Allemands vont nous attaquer aujourd'hui avec le Vᵉ Corps et la garnison de Metz. J'en préviens tous nos Corps d'Armée et les Divisions de réserve.

Un autre radio intercepté ultérieurement portait ceci : « De

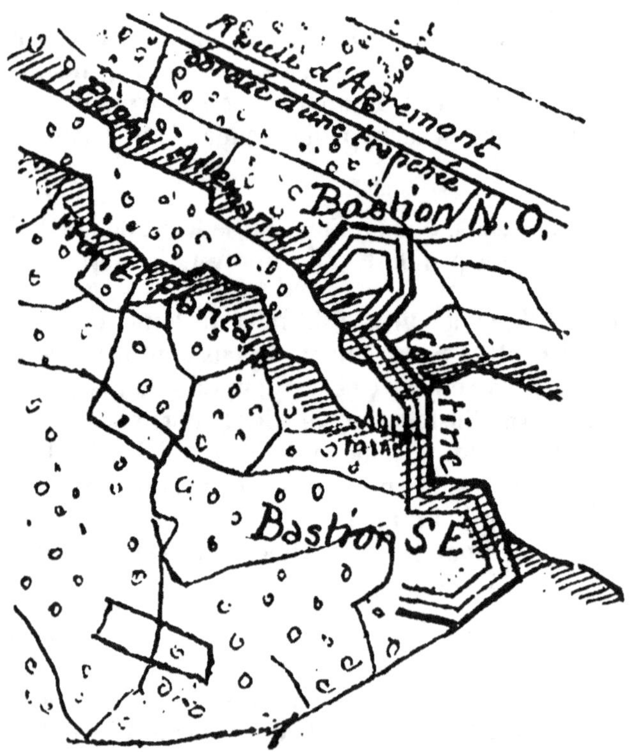

Croquis de la redoute du bois Brûlé
et de la situation des deux fronts en ce point.

la Vᵉ Armée (4 oct.) — Gagnez du terrain vers Mécrin et Saint-Agnant. Je veux attaquer, le 7 au matin, une position dans la forêt ». Signé : Von STRANTZ.

Cette position était l'ouvrage d'infanterie occupé par nos troupes. Pendant que je suis au Q. G. du 8ᵉ Corps, on reçoit un renseignement du front daté de 8 heures. Le 134ᵉ d'infanterie qui tient l'ouvrage du bois Brûlé, déjà fortement attaqué la veille, a été soumis ce matin à un bombardement des plus violents. Il demande le secours de l'A. L., en indiquant comme devant être battue la zone au nord de la route d'Apremont et notamment la cote 382. Il croit à l'existence de mortiers à courte portée.

Je quitte le Q. G. et me porte sur le front pour juger de la situation. Or, quand j'y arrive, il règne sur le bois Brûlé un silence complet. Au contraire, l'ennemi bombarde avec rage la région de l'Etang du Moulin-Neuf, où il cherche une batterie qui le gêne beaucoup, et la lisière sud du bois de Géréchamp, où se trouve la droite du Corps provisoire.

Je m'informe et j'apprends que l'A. L. vient seulement d'être avisée (à 10 h. 15) de la situation du 134ᵉ. Elle tire, seulement alors, son premier coup de canon. Or, ce n'est plus utile, puisque le combat a cessé.

J'ai su peu après que le 134ᵉ avait abandonné l'ouvrage sous le bombardement, mais l'avait réoccupé au moment où les Allemands eux-mêmes venaient pour y entrer. On va renforcer cet ouvrage, faire des tranchées permettant d'en battre l'intérieur, de manière à ne plus le perdre. En tout cas, il y a un défaut de liaison entre la ligne d'attaque et l'A. L., auquel je vais remédier dès aujourd'hui : il est inadmissible que cette artillerie n'agisse que deux heures après en avoir reçu la demande.

Dans l'après-midi, le bois Brûlé est l'objet d'une nouvelle attaque avec bombardement, qui est repoussée comme celle du matin.

8 octobre.

Le 3ᵉ groupe des Divisions de réserve a de nouveau tenté sans succès une attaque sur Chauvoncourt. Je crains que cette offensive n'ait été entreprise avec une mollesse ou une maladresse qui explique cette non-réussite.

Au 8ᵉ Corps, où je me rends tout d'abord, je reproche l'inaction. Je dis au général de C... qu'il faut à tout prix en finir avec le bois d'Ailly. Il me demande jusqu'à demain midi pour avoir le temps de préparer l'attaque par l'artillerie.

Aujourd'hui, l'A. L. cherchera à éteindre les batteries allemandes de flanquement et celles de l'est de Saint-Mihiel et à désorganiser les tranchées à l'ouest du bois d'Ailly. De plus, les canons de 155 long du nord-ouest de Sampigny prendront d'enfilade la partie du bois d'Ailly tenue par les Allemands et chercheront à la rendre intenable. Cette préparation sera reprise demain matin jusqu'à l'attaque.

Des mortiers de 155 seront donnés au 8ᵉ Corps, qui les installera cette nuit, devant le bois Jurat, à l'ouvrage du bois Brûlé, et, plus à l'ouest, dans le bois d'Ailly. Si le 8ᵉ Corps ne les utilise pas tous, il en passera au Corps provisoire qui m'en a demandé.

Vu de nouveau, à 11 heures, le général Delétoille, qui me dit les difficultés rencontrées dans l'attaque sur le bois de Géréchamp. Les tranchées sont enfilées de tous côtés par l'artillerie ennemie et le bois est solidement organisé. Il va tâcher d'atteindre à gauche les pentes au nord-est d'Apremont, de l'autre côté de la route. Il pense que, malgré le terrain découvert, l'attaque y sera plus facile, parce qu'il y aura peu de flanquement. Je le préviens, en tout cas, de l'attaque du 8ᵉ Corps fixée à demain midi, pour qu'il soit très entreprenant demain à cette même heure et qu'il fixe l'ennemi sur son front. C'est l'ordre que je donnerai à tous les Corps.

La IIIᵉ Armée m'a rendu compte, ce matin, des progrès réalisés hier. Je ne parle pas de l'Argonne, où c'est à peu près le *statu quo*, mais des Hauts-de-Meuse. Le centre de l'Armée a pu atteindre le front Champlon, Riaville, face au sud-est, se reliant, sur la hauteur des Eparges, avec la gauche du 6ᵉ Corps qui a progressé à l'est du bois Le Bouchot. Le front se continue au sud, par le bois des Chevaliers, la Selouse, cote 294 et Maizey. Si ce centre pouvait progresser encore, il prendrait à revers la ligne allemande entre Combres et Herbeuville et rendrait bientôt intenable la Fourmilière d'Herbeuville, qui est la véritable place d'armes allemande de ce côté.

9 octobre.

Cette nuit, le 3ᵉ groupe de Divisions de réserve, a attaqué

Chauvoncourt et Saint-Mihiel sur trois colonnes, sans succès d'ailleurs.

Sur d'autres points, la journée va nous permettre, j'espère, d'obtenir d'importants résultats.

Je me porte au 8ᵉ Corps, à 11 heures, pour réchauffer l'ardeur du général commandant et obtenir, si possible, un succès au bois d'Ailly. A midi, je suis sur la hauteur à l'ouest de Sampigny pour suivre les détails de combat de la région du bois d'Ailly et de Saint-Mihiel, seul observatoire où l'on ait des vues d'ensemble. L'artillerie lourde a longuement préparé l'attaque hier et ce matin. A-t-elle réussi? Pas complètement, à coup sûr, puisque je vois l'infanterie rencontrer encore de sérieuses résistances, mais elle a cependant obtenu des résultats, car l'artillerie allemande se révèle beaucoup moins nombreuse que d'habitude.

Je ne suis pas, en tout cas, satisfait de l'attaque de l'infanterie de la gauche du 8ᵉ Corps (trois bataillons et trois groupes d'artillerie aux ordres du lieutenant-colonel du 56ᵉ) en dehors du bois d'Ailly. Après une fusillade de quelque durée et des progrès sensibles, la ligne de combat est prise sous le feu d'une artillerie de campagne et d'obusiers allemands de 105. Ce feu, qui ne semble pas devoir arrêter une infanterie quelque peu solide, est cependant suffisant pour immobiliser d'abord notre ligne, puis pour la faire rétrograder sur son front primitif.

Je dois dire que notre artillerie lourde a fort mal appuyé : elle manquait de munitions; et l'artillerie de campagne plus mal encore.

En résumé, l'attaque a duré deux à trois heures au plus; on a engagé cinq compagnies et c'est à cet effort sans résultat qu'on s'est borné, alors que j'avais indiqué que le but était de s'emparer de la corne sud-ouest du bois d'Ailly.

Je quitte le champ de bataille assez mécontent et me rends auprès du général, à Sampigny. Je lui exprime mon peu de satisfaction, en lui faisant ressortir qu'il est inadmissible de voir échouer une attaque préparée à loisir.

L'infanterie du 8ᵉ Corps a attaqué avec une grande mollesse et un manque complet de ténacité. Le général convient avec moi que l'effort a été insuffisant : il veut faire recommencer l'attaque, mais il est 17 heures et la nuit va venir. L'opération est à remettre.

Les deux compagnies de Bislée en marche sur le Camp-des-Romains ont été arrêtées par le feu d'une batterie sur les pentes du fort. Quant au bataillon lancé sur Han, il a trouvé le pont coupé et n'a pu passer la Meuse.

Sur le reste du front du 8° Corps, on a légèrement progressé dans la forêt d'Apremont. Les autres Corps et Divisions ont ouvert le feu pour fixer l'ennemi devant eux, mais n'ont fait aucun mouvement. A gauche du 8° Corps, le 3° groupe des Divisions de réserve a repris, vers 13 heures et demie, ses attaques sans grand succès. Il s'est maintenu aux Paroches et sur le promontoire qui domine Menouville.

A 20 h. 30, je reçois l'avis que le général Joffre viendra me voir demain entre 12 et 13 heures. Il me demande où je serai à cette heure. Je lui indique le fort de Gironville, d'où je pourrai lui montrer une partie de mon front.

Le général commandant le 8° Corps me prévient à 21 heures, par téléphone, qu'il part en auto pour venir me mettre au courant lui-même de la situation de sa gauche.

Il arrive à 22 h. 30 et me fait le tableau le plus sombre de son Corps d'Armée. Il a cependant en poche un nouvel ordre d'attaque pour demain, mais il déclare que ses troupes sont fatiguées à un tel point que c'est peut-être aller à un désastre. Il n'a pu encore remettre suffisamment ordre sous bois, ni assurer les relèves, de sorte que certains Corps combattent dans les tranchées depuis six jours.

C'est précisément ce que je lui reproche : il aurait pu tout d'abord engager ses forces sans les enchevêtrer et, avec beaucoup d'activité, remettre plus vite en ordre son Corps d'Armée, qui a certainement trop de monde en ligne dans les bois, car il occupe un front relativement restreint.

Je ne puis, devant son manque personnel de confiance, lui prescrire une attaque générale; mais je lui impose d'avoir, en terrain libre, à l'ouest du bois d'Ailly un bataillon prêt à prendre l'offensive. Le général devra, ce qu'il n'a organisé ni hier, ni aujourd'hui, obtenir une concentration de feux d'A. L., sur les tranchées allemandes pour les détruire et permettre audit bataillon de saisir l'occasion favorable pour progresser. De plus, les détachements des presqu'îles de Bislée et de Han devront se fortifier sur le terrain conquis et chercher à progresser.

Sur le reste de sa ligne, il pourra rester sur la défensive pour rétablir les liens tactiques et assurer la relève.

Mais je sens que cet officier général est fatigué physiquement et moralement. Il n'a plus confiance et n'en inspire plus à ses troupes. Ce n'est pas lui qui m'aidera à mordre dans ce secteur si dur d'Apremont, Saint-Mihiel.

10 octobre.

La nuit a été relativement calme.

J'ai fait bombarder Saint-Mihiel à la fois par l'A. L. et par un dirigeable (*Adjudant-Vincenot*), qui a vu des mouvements dans le fort du Camp-des-Romains et y a jeté des bombes avec succès.

Le 3ᵉ groupe des Divisions de réserve a maintenu ses progrès vers Chauvoncourt et Menonville. Une contre-attaque allemande sur le détachement de Bislée a été repoussée.

La 73ᵉ Division de réserve, qui devait attaquer le bois de Mort-Mare dans la nuit, a remis cette offensive à ce soir, 20 heures et demie, afin de mieux la préparer par l'artillerie.

Sur la plus grande partie du front, l'ennemi a entretenu une fusillade et une canonnade incessantes pour empêcher nos travaux sur la ligne de combat.

A midi et demie, je suis au fort de Gironville où je trouve le général Joffre. Le brouillard est si épais que je ne puis lui montrer la partie de mon front qui s'offre à la vue en temps ordinaire. Le canon tonne cependant sans qu'on puisse se rendre compte de la tournure du combat. Je le mets au courant de ma situation et je lui dis mes craintes au sujet du commandant du 8ᵉ Corps qui est fatigué physiquement et bien déprimé. Sur ma proposition, il décide que le général Piarron de Mondésir, dont j'ai pu apprécier l'énergie et le savoir, sera nommé général de Division pour la durée de la guerre et mis à la tête du 8° Corps. Le commandant actuel du Corps d'Armée se reposera et recevra ultérieurement un autre emploi.

Le général Joffre me renouvelle l'expression de sa confiance. Il n'a pas manqué de dire en haut lieu tout le bien qu'il pense de moi et de faire ressortir les services rendus par mon Armée. Mais cette partie des comptes rendus a toujours été négligée ou tronquée, alors qu'on s'étendait complaisamment sur les mérites d'autres généraux. Je le remercie de ses sentiments si affectueux; ils me suffisent et le reste me laisse indifférent. Je sais que j'ai des ennemis (et pourquoi, grand Dieu !) Laissons-les faire et servons la Patrie. En me quittant, il me donne l'accolade.

Je me rends aussitôt auprès du général de C... pour m'acquitter de ma pénible mission. Il reçoit très dignement la décision du général en Chef, s'incline devant l'intérêt supérieur de l'armée et reconnaît, avec la plus entière bonne foi, qu'il se sent très fatigué. Il hésitait à demander lui-même sa mise en disponibilité et s'y serait décidé très prochainement.

Je lui fais remarquer qu'il cède son commandement dans les conditions les plus honorables, car il peut arriver à tout officier d'être fatigué ou malade ; il pourra rendre des services au pays dans une autre situation et reprendre ultérieurement sa place sur le front.

Il me remercie de la bienveillance que je lui ai toujours témoignée et je suis très ému des sentiments élevés qu'il exprime.

Je fais venir de son poste de commandement le général de Mondésir qui, tout d'abord, me dit ses craintes de ne pas se trouver à hauteur des exigences de son nouvel emploi.

C'est de la pure modestie. Je le rassure. Je compte absolument sur son énergie pour remonter le moral du 8° Corps qui, je le reconnais, fait face depuis longtemps déjà à des situations des plus difficiles et combat sans trêve et sans repos. Je lui rappelle que cette guerre exige des efforts presque surhumains. Je lui demande de rétablir les liens tactiques des unités du Corps d'Armée, tout en tenant des troupes prêtes à continuer l'offensive.

Il lui faudra, me répond-il, quelques jours pour cela. Il me prie en conséquence de ne pas, pendant ce temps, lui imposer d'attaque générale. Il compte d'ailleurs progresser de lui-même vers la lisière nord du bois d'Ailly, mais de préférence par l'intérieur du bois.

Il me met au courant des attaques dont le bois Brûlé a été l'objet à trois reprises différentes dans la journée, ce qui prouve à la fois l'acharnement des Allemands et l'intérêt qu'ils attachent à la possession de la redoute. Cette redoute a été bombardée par une batterie allemande qui se trouve sans doute vers Buxerulles. Je vais le faire contre-battre par du 155 long, à pousser cette nuit dans les bois au sud-est d'Apremont. Les Allemands (Bavarois) ont plusieurs fois réussi à prendre pied dans l'ouvrage, mais ils en ont été rejetés à la baïonnette avec d'énormes pertes.

Ils jettent à la main, depuis quelques jours, dans l'ouvrage, des engins qui éclatent avec un bruit infernal et font d'atroces blessures. C'est un récipient en fer-blanc bourré de mélinite et fixé au bout d'une palette à manche. L'explosion est produite au moyen d'un rugueux actionné par le jet lui-même. J'ai l'un de ces engins non éclaté, je vais en faire fabriquer pour mes troupiers, qui déjà ont donné le nom de « mandoline » à cet explosif d'un nouveau genre.

Les Allemands ont un procédé pour couper les fils de fer dont l'ingéniosité mérite d'être signalée. Ils forment un ou plusieurs détachements composés, chacun, de soldats de choix, dont l'un porte les explosifs et les autres des cisailles. Ces gens s'approchent de l'ouvrage ou de la tranchée, les premiers jettent les engins qui éclatent, blessent et font beaucoup de fumée, et les autres jouent de la cisaille à la faveur du désarroi ainsi causé.

Mais le coup ne réussit pas toujours et les nombreux cadavres qui couvrent les réseaux de fils de fer de la redoute du bois Brûlé le prouvent amplement. Le terre-plein de cette redoute disparaît presque sous les morts, car les Bavarois qui sont arrivés à l'occuper un moment, y sont restés cloués à la baïonnette ou fauchés par le tir à obus explosifs d'une batterie qui, de la lisière des bois, tient la redoute exactement sous son feu.

11 octobre.

Le général Joffre m'ayant demandé hier de lui envoyer encore une Division dans le nord, j'ai donné des ordres, dans la nuit, pour faire relever la 31ᵉ Division (restant du 16ᵉ Corps) par une brigade mixte prise au Grand-Couronné (brigade qui avait été constituée en réserve), renforcée de deux bataillons de chasseurs que j'avais rappelés de Crion et de Sionviller et que je comptais rendre à la IIIᵉ Armée (15ᵉ Corps). De plus, le 8ᵉ Corps cédera un groupe d'A. C. à cette brigade mixte. La relève se fera la nuit prochaine.

Ma première visite est pour le 8ᵉ Corps.

J'apprends qu'au dire d'un prisonnier, les Allemands ont fait venir deux bataillons de pionniers en face du bois Brûlé. Ils veulent donc absolument mordre sur ce point.

Le général de Mondésir s'occupe d'assurer la relève de sa ligne de combat et songe à opposer aux Allemands une résistance acharnée à l'ouvrage du bois Brûlé. Pour s'opposer aux travaux de sape probables, il me demande une compagnie du génie de place.

Je lui en fais envoyer une (territoriale), qui sera transportée en chemin de fer. Je lui fais donner, en outre, 500 boucliers pour sa gauche qui n'en avait pas.

Il va chercher, aux environs de Bislée, un emplacement de pièce pour atteindre le pont de Saint-Mihiel ou en interdire l'accès. Les Allemands sentent le danger. Ils ont violemment attaqué Bislée cette nuit et en ont été repoussés, après avoir occupé le cimetière. Ils ont démoli la passerelle à coups de canon et, ce matin, ils bombardent de nouveau Bislée.

Vu le général Buisson d'Armandy, commandant la 75ᵉ Division de réserve, que j'avais fait venir à Lérouville pour l'interroger sur l'état de ses troupes qui m'ont l'air de manquer d'esprit offensif.

Il m'expose que les régiments souffrent surtout du manque de cadres et sont très fatigués par le séjour des tranchées et les attaques continuelles. Je reconnais, avec lui, les difficultés de la situation; mais si nous ne restons pas agressifs,

c'est nous qui serons attaqués au grand détriment de notre
moral. Quant aux cadres, il faut les compléter par des nominations et profiter des petites opérations pour faire l'instruction des nouveaux promus. Enfin, la force de résistance réside
surtout dans l'énergie et la ténacité des chefs et du commandement supérieur. Je compte sur lui à cet effet, tout en recon-
naissant d'ailleurs qu'il y a progrès, puisque, depuis que je
l'ai exigé, ces troupes attaquent, conquièrent du terrain et le
conservent. Il y aura lieu de faire la relève dans la mesure
possible, mais on continuera les attaques jusqu'à ce qu'on
ait pris Chauvoncourt.

Demain précisément, l'offensive reprendra. Je donne des
ordres pour que l'A. L. du général Guipon (surtout groupement Dandelot) la prépare et l'appuie dans la plus large mesure.

Je vais au Corps provisoire. L'attaque de ce côté a pénétré
dans le bois de Géréchamp par le sud, appuyée à gauche par
la brigade coloniale sur la face ouest du bois; mais à l'est,
les bataillons sont arrêtés à la lisière par un feu violent de face
et d'écharpe.

Pourvu que les progrès sous bois soient maintenus ! Je
le recommande au général Delétoille, qui me dit : Si le résultat n'est pas atteint, je recommencerai ».

Nous avons surpris, la nuit dernière, un radio allemand
indiquant la présence dans le bois d'Apremont de la 5ᵉ Division bavaroise et de la moitié de la Division Benzino. Ce von
Benzino est une vieille connaissance: je l'avais devant ma
droite à Saint-Dié. Il commande une Division d'Ersatz.

Le ministre a envoyé quelques canons de marine à Toul ;
ce sont des pièces de 16 cent. portant à 11 kil. 500. Il faut
quelques jours pour construire les plates-formes. Je vais en
faire placer quatre sur mon front : deux à la gauche vers les
bois (région de Bouconville), pour battre les routes et les
centres de ravitaillement allemands ; les deux autres, à ma
droite, probablement vers la forêt de Puvenelle, pour battre
surtout la gare de Pagny, qui est la principale gare de ravitaillement allemande.

Je vais demander, en outre, qu'on m'envoie des canons

très puissants de 305 et plus, portant à 20 kilomètres, avec lesquels je pourrai bombarder les forts de Metz. Mais il faut un mois au moins pour l'installation de la plate-forme et des accessoires, et puis ces canons sont encore dans les ports ou sur les bateaux. Quoi qu'il en soit, j'en fais la demande aujourd'hui par le capitaine Pichot-Duclos, qui retourne au G. Q. G.

Dans l'après-midi, Bislée a été contre-attaqué très violemment : les Allemands sont arrivés jusqu'au cimetière. Sur la ligne de combat, de nombreux soldats criaient en bon français : « N. de D..., ne tirez pas! — la culasse ouverte! — vous ne nous reconnaissez donc pas? »

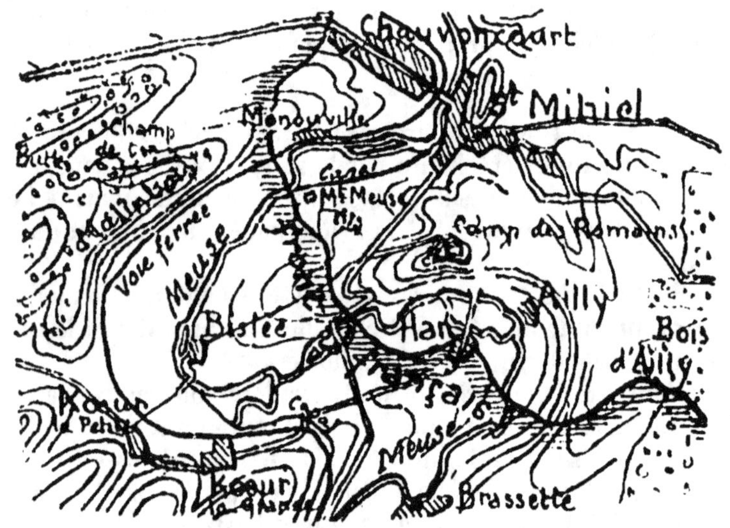

Croquis de la hernie de Saint-Mihiel.

Cette grossière ruse de guerre avait failli réussir : nos hommes hésitaient, quand un officier de réserve leur donna l'ordre d'ouvrir le feu. Il était temps, les Allemands étaient à 20 mètres du cimetière; bon nombre furent tués alors qu'ils escaladaient déjà le mur. Finalement, ils furent repoussés. Quant au brave officier de réserve qui avait eu cette présence d'esprit et cette énergie si salutaires, il avait reçu quatre balles, sans être d'ailleurs mortellement blessé ! Il a été décoré.

Au cours de la nuit (21 heures), la gauche du Corps provisoire est contre-attaquée au nord-ouest de l'est de Vargévaux et le bataillon du 157ᵉ, en ligne de ce côté, recule jusqu'à la route, sans entraîner heureusement la brigade coloniale qui garde ses positions à sa gauche.

De même au 8ᵉ Corps, le 134ᵉ à gauche de l'ouvrage du bois Brûlé, sous une contre-attaque violente, cède une de ses tranchées.

12 octobre.

Je fais savoir aux Corps intéressés, par les officiers de liaison, mon mécontentement de ces échecs partiels et je donne l'ordre de reprendre aujourd'hui même les positions perdues.

On a fait quelques prisonniers au Corps provisoire et, de leur interrogatoire, il résulte que la contre-attaque d'hier soir a été faite par une brigade d'Ersatz (Division Geil), non encore engagée, qui avait été alertée à 19 heures à Heudicourt.

Cette Division d'Ersatz forme sans doute, avec la Division Benzino, un Corps d'Armée de réserve qui devait avoir une Division et deux brigades en première ligne. J'ai donc devant moi, de l'ouest à l'est :

La 5ᵉ Division du IIIᵉ bavarois, le Corps de réserve et une autre Division du Corps formée d'Ersatz de la Garde et de détachements tirés de Metz.

Les opérations essentielles de la journée comprennent l'attaque de Chauvoncourt et de Saint-Mihiel par le 3ᵉ groupe des Divisions de réserve. Cette attaque sera préparée, dès 14 heures, par l'A. L. et se déclenchera à 16 heures et demie pour éviter l'action de l'artillerie allemande.

Elle doit être accompagnée de l'effort, sur ses deux ailes, du 6ᵉ Corps sur la côte Sainte-Marie et du 8ᵉ Corps dans les presqu'îles de Bislée et de Han et dans le bois d'Ailly. Je vais m'entendre, à ce sujet, avec le général de Mondésir, commandant le 8ᵉ Corps et le général Guipon, commandant l'A. L.

Un peu après mon départ de Lérouville, vers midi et demi, des obus de gros calibre tombent sur la gare de Lérouville et

sur la partie nord-ouest de la ville, où se trouve le Q. G. du
8ᵉ Corps. L'un des projectiles tue quelques hommes et détruit
un wagon qui prend feu. Le coup est sûrement fait par des
canons de 10 cent. qui se tiennent vers la ferme Marzoupe et
vers le bois de la Corvée-des-Prêtres et qui tirent à 11 ou
12 kilomètres. On a également bombardé Fresnes-au-Mont
vers la même heure. L'A. L. est prévenue et va attaquer à
son tour.

Je passe au Corps provisoire où je confirme mes ordres.
Sans les attendre, le général Delétoille avait prescrit de reprendre les tranchées perdues; l'opération est en cours.

Le commandant du Corps provisoire me remet un rapport
sur des affaires d'espionnage (pigeonniers clandestins,
signaux lumineux). Il s'agit d'une véritable organisation dont
nous allons saisir, je l'espère, les principaux rouages.

Nous sommes certainement entourés d'espions : ce n'est
pas par pur hasard que les Allemands ont envoyé des projectiles sur la partie nord-ouest de Lérouville, siège du Q. G. du
8ᵉ Corps. Il s'agit, cette fois, d'une organisation longuement
préparée, dès le temps de paix, où l'on trouve des institutrices
allemandes séjournant habituellement dans la région et deux
traîtres assez habiles pour s'être fait employer : l'un chez un
sénateur, l'autre à la chefferie du génie de Commercy.
J'espère qu'on ne les ratera pas.

Je donne des ordres pour établir, cette nuit, de nouvelles
batteries de 90 et de 120 long sur le plateau de Liouville, que
l'ennemi continue à bombarder, mais dont certaines parties
sont très utilisables encore. Cette position est excellente pour
battre la région d'Apremont, les bois Jurat et Brûlé avec lesquels il faut en finir. C'est le lieutenant-colonel Gascouin qui
dirigera les travaux avec deux officiers du génie de Toul. On
fera de fausses batteries pour dérouter les observateurs allemands et on dissimulera les vraies près des bois.

Dans la soirée, m'arrive une décision du général en Chef,
qui attribue le nᵒ 31 au Corps provisoire.

J'apprends également que les Allemands sont arrivés, à la
sape, à une vingtaine de mètres des fils de fer de l'ouvrage du

du bois Brûlé et que vraisemblablement ils font des galeries de mine. Le commandant du 8° Corps est prévenu et va faire demain sans doute une attaque de vive force contre les têtes de sape. On se servira des grenades et des engins à la mélinite (mandolines) que le lieutenant d'artillerie Nerdant, élève fort ingénieux de l'École Centrale, fait fabriquer depuis deux jours sur le modèle de ceux que les Allemands nous jettent depuis quelque temps.

13 octobre.

Mauvaise nouvelle dès le jour. Le 3° groupe des Divisions de réserve n'a pas pu reprendre Chauvoncourt. Je ne peux décidément plus compter sur ces troupes pour améliorer ma situation de ce côté.

Par contre, le 134° a pu réoccuper la tranchée perdue sous bois hier.

Les Allemands bombardent ce matin le fort de Gironville. C'est la première fois et c'est la confirmation du renseignement reçu hier d'un observateur du fort même de Gironville : à savoir qu'une colonne d'artillerie de huit grosses pièces traînées chacune par huit chevaux et de nombreux caissons a défilé, pendant une heure hier après-midi, sur la côte de Woinville vers Saint-Mihiel. Ces canons doivent être des pièces longues, de 10 à 13 cent. Décidément, ils attachent une importance énorme à la position de Saint-Mihiel, Gironville.

Je passe dans la matinée aux 8° et 31° Corps. Le général de Mondésir me met au courant de sa situation. Je lui apprends l'organisation du plateau de Liouville pour deux batteries de 90 et deux pièces de 155 long et je mets ces éléments d'artillerie à sa disposition. J'ajoute que le 31° Corps mettra dans le sud du Sauley-Bois, quelques pièces de 75 pour enfiler la lisière du bois Jurat. Il pourra, de cette façon, préparer une nouvelle attaque sur ce dernier bois (pour après-demain sans doute).

Je vois le général Guipon et je lui annonce l'arrivée d'un mortier de 220 que j'ai prescrit à Toul de lui expédier.

Il arrivera cette nuit à Commercy par chemin de fer et sera traîné de là par les soins du 8° Corps, par Fresnes-au-

Mont, pour être placé la nuit suivante derrière la butte de tir.

Chose curieuse, le général Guipon s'en serait bien passé; il trouve évidemment que la mariée est trop belle. Il dit qu'il a assez de canons. Je ne partage pas sa manière de voir, puisqu'il ne peut pas me produire une concentration de feux suffisante pour écraser définitivement Chauvoncourt et détruire les ponts de Saint-Mihiel.

Avant de partir, je préviens le général de Mondésir que je vais lui envoyer des réchauds, des plaques de tôle ondulée, des traverses de chemin de fer pour améliorer l'installation des tranchées et permettre la préparation de la soupe sur place.

Au 31ᵉ Corps, je fais une communication analogue et j'avise le général Delétoille de l'arrivée, dans la nuit, à Boucq, d'un mortier de 220 qui sera placé la nuit suivante dans le bois de Besombois pour battre Géréchamp. Je m'entends avec le général pour l'installation du canon de 75 dans les bois de Sauley au bénéfice du 8ᵉ Corps.

La 73ᵉ Division a fait de bonne besogne avec sa faible artillerie lourde; l'avion dont elle dispose a constaté que plusieurs batteries lourdes allemandes ont été atteintes. Elle prévient que les Allemands fortifient la lisière du bois de Mort-Mare. On les entend jour et nuit travailler le bois et on croit qu'ils placent des palanques. Je m'étonne que notre artillerie lourde les laisse faire. Renseignement pris, elle a fortement arrosé cette lisière à différentes reprises, sans pouvoir faire cesser les travaux qui reprennent une fois le feu terminé.

Le bombardement de Chauvoncourt n'a pas produit d'effet décisif. La localité est en feu, mais les détachements de la 75ᵉ Division qui cherchent à y pénétrer, sont reçus à coups de fusil. Les Allemands disposent de caves spacieuses et organisées, dans lesquelles ils se tiennent pendant le tir de l'artillerie et d'où ils sortent au moment de l'attaque d'infanterie.

14 octobre.

Au 31ᵉ Corps, où je vais tout d'abord, le général Delétoille me donne des détails sur l'attaque d'avant-hier, qui a été mal préparée par l'artillerie et qui s'est heurtée à des

positions très organisées. Il reprendra cette attaque sur Géréchamp avec une nouvelle préparation. Il va y employer son
mortier de 220 et m'en demande un second pour lui permettre de battre systématiquement toute la lisière du bois
de Géréchamp.

C'est bien avec des canons de 13 cent. que l'ennemi a
bombardé Gironville où nous sommes et ce sont bien ces
canons qu'on a vus sur la route, l'avant-veille du haut du
fort.

A Lérouville, le commandant du 8ᵉ Corps m'expose qu'il
entreprend une véritable guerre de siège et qu'il compte
avancer sous bois vers la Vaux-Féry. Ses efforts vont tendre
d'abord à rectifier son front, qui forme précisément un rentrant de ce côté. Il diminuera ainsi la longueur de ce front,
l'occupera avec moins de monde et pourra se constituer des
disponibilités qui lui manquent en ce moment. Il considère
que l'offensive sur le bois Jurat, qu'il avait envisagée d'abord,
ne lui donnerait que la possession d'un terrain intenable
parce que battu de tous côtés. La redoute du bois Brûlé est
déjà très difficile à garder, l'ennemi en bombarde régulière-
ment le bastion nord-ouest et est parvenu à occuper le
parapet de ce bastion après l'avoir retourné. Il ne peut toutefois se tenir dans l'intérieur de ce bastion plein de cadavres
qu'on ne peut retirer et qui est de plus sous le feu de notre
propre artillerie. Nous tenons toujours le bastion sud-est.
Pour tout prévoir, on construit en seconde ligne trois ouvrages destinés à arrêter l'ennemi, dans le cas où la redoute
deviendrait intenable (ou sauterait, car l'ennemi a commencé
des galeries de mine).

Au centre du front du 8ᵉ Corps, des parallèles sont ouvertes
de notre côté pour progresser vers l'ennemi ; elles fichent
dans les tranchées adverses, mais on continue néanmoins,
en se constituant au fur et à mesure des parados. A gauche,
on travaille également à la sape et on a déjà gagné 150 mètres
environ.

En attendant que je sois en état de reprendre l'attaque
de vive force sur Saint-Mihiel et le Camp-des-Romains,
j'approuve le plan du général de Mondésir et je le préviens que
je lui enverrai, dès aujourd'hui, une compagnie du génie de

Toul et demain une seconde compagnie territoriale, que je prendrai à l'une des divisions du Grand-Couronné. Je fais également expédier au 8º Corps 200 engins à la mélinite que j'ai fait fabriquer à Toul.

Enfin, j'ai prescrit au gouverneur de Toul d'envoyer 500 boucliers de rempart au 31ᵉ Corps pour son aile gauche, où on trouve l'eau à un mètre de profondeur quand on approfondit les tranchées.

Au groupement des Vosges, on a pu s'avancer jusqu'à bombarder Saales dont la vallée paraît vide de troupes (elle était occupée par la Division Ersatz Benzino, qui est maintenant devant moi vers Loupmont). Ce bombardement produit grand effet: les autorités allemandes déguerpissent en toute hâte.

15 octobre.

J'ai reçu assez tard dans la soirée le compte rendu de l'attaque du 12 octobre de la 75ᵉ Division sur Chauvoncourt. L'infanterie a attendu la fin de la préparation par l'artillerie pour se porter en avant. En quoi elle a eu tort, car elle a donné le temps à l'infanterie ennemie de sortir de ses caves pour occuper les retranchements. Elle aurait dû gagner du terrain pendant le tir, de manière à être à très courte distance à la fin de la préparation.

L'attaque a donc été engagée maladroitement. J'en ferai la remarque demain au général d'Armandy, que je convoque au 8ᵉ Corps dans le but de recommencer cette attaque.

À cet effet, le mortier de 220 placé derrière la butte de tir, va, dès le matin, commencer le bombardement méthodique de l'organisation allemande de Chauvoncourt et des ponts de Saint-Mihiel. Il ne fera que cela.

Je vais ensuite inviter le 8ᵉ Corps à faire occuper la cote 242 (nord-est de Bislée) pour, de là, battre d'écharpe, par un ou plusieurs canons de 75, la barricade de Menouville. Je ferai également intervenir les batteries de 75 du bois de Bislée, du Malimbois, du bois de la Haute-Charrière et même de Maizey pour appuyer l'attaque. J'espère la faire réussir dans ces conditions-là.

En tout cas et pour me constituer une réserve capable d'intervenir ultérieurement, s'il y a lieu, sur le Camp-des-Romains, je vais faire venir le 170ᵉ par chemin de fer sur Commercy.

Je vois à 10 heures, à Lérouville, le général d'Armandy, commandant la 75ᵉ Division et le général de Mondésir, commandant le 8ᵉ Corps. Ce dernier me rend compte de ses dispositions qui n'offrent rien de particulièrement nouveau.

Je ne fais pas de compliments au général d'Armandy sur la façon dont a été lancée la dernière attaque infructueuse sur Chauvoncourt et j'explique aux deux généraux ce que j'attends d'eux pour une nouvelle tentative à échéance de plusieurs jours, quand le bombardement qui est repris aura produit son effet.

Le général de Mondésir va pousser dans la presqu'île de Bisléo et chercher à occuper la ferme de Mont-Meuse, pour y placer de l'artillerie capable de voir le pont de Saint-Mihiel et, en tout cas, d'intervenir dans l'attaque sur Menouville. C'est une excellente idée, très hardie.

On me rend compte des difficultés rencontrées pour placer le mortier de 220 derrière la butte de tir. Les chemins sont très mauvais et de largeur insuffisante. Le dernier élément est vu ; peut-être faudra-t-il attendre la nuit et ne pourra-t-on ouvrir le feu que demain matin. Le 31ᵉ Corps éprouve les mêmes difficultés pour placer le sien au sud-est du bois Bas.

16 octobre.

Le 8ᵉ Corps a pu, hier soir, occuper le bois qui est le long de la Meuse au sud de la ferme de Mont-Meuse. Il faut que le 3ᵉ groupe des Divisions de réserve facilite sa protection en intervenant du Malimbois pour rendre intenables les organisations allemandes au nord-est de Mont-Meuse.

J'envoie le lieutenant-colonel Tissier au général D...., pour s'entendre avec lui à ce sujet et pour appeler son attention sur l'occupation possible de Chauvoncourt, après le bombardement par le mortier de 220 et par les autres grosses pièces. Je lui fais dire également que je lui enverrai deux mitrailleuses de rempart de la place de Toul, pour armer ses tranchées les plus avancées et pour continuer le feu quand sa ligne de combat dévalera sur la pente pour attaquer.

Je fais également envoyer quatre de ces mitrailleuses de rempart au 8ᵉ Corps.

Ce 8ᵉ Corps n'a pas de chance. On a bombardé hier le poste de commandement du général de Mondésir au château de Lérouville, après avoir démoli la gare. Ce château est à l'extrémité opposée de la ville. Il faut que les Allemands aient été avertis et leur tir réglé par des espions.

Ma première visite est à la 73ᵉ Division à Manonville. Je m'entends avec le général Lebocq au sujet de l'attaque projetée sur le bois de Mort-Mare. Il se plaint à moi que l'artillerie lourde ne lui prête qu'un concours intermittent. Je lui réponds que précisément le commandant de cette artillerie a été changé et que le nouveau chef a l'ordre de préparer son attaque le plus complètement possible. Je lui indique que l'infanterie devra gagner du terrain pendant le tir même de l'artillerie lourde et de campagne et ne pas attendre la fin de la préparation pour sortir de ses tranchées. Elle sera ensuite accompagnée par le tir de l'artillerie de campagne, qui devra continuer jusqu'au dernier moment à obus percutants (Infanterie à 100 mètres de l'ennemi).

Je vais aujourd'hui même augmenter cette artillerie lourde de 10 pièces de 120 long em... untées à la place de Toul, pour rendre la préparation éc... ..e.

De Manonville je me rends à Mamey, où je vois le colonel Riberpray et je lui adresse quelques conseils pour son commandement.

À Toul, je passe à l'arsenal où se trouvent les canons de 16 cent. de la marine, qu'on va me placer sur les deux rives de la Meuse au sud et face à Saint-Mihiel. Il faut compter de 8 à 10 jours sans retards.

Je constate aussi la faillite d'une de mes inventions, (l'abri mobile) grande plaque de blindage avec flancs, montée verticalement sur deux roues de brouette et mue au moyen de deux brancards. C'eût été parfait pour s'approcher en terrain découvert jusqu'aux défenses accessoires. On n'a malheureusment pas de plaque à l'épreuve de la balle; il faudrait de l'acier chromé et nous ne pouvons nous en procurer. Actuellement la balle traverse les plaques avec lesquelles on tente de réaliser l'abri. On va recommencer en employant des boucliers de rempart qu'on mettra en double, mais alors ce sera bien lourd.

Par contre, on a très bien fabriqué des boîtes à mitraille, des engins pour faire instantanément de la fumée et des perches à chapelets de pétards de mélinite pour couper les fils de fer. Je ferai envoyer de ces engins à tous mes Corps d'armée.

L'épais brouillard qu'il a fait toute la journée, a sensiblement gêné le tir de l'artillerie.

17 octobre.

En attendant que l'attaque puisse être donnée sur le bois de Mort-Mare, je vais préparer, avec la 2ᵉ Division de cavalerie, un coup de main pour détruire la voie ferrée dans la région de Bensdorf par exemple. La Division de cavalerie vient, sur mon ordre, de changer ses carabines contre des mousquetons d'artillerie avec baïonnette. Cela lui donne une force offensive nouvelle. Je la ferai appuyer par la compagnie cycliste que j'ai formée de toutes pièces au moyen de machines réquisitionnées, chez Peugeot (1) près de Montbéliard (compagnie rattachée momentanément à la 71ᵉ Division) et par un bataillon que je mettrai en autos.

Je fais venir à Toul le général V... et je lui prescris d'étudier les détails de l'opération projetée. Je le préviens qu'il recevra, dans la soirée, l'ordre de porter sa Division dans la région de Lunéville.

Le premier Corps où je me rends est le 8ᵉ. Le général de Mondésir a dû maintenir son poste de commandement à Com-

---

(1) Deux ans après, le Ministère m'a cherché noise pour ces réquisitions: mon initiative n'était pas réglementaire, paraît-il, et j'ai vu le moment où j'allais être invité à régler le montant de la réquisition. Mais il n'en a rien été : j'ai exposé les conditions dans lesquelles j'ai dû prendre ma décision et je n'ai plus entendu parler de cette affaire.

mercy, en raison du bombardement intermittent de Lérouville. Ses travaux à la sape dans les bois avancent lentement : il ne gagne que 6 à 8 mètres par jour. C'est trop lent, il faudra avoir recours à des coups de force et pour commencer je lui prescris de s'entendre avec le général D... pour une nouvelle attaque de Chauvoncourt avec sérieuse préparation et coopération de l'artillerie. Je fais prier, à cet effet, le général D... de se rendre à Commercy à 13 heures avec son chef d'état-major.

Il est entendu que le brouillard ne doit pas arrêter le feu de l'artillerie. Les observateurs n'ont qu'à se placer dans les tranchées les plus avancées pour voir l'arrivée des projectiles : il leur sera facile de régler le tir s'ils sont reliés à leurs batteries par téléphone. (C'est une pratique que je recommanderai à tous les corps). A cet effet, j'ai pu réquisitionner des centaines d'appareils téléphoniques à Nancy, et je fais fabriquer du fil à Epinal. Je puis donc satisfaire à toutes les demandes.

Avant de rentrer à Toul, je passe au 31ᵉ Corps à Gironville. Le général Delétoille a maintenant ses deux mortiers de 220, en outre des deux nouvelles pièces de 155 long qu'il va recevoir et il a commencé le bombardement de la lisière de Géréchamp.

Il va notamment détruire un certain redan, qui a fait beaucoup de mal par flanquement lors de la dernière attaque. Je vois, à Toul, le commandant du premier groupe d'A. L., qui doit préparer l'attaque de la 73ᵉ Division sur le bois de Mort-Mare. Il aura ce soir douze pièces nouvelles de 120 et de 155 cent. Nous nous entendons sur les emplacements à leur donner. Je pense que l'attaque pourra, dans ces conditions, se déclencher dans deux ou trois jours au plus.

J'apprends que les Allemands prennent, sur notre territoire, tous les jeunes gens à partir de 16 ans pour les incorporer purement et simplement. C'est renouvelé du temps de Frédéric II. J'invite aujourd'hui même les préfets de Meurthe-et-Moselle et des Vosges à faire refluer sur l'intérieur, les jeunes gens des communes situées entre les avant-postes (il n'y en a guère qu'à l'est de la Moselle, car, entre Moselle et Meuse, nous sommes au combat) et d'assurer leur subsistance.

On me présente, à Toul, un brigadier d'artillerie, officier de la Légion d'honneur. C'est M. Guirand de Scevola, peintre de talent, qui, avec le concours d'autres artistes de sa valeur, met en couleur d'immenses toiles destinées à dissimuler les batteries d'artillerie lourde. Ces masques ont les coloris du terrain avoisinant. Leur peinture se fait avec des balais, horreur! et cependant ces peintres ont la conscience de rendre de réels services à la défense nationale et ne croient pas déchoir. Ils vont même jusqu'à mettre à la couleur du terrain des vêtements complets faits de forte toile ordinaire que porteront les servants (1). Les batteries et leurs personnels échapperont ainsi totalement aux investigations des avions. L'expérience en a été faite.

Rien à signaler comme fin de journée.

18 octobre.

Je trouve que l'inertie commence à envahir la Ire Armée; son aile gauche tout au moins, car, au groupement des Vosges et au 2ᵉ groupe des Divisions de réserve, on fait journellement des reconnaissances et de petites expéditions dont je ne mentionne rien ici, parce que ce sont des détails sans grande portée.

Entre Moselle et Meuse, au contraire, où l'on est au contact intime, on n'exécute plus de coups de main. J'en transmets la remarque par les officiers de liaison et je la fais directement aux généraux dans mes visites. Je leur rappelle la nécessité de faire des prisonniers, pour savoir si l'ennemi ne modifie pas son ordre de bataille devant nous. Je vais, en outre, presser la préparation des attaques importantes que j'envisage.

Précisément ce matin, le général Joffre demande aux com-

---

(1) Dans certains secteurs particulièrement agités, on a pris ultérieurement l'habitude de franchir les passages dangereux, camouflés avec des sarrauts de ce genre. Au bois le Prêtre, mon ami, le colonel Riberpray, le brave des braves, tué comme général à Verdun, me demandait toujours de revêtir le sarrau pour mes tournées (il en avait une collection dans son poste de commandement) : « Ce n'est pas tant pour vous que pour mes hommes, me disait-il avec sa franchise habituelle ; il faut éviter que votre passage attire le feu sur eux ».

mandants d'Armée de lui indiquer leur plan d'opérations, les attaques qu'ils ont en vue et l'ordre dans lequel ils les feront. Il recommande de ne pas abandonner l'attitude offensive.

C'est précisément le but à poursuivre ; certes, les petites opérations pourront être critiquées par la suite: on ne manquera pas de faire remarquer qu'elles n'ont aucune influence directe sur l'issue de la guerre; on dira aussi qu'elles provoquent des pertes inutiles. Et on aura tort, car si nous n'attaquons pas, nous n'éviterons pas le combat pour cela; nous serons attaqués, nous ferons autant de pertes, si ce n'est plus, et nous aurons perdu l'initiative des opérations, c'est-à-dire une notable partie du moral nécessaire pour mener à bien cette guerre si dure et si longue. Le devoir qui s'impose aux chefs est d'entretenir, par tous les moyens, la capacité offensive de leur troupe, tout en perfectionnant leur instruction pratique par ces opérations de détail.

Je rends compte au général Joffre des attaques successives que je compte faire :

1° Sur Chauvoncourt.

2° Sur le bois de Mort-Mare.

3° Sur le bois de la Haute-Charrière.

4° Concentriquement sur Saint-Mihiel, de front, et de flanc par la forêt d'Ailly et la côte Sainte-Marie. Cette attaque pourra être accompagnée d'une attaque sur le bois Jurat.

Les deux premières attaques sont imminentes: elles auront lieu, celle de Chauvoncourt le 20, celle de Mort-Mare, le 21 octobre. Cette dernière a été retardée par la nécessité d'augmenter l'artillerie lourde mise à la disposition du général commandant la 73° Division.

Si elle réussit, je transporterai vers l'ouest l'artillerie lourde en question, pour la faire coopérer à l'attaque du bois de la Haute-Charrière.

Le capitaine Pichot-Duclos, qui vient du G. Q. G., me fait part du désir du gouvernement de prendre des gages en territoire annexé, en vue de la conclusion éventuelle d'un traité de paix (si l'initiative en était prise par les Allemands, bien entendu). Le général Joffre me prie, en conséquence, d'étudier ce qu'on pourrait faire à ce sujet.

C'est évidemment en Alsace qu'il faudrait agir et j'envisage, dès maintenant, l'occupation de Colmar et de Mulhouse, mais ce ne serait possible qu'à condition de me donner de nouvelles forces, car nous tenons les Vosges avec un simple rideau.

Je vais faire étudier les opérations possibles, dans le détail, par le général Putz, qui est sur les lieux et j'envoie, à cet effet, le capitaine Pichot-Duclos, pour lui expliquer la situation en lui demandant le secret le plus absolu.

Je vais, à Manonville, voir le général commandant la 73ᵉ Division pour presser l'organisation et l'installation de son artillerie lourde et la préparation de son attaque sur le bois de Mort-Mare. Après discussion, il est entendu que cette attaque se déclenchera, le 21 au petit jour.

Je voulais obtenir la même précision du 8ᵉ Corps au sujet de l'attaque sur Chauvoncourt, qui doit être exécutée par le 3ᵉ groupe des Divisions de réserve, avec l'appui du 8ᵉ Corps. Mais, à la suite de l'entrevue d'hier entre les généraux de Mondésir et D..., le colonel de Pouydraguen, commandant la 15ᵉ Division, doit se rendre à Pierrefitte ce matin, pour régler, dans ses plus grands détails, l'exécution de l'attaque projetée. Je vais donc attendre ce soir ou demain matin, pour en finir avec cette question.

16 heures. Le capitaine Pichot-Duclos revient de Gérardmer : le général Putz estime que, si on lui donnait cinq groupes alpins et une Division de territoriale, il prendrait Colmar ; mais s'il fallait s'y établir solidement et surtout y passer l'hiver, il faudrait beaucoup plus de monde.

On ne pourrait, en effet, se contenter pour les ravitaillements, d'un convoi automobile qui ne passerait plus sur les routes couvertes de neige; il faudrait avoir recours à la voie ferrée de Colmar à Belfort, ce qui conduirait à occuper Mulhouse et à se flanc-garder du côté du Rhin, entre Colmar et Mulhouse; trois Divisions seraient donc un minimum. Or, serait-il raisonnable de distraire pareil effectif de la grande bataille? La décision appartient au général Joffre, auquel j'écris aujourd'hui même.

18 heures. Le capitaine Desoffy revient de Commercy (8ᵉ Corps). L'attaque sur Chauvoncourt concertée entre le

3ᵉ groupe des Divisions de réserve et le 8ᵉ Corps aura lieu après-demain. Dès ce soir, le 8ᵉ Corps va pousser sa gauche sur les fermes Mont-Meuse et Maguet, dans la presqu'île de Bislée, et le centre de ce front au delà de la cote 342.

19 octobre.

L'attaque dans la presqu'île de Bislée n'a pas réussi complètement en ce sens que la ferme de Mont-Meuse, occupée un instant, a été abandonnée à la suite d'un corps à corps dans l'intérieur même de la ferme. Mais la compagnie chargée de l'attaque s'est maintenue à 3oo mètres en arrière, ayant ainsi fait un gain sensible de terrain. Elle devait être appuyée à gauche par un bataillon de réserve, qui, de la rive opposée, avait mission de tenir sous son feu les défenseurs de Mont-Meuse.

Mais ce concours n'a pas eu lieu. Il paraît que ledit bataillon a dû intervenir à Menonville même, pour repousser une contre-attaque directe des Allemands et n'a pu se détourner vers Mont-Meuse qu'à 1 heure, c'est-à-dire quand tout était terminé.

Il sera dit que ces troupes de la 75ᵉ Division ne réussiront jamais. En tout cas, le bataillon en question aurait pu, dès le début, et pour remplir à tout prix son rôle, charger l'une de ses compagnies d'intervenir sur Mont-Meuse et se contenter des trois autres pour repousser une contre-attaque, qui ne pouvait être bien sérieuse, étant donné le terrain.

L'attaque sur Mont-Meuse a été reprise sans succès avant le jour. Sur le milieu de la croupe montant au Camp-des-Romains, l'attaque a gagné du terrain jusqu'à 3oo mètres environ de la croisée des chemins. La compagnie, lancée de ce côté, a creusé des tranchées pour s'y maintenir en liaison à droite avec un petit poste placé sur la Meuse, au pont détruit.

Je me rends ce matin aux 8ᵉ et 31ᵉ Corps. A Commercy, je vois les généraux de Mondésir et de Pouydragen. J'appelle l'attention du premier sur la nécessité d'en finir avec la question de Saint-Mihiel. Il me dit son impatience personnelle et, passant aux actes, il prescrit au général de Pouydragen de recommencer cette nuit même l'attaque sur Mont-Meuse. Je lui demande de monter, d'ici deux ou trois jours, une attaque à la fois sur la corne sud-ouest du bois d'Ailly et sur le bois Jurat. Telle était déjà son intention; il va s'y mettre immédiatement, sans attendre le résultat des travaux de sape qui sont poussés sur son front.

Je lui rappelle, en outre, qu'il doit son concours au général D... pour l'attaque qui aura lieu demain sur Chauvoncourt. Il me répond qu'il ira aujourd'hui même à Pierrefitte à cet effet.

Au 31ᵉ Corps, le général Delétoille m'explique ses dispositions contre la lisière des bois de Géréchamp et l'attaque qu'il a projetée sur le bois de la Sonnard et la partie gauche du bois de Mort-Mare, pour appuyer, suivant mes ordres, l'attaque de la 73ᵉ Division projetée pour le 21 au matin.

À Toul, je m'informe de l'état d'avancement de la fabrication des engins. Un abri mobile sur roue sera prêt demain matin et trois autres le lendemain. Je vais en pourvoir les 8ᵉ et 31ᵉ Corps. Les boîtes à mitraille et fumigènes ont déjà été envoyées en quantité aux différents corps. On me fait espérer pour demain des explosifs pour briser les fils de fer (sacs de 8 à 10 kilos de mélinite et perches avec chapelets de pétards).

20 octobre.

En arrivant à Toul à 7 heures, j'apprends que le général D... est à Commercy et me demande si je m'y rendrai ou s'il doit venir à Toul pour me parler. Je devais aller à la 73ᵉ Division, mais je change mes dispositions et je fais téléphoner que je serai à Commercy à 9 heures.

Je me mets en route après avoir reçu le rapport des officiers de liaison du Corps d'Armée et leur avoir donné mes instructions.

À 9 heures, je trouve au Q. G. du 8ᵉ Corps les généraux D... et de Mondésir. Très pénible entrevue. Tout d'abord le général D..., auquel j'avais fait donner hier l'ordre d'attaquer aujourd'hui, n'a pris ses dispositions que pour demain. Il me montre ses ordres, mais il tient à me dire qu'il doute beaucoup du succès; il va même jusqu'à ajouter que, pour tout prévoir, il lui faudrait envisager le cas où, après un insuccès et sous une contre-attaque, ses troupes de première ligne ne tiendraient pas sur leurs positions actuelles de résistance. Il se demande donc s'il ne vaudrait pas mieux renoncer à une attaque de vive force et continuer à s'avancer à la sape. En admettant même qu'on prenne Chauvoncourt, il lui semble difficile qu'on puisse rester dans la localité sous le bombardement qui ne manquera pas de se produire.

Je fais remarquer au général qu'il aurait dû me présenter ces observations au moment où je lui ai prescrit de préparer l'opération. Quant à l'idée qu'on ne pourrait tenir à Chauvoncourt sous un bombardement, elle me parait inadmissible. Les Allemands n'y tiennent-ils pas sous le nôtre et serions-nous incapables d'en faire autant!

Mais d'ores et déjà, je me vois dans la nécessité de renoncer à cette opération. C'est le cœur serré que je prends cette décision, car j'ai été avisé de la formation à Metz d'un nouveau Corps n° XXIV et de la présence dans cette place de trois régiments retirés du XVI°. Il eût été important d'obtenir rapidement un résultat pour paralyser ces forces et je savais tout l'intérêt que le général Joffre et le gouvernement attachent à la reprise de Saint-Mihiel. Mais quel espoir pouvais-je placer dans la réussite de l'attaque, alors que le chef chargé de son exécution avait perdu toute confiance.

Je préviens donc le général D... que l'action prévue sur Chauvoncourt est remise à une date ultérieure.

En attendant et pour connaître exactement l'état des troupes des 75° et 65° Divisions de réserve, j'invite les généraux d'Armandy et Legros à venir me trouver à Toul, à 16 heures.

Avant de partir de Commercy, je prescris au général de Mondésir de chercher à atteindre le pont de Saint-Mihiel avec son canon et surtout avec le mortier de 220. Il me dit son désir d'atteindre Mont-Meuse non pour la position en elle-même, mais surtout pour arriver, sur la hauteur voisine, à un observatoire permettant de voir le pont. Une fois ce résultat obtenu, il placerait un canon sur le bord de la Meuse avec mission de rendre jour et nuit le pont inutilisable.

16 heures. Je reçois à Toul les généraux d'Armandy et Legros et je les interroge minutieusement sur l'état de leurs troupes. Ils sont malheureusement dans le même état d'esprit que le général D...

Ces deux Divisions sont composées de soldats médiocres et manquent surtout de cadres inférieurs. Elles ne sont pas en état de prendre l'offensive avec succès. Je suis bien obligé de tenir le plus grand compte de cette appréciation d'officiers généraux connus pour leur énergie.

Je vais donc surseoir à l'attaque prévue pour demain. Mais je demande aux deux généraux de conserver leur attitude agressive par de petites expéditions journalières, de pousser leurs travaux de sape et surtout de me constituer, dans chaque unité, des groupements de volontaires résolus, afin d'avoir des fractions sur lesquelles on puisse compter et qui entraînent le reste dans les attaques. Cette mesure aura pour effet de diminuer encore la valeur de la masse, mais je n'ai pas d'autre moyen d'obtenir le mouvement en avant.

Dès que cette sélection sera opérée, je reprendrai les attaques.

En attendant, je fais ouvrir par le 8ᵉ Corps le feu sur le pont de Saint-Mihiel avec le mortier de 220 et le 155.

21 octobre.

Je me rends à 4 heures à Manonville et Noviant-aux-Prés, pour assister à l'attaque de la 73ᵉ Division sur le bois de Mort-Mare.

Cette attaque est bien préparée par l'artillerie, mais l'infanterie est ensuite mal accompagnée par cette arme (l'économie des munitions imposée par le haut commandement en est la cause primordiale et le brouillard vient ensuite).

Les trois bataillons de première ligne sont bientôt arrêtés, à la lisière même du bois de Mort-Mare, par les feux et les défenses accessoires que l'artillerie n'a pu détruire (fils de fer, palanques, abatis, trous de loup au fond desquels se trouve une baïonnette recouverte de paille).

Les bataillons se creusent des tranchées et l'attaque va être reprise.

A gauche, la brigade Tourtebatte a été arrêtée dans les mêmes conditions; mais plus à gauche encore, la 34ᵉ Division a pris pied au nord du bois de Remières dans les premières tranchées allemandes. C'est tout le gain de la matinée et c'est maigre.

Au 8ᵉ Corps, l'attaque sur Mont-Meuse n'a pas réussi davantage, parce que la ferme est entourée de murs crénelés que l'artillerie de campagne ne peut battre. On va disposer une pièce d'artillerie lourde pour écraser ce couvert.

Cette ferme n'a en elle-même aucune importance, mais il est nécessaire de s'en emparer et d'occuper aussi le bois carré au sud-est, pour avoir sur la croupe un poste d'observation permettant de voir le pont de Saint-Mihiel et de l'atteindre avec l'artillerie, dans le but de rendre précaire et peut-être inutilisable la seule voie de communication dont jouit la garnison de Chauvoncourt.

Des incidents des dernières batailles et notamment de cette journée se dégagent les enseignements ci-après, qui me confirment dans les idées que je m'étais faites depuis les premiers engagements.

1° L'artillerie, même lourde, est impuissante à détruire à elle seule les défenses accessoires et à faire évacuer les tranchées, à moins d'une consommation exagérée de munitions permettant d'obtenir, par des coups percutants heureux, l'écrasement direct des retranchements. La préparation des attaques par l'artillerie ne donne donc, en général, aucun résultat sérieux, sur un ennemi bien retranché. On améliorera cependant la situation, en perfectionnant l'observation de manière à augmenter la proportion des coups au but.

2° Par contre, l'artillerie de campagne a une action prépondérante sur un ennemi en mouvement. L'artillerie lourde est plus redoutable par son action sur le moral que par les pertes qu'elle fait éprouver. Ses barrages réussissent le plus souvent à arrêter net l'offensive.

3° Un front occupé par une troupe retranchée est à peu près inviolable, tant qu'il n'est pas possible de réduire l'activité des défenseurs par le canon ou les mitrailleuses.

4° Les positions fortifiées valent surtout par leurs flanquements. S'il est possible d'agir sur le moral des défenseurs par l'action de canons ou de mitrailleuses bien placés, il est presque impossible de détruire d'abord des flanquements qu'on ne soupçonne même pas et qui arrêtent net l'attaque, lorsqu'elle croit déjà la victoire assurée.

Dans la soirée, je reçois des instructions du G. Q. G. Le groupement des Vosges s'appellera désormais 34° Corps. Quant à la Ire Armée, elle reçoit des directives qui ne diffèrent que légèrement des précédentes :

Le XXIV° Corps allemand inquiète un peu le haut commandement : on ne sait quelle doit être sa destination. La Ire Armée devra donc se constituer une réserve aussi forte que possible, pouvant être transportée facilement en chemin de fer sur un point quelconque.

On cherchera à se tenir au courant des mouvements des Allemands, par avions, agents, etc.; la 2° Division de cavalerie devra exécuter un coup de main sur un ouvrage d'art pouvant gêner les transports de l'ennemi.

Ces directives me mettent dans une situation délicate. Je ne puis me constituer de réserve sérieuse qu'en retirant du monde de ma gauche (8° Corps); mais alors, je serai purement défensif et très faible contre un nouvel effort. Et que pourrais-je laisser sur mon front en Woëvre, s'il fallait faire face avec ma réserve à une attaque dirigée soit sur le Grand-Couronné, soit sur la Meurthe?

En tous cas, la traversée de la Meuse par les Allemands au sud de Verdun serait d'une gravité telle, qu'il me faut songer sérieusement à cette situation, avant de m'affaiblir de ce côté.

Je vais faire ces observations au G. Q. G. et demander une Division active de renfort, pour être en état de faire face aux diverses éventualités qui peuvent se produire.

22 octobre.

Les attaques de la soirée n'ont donné aucun résultat appréciable. Le bataillon du centre de la ~3°, après avoir progressé

7

sur la lisière sud du bois de Mort-Mare, a été contre-attaqué
à 21 heures et rejeté sur ses tranchées primitives.

On me rend compte d'un malheureux accident survenu
hier au sénateur Reymond, médecin-major de 1re classe de
réserve, aviateur audacieux et d'une bravoure à toute épreuve,
qui m'avait déjà rendu les plus grands services.

Hier, vers 15 h. 30, on a vu son avion descendre en rasant
les arbres de Mort-Mare, entre les deux lignes de combat
adverses.

Les Allemands étaient aussitôt sortis du bois pour se jeter
sur les aviateurs, mais nous avions ouvert le feu et fait reculer
l'ennemi. Peu après, on avait pu, grâce à l'obscurité, s'approcher de l'avion et recueillir le mécanicien et le docteur Reymond.

Le premier, adjudant du génie Clamadieu, était mort; le
docteur Reymond vivait encore avec une balle dans les reins.
Pendant la nuit, il était évacué sur Toul. Son premier soin
avait été, malgré ses souffrances, de donner le compte rendu
de sa reconnaissance (nombreux trains en marche de Pagny-
sur-Moselle vers Metz et, sur la route, convois de 4 kilomètres
de longueur dans la même direction).

Je demande par télégramme la croix de chevalier pour ces
deux braves : fasse le ciel que le docteur Reymond nous soit
conservé !

A 8 heures, je reçois à Toul les officiers de liaison des
Corps d'Armée, auxquels je donne les observations ci-après à
transmettre à leurs généraux.

Le peu de succès des dernières attaques sur les positions
organisées est dû aux causes principales suivantes :

1° La préparation par l'artillerie ne donne le plus souvent
aucun résultat sérieux: elle ne détruit pas les défenses accessoires et elle ne fait pas évacuer les tranchées.

2° Elle appuie mal l'infanterie dans ses progressions.

Cela tient à ce que le tir est insuffisamment réglé faute
d'observations. On pouvait penser que l'emploi d'observateurs poussés dans les tranchées d'infanterie et reliés aux
batteries par téléphone donnerait les meilleurs résultats.

Malheureusement les fils sont coupés presque dès le début de l'action, soit par les projectiles, soit par le passage des combattants. Il convient d'y remédier sans retard, en déposant la ligne téléphonique de chaque batterie dans un sillon recouvert ensuite de fascines ou de clayonnages et en doublant cette ligne d'une chaîne de plantons protégés (c'est-à-dire enterrés), capables de transmettre des signaux ou de se passer des bulletins.

3° Le combat d'infanterie n'est mené que par une ligne mince de combat. Dans chaque bataillon, les unités de première ligne sont bien lancées sur leurs objectifs et les compagnies de renfort tenues en arrière; mais le jeu de ces renforts ne se fait pas pour les raisons suivantes : le chef de bataillon occupe, sous le feu même, un poste de commandement dont la situation précaire paralyse sa liberté d'action. Il n'est d'ailleurs pas renseigné sur les incidents du front.

Résultat : la ligne de combat est livrée à elle-même et, la plupart du temps, les renforts n'interviennent que lorsque les compagnies de tête les ont rejoints en reculant.

On comprend que la puissance et la violence du feu rendent difficiles l'exercice du commandement et le jeu des renforts; mais, si l'on ne réagit pas, l'offensive sera forcément réduite à l'impuissance devant la solidité des organisations ennemies.

Il faut donc être tenu au courant des incidents du front, soit par téléphone, soit au moyen d'une chaîne de plantons protégés qui transmettent les signaux ou les bulletins de renseignement.

Enfin, le chef de bataillon doit se tenir auprès de son renfort ou de sa réserve dans un abri sérieux, pour n'être pas paralysé par la pluie de projectiles. Son impulsion se manifestera par des ordres et finalement par l'entrée en ligne des disponibilités qu'il a sous la main et qu'il dirigera personnellement. Les dispositions doivent être analogues pour les colonels et les généraux.

4° A titre d'essai, on restreindra le front des attaques de vive force, de manière à produire de véritables effets d'écrasement dans la préparation, à condition de paralyser les feux de flanquement qui sont à prévoir. Dans bien des cas, on pourra se contenter de préparer l'attaque sur 200 mètres, par exemple, et d'y lancer un bataillon bien soutenu par un autre.

Les troupes voisines attaqueront pour appuyer, sans qu'il soit nécessaire, pour elles, de pousser à fond.

Dès que le bataillon d'attaque aura pris pied sur la position ennemie, il se fortifiera sur son front et sur ses flancs, pour tenir en flèche, jusqu'à ce que les troupes voisines puissent se relier à lui et se porter à sa hauteur.

5° A défaut d'attaque en règle, il faut, chaque nuit, pousser certaines unités en avant de leurs tranchées en rampant, gagner ainsi quelques dizaines ou centaines de mètres, creuser une nouvelle tranchée et, la nuit suivante, la relier à la précédente au moyen d'un boyau.

A 9 heures, j'ai la satisfaction d'attacher la croix de la Légion d'honneur sur la poitrine du docteur Reymond. Je lui donne l'accolade dans son lit d'hôpital. Il souffre beaucoup, mais il a gardé toute sa connaissance. Il est, hélas ! bien touché ; j'ai peine à le reconnaître tellement il a changé en quelques heures.

13 heures. Visite de MM. Briand et Sarraut. Je les conduis au fort de Gironville, pour leur montrer ce qu'on peut voir des positions occupées.

Il n'y a qu'un combat d'artillerie lourde ; mais cet échange d'énormes projectiles et la vue lointaine des tranchées de notre front les intéresse beaucoup. Ils ont peine à comprendre le vide de ce champ de bataille, sur lequel se surveillent 100.000 hommes de chaque côté.

A 16 heures, le commandant de l'artillerie du 31e Corps me fait savoir, de Bernécourt, qu'on voit à la lisière du bois de Mort-Mare un drapeau blanc portant la croix de Genève. Il me demande s'il faut arrêter le tir. Je lui réponds de n'en rien faire. Ce doit être une ruse de guerre pour permettre à une ligne de combat de sortir du bois.

On me téléphone de Toul, un instant après, la mort du sénateur Reymond. J'en suis tout ému et je déplore la perte que font en lui l'aviation et l'armée. Ce sont les plus braves qui disparaissent.

En rentrant à Toul où je quitte les membres du gouvernement, j'envoie le capitaine Dussauge à Noviant-aux-Prés déposer la croix de la Légion d'honneur sur le corps de l'adjudant Clamadieu, l'héroïque pilote du docteur Reymond.

Les 31ᵉ Corps et 73ᵉ Division ont gagné quelques centaines de mètres dans la soirée d'hier et au cours de la journée. La brigade mixte Riberpray notamment s'est avancée dans le bois Le Prêtre jusqu'à un chemin allant de l'ouest à l'est. On se consolide sur place en creusant des tranchées.

23 octobre.

Je vais de bonne heure à la 73ᵉ Division pour lui faire des observations sur ses attaques du 21, qui ont été mal conduites.

Pendant que je suis à Minorville, j'apprends qu'un énorme drapeau blanc paraît de nouveau à la lisière du bois de Mort-Mare, un plus petit est dressé sur une tranchée à l'extérieur. On me demande encore ce qu'il faut faire. Je réponds qu'il n'y a aucun compte à tenir de cette manifestation, que ce n'est qu'une ruse et qu'il faut continuer le feu.

Mais, peu après, j'apprends qu'un parlementaire allemand est sorti du bois et a été reçu sur la ligne de combat. J'envoie un officier dire que s'il s'agit de reddition, je recevrai le parlementaire. Qu'on le renvoie, s'il s'agit de toute autre question. Mais le parlementaire a remis un papier : le commandant des troupes allemandes, baron von Buttlar (1) demande un armistice de quatre heures, pour relever ses blessés et enterrer ses morts. Je le fais renvoyer avec un refus catégorique.

Il faut croire que mes attaques du 21 ont fait subir aux Allemands des pertes énormes, car nous avons surpris un radio, où ils demandaient à Metz d'urgence des commandants

----

(1) Commandant les troupes allemandes entre la Moselle et un point situé à 5 kilomètres à l'ouest du bois de Mort-Mare.

de régiment et de bataillon de l'active, des formations sanitaires, et ils réclament de notre côté un armistice.

En tout cas, j'ai prévenu le 31ᵉ Corps qu'il devait s'attendre à une attaque sur la pointe nord du bois du Jury, car si l'on n'a pas eu soin de bander assez vite les yeux du parlementaire, il est possible qu'il ait pu se rendre compte de nos défenses de ce côté. Peut-être même était-ce dans ce but qu'on nous l'envoyait.

En rentrant ce soir, je songe que la malheureuse famille de l'adjudant Clamadieu va se trouver sans ressources, la pension d'un sous-officier n'étant pas reversible sur sa veuve et je le nomme sous-lieutenant à la date de la veille de sa mort, lui donnant ainsi un grade qu'il aurait certainement obtenu dans quelques jours, s'il avait vécu. Le Trésor me pardonnera cette petite irrégularité, qui n'est que l'acquittement d'une dette de la Patrie.

Je visite, dans la matinée, le 31ᵉ Corps. Son artillerie lourde a canonné hier Nonsard avec succès; on a vu à la lunette une débandade d'hommes et des voitures fuyant dans toutes les directions.

Le général Delétoille prépare une attaque de sa droite sur la partie occidentale de la lisière de Mort-Mare.

De son côté, la 73ᵉ Division a repris le bombardement sur la corne sud-est de ce bois, où elle se propose de prendre pied dans une nouvelle attaque d'ici à quelques jours.

DISSOLUTION DU 3ᵉ GROUPE DE DIVISIONS DE RÉSERVE

(Effective le 2 Novembre 1914).

Dans l'après-midi, je fais venir le général Legros, commandant la 65ᵉ Division de réserve, pour m'entendre avec lui sur un nouvel effort vers Chauvoncourt. Il est arrivé, me dit-il, à la sape à 120 mètres du bastion nord-ouest des Casernes (dit pentagone), et il va, non pas cette nuit, car il l'emploiera à mettre du fil de fer en avant de sa dernière tranchée, mais la nuit suivante ou l'autre, tenter une brèche dans ce bastion pour s'y établir.

Je lui exprime ma satisfaction, mais je lui explique qu'il faut en finir maintenant avec Chauvoncourt et que j'ai pris à ce sujet les décisions suivantes :

La 75ᵉ Division sera relevée dans la nuit du 25 au 26 par la brigade Morgain du 15ᵉ Corps et un groupe d'artillerie de ce Corps. Cependant, pour éviter les erreurs possibles, le 58ᵉ régiment (de cette brigade) ne relèvera d'abord que le régiment posté au Malimbois, celui de la Haute-Charrière restant en position jusqu'à nouvel ordre.

La 75ᵉ Division, moins un régiment, se rassemblera à Pierrefitte, d'où elle sera dirigée sur le nouveau groupement, auquel elle sera affectée par les soins du général commandant la IIIᵉ Armée.

Dans le même temps, le second régiment de la brigade Morgain sera dirigé, des environs de Clermont où il se trouve, sur Pierrefitte. A ce moment, le 3ᵉ groupe de Divisions de réserve sera dissous et le général Legros prendra, sous son commandement, la 65ᵉ Division qu'il a déjà et la brigade Morgain.

Il devra étudier dès maintenant le coup de force nécessaire pour chasser les Allemands de Chauvoncourt après entente avec le 8ᵉ Corps et même le 6ᵉ.

Je le mets au courant des efforts faits pour atteindre par le canon le pont de Saint-Mihiel, qui jusqu'à présent ne peut être vu.

De l'ouest, on aperçoit une maison qu'on sait à 200 mètres du pont. On va régler le tir sur cette maison et le déplacer à gauche du nombre voulu de millièmes. En même temps, on croit avoir trouvé sur la hauteur, au sud-ouest de Kœur-la-Grande, un point d'observation, d'où l'on apercevrait le pont si on pouvait se surélever de quelques mètres. J'ai fait envoyer cette nuit de Toul une échelle de 25 mètres qu'on vient de mettre en place.

Je préviens, en outre, le général Legros que le 8ᵉ Corps prépare une attaque de vive force par l'intérieur du bois d'Ailly et que cette attaque aura lieu dans les premiers jours de la semaine prochaine.

Le général me quitte, parfaitement orienté sur sa tâche, et va en étudier les moyens d'exécution.

Dans la soirée, je prépare en secret un coup de main dans la région au nord-est de Lunéville et au nord du canal de la Marne-au-Rhin. Je sais que le 99ᵉ de landwehr a un bataillon aux avant-postes à Bures, Parroy, Mouacourt : postes avancés et grand'garde à Coincourt, — réserve à Moncourt, — un bataillon à Ommerey; — un bataillon à Donnelay, détachant une compagnie au château de Marimont, où se trouvent également le général (1) et une batterie lourde. Les hauteurs Donnelay-Marimont sont fortement organisées, mais le reste l'est beaucoup moins. Au sud, les ponts du canal sont retranchés et tenus par des postes de 20 à 50 hommes.

Je vais donc faire opérer au nord du canal. Une brigade de la Division Bigot attaquera au jour par surprise et prendra les postes de Bures et de Coincourt; elle sera appuyée par un groupe de 75.

Une fois la porte ouverte, la 2ᵉ Division de cavalerie avec son artillerie, ses cyclistes et une compagnie supplémentaire de cyclistes, fera irruption entre Bures et Réchicourt pour prendre à revers Moncourt et prisonniers les Ommerey et faire deux bataillons avec le concours de la brigade qui continuera l'attaque de front. On verra, à ce moment, si l'on peut pousser sur le château de Marimont (qu'on dit entouré de tranchées et de fils de fer).

Une diversion sera opérée par le sud sur les ponts du canal par un bataillon de chasseurs, qui sortira de la forêt de Parroy.

Je fais préparer les ordres qui seront remis au dernier moment. L'exécution est fixée au 26.

Très tard dans la soirée, on me rend compte des excellents résultats obtenus aujourd'hui avec notre artillerie lourde. La route Woinville, Buxières a été prise sous un feu bien réglé par notre canon de marine. L'embranchement de Woinville

---

(1) Mon deuxième bureau était arrivé à nouer des relations avec l'automobiliste alsacien du général. Ce chauffeur se faisait fort, si la voie était ouverte, de partir à toute allure et d'amener dans nos lignes voiture et général. Mais l'occasion ne s'est pas offerte.

et des Valottes a été battu. Nonsard, Pannes, Essey et même Thiaucourt ont été bombardés.

Partout, on a vu des fuites éperdues et, comme réponse, les Allemands ont tiré de tous côtés sur zone, cherchant notamment nos gros canons vers Liouville, sans faire le moindre mal. Pas contents « les Boches »!

25 octobre.

Après avoir reçu le rapport des officiers de liaison, j'ai à Toul, la visite du général Lebocq, commandant la 73ᵉ Division, qui vient m'expliquer ses craintes de ne pouvoir réussir sa nouvelle attaque sur un petit front, suivant le procédé tactique que j'ai conseillé à tous les corps d'essayer pour obtenir des effets d'écrasement par concentration des feux d'artillerie (1).

En raison du terrain sur lequel il opère en avant des bois de Mort-Mare, il considère que la position en flèche du bataillon d'attaque sera difficile sous les feux de flanc qui ne manqueront pas de se produire et il demande à renouveler son attaque sur un grand front.

Je ne veux pas discuter de nouveau, j'accepte. Je lui rappelle seulement que les bataillons voisins attaqueront dans le but de fixer l'ennemi, sans qu'il soit nécessaire pour eux de pousser à fond, mais je demande avant tout des résultats et s'il a foi dans son projet, je consens à lui donner le supplément de projectiles de grosse artillerie qu'il me demande.

Il veut aussi pouvoir disposer de quelques jours de préparation. Je suis d'accord avec lui sur ce point encore, tout en lui faisant remarquer que nous sommes un peu pressés par le temps et que sa Division n'a rien fait de sérieux depuis le 21.

Je me rends au 8ᵉ Corps: le général de Mondésir a préparé ses ordres pour une attaque par surprise sur le bois

---

(1) L'attaque sur un grand front vaudra toujours mieux en principe ; mais elle exige une quantité d'artillerie et de munitions que nous n'avons pas. C'est pourquoi je fais essayer le coup de main, qui doit réussir dans bien des cas.

d'Ailly par l'intérieur. Je les approuve et l'exécution en est fixée au 27 octobre au point du jour, naturellement sans préparation d'artillerie.

On a fait de bonne besogne au 8ᵉ Corps. Le centre du front a gagné à la sape plus de 800 mètres dans le bois de la Vaux-Féry.

Au 31ᵉ Corps, les progrès sont de peu d'importance. On s'est avancé de moins de 50 mètres à la droite, au nord du bois de Remières.

Je suis saisi par la IIIᵉ Armée d'un projet d'attaque sur la rive gauche de la Meuse dans la direction de Cuisy, Septsarges, Nantillois, c'est-à-dire à peu près sur la ligne de jonction des Vᵉ et VIᵉ Corps de réserve allemands, dans le but de donner de l'air à Verdun, d'occuper la route de Dannevoux, Montfaucon et de tenir, par le canon, celle de Dun, Charpentry, toutes deux très utiles à l'ennemi.

Cette attaque se ferait avec le 15ᵉ Corps (une Division soutenue par une brigade), le 5ᵉ Corps étendant légèrement sa droite pour libérer un régiment du 15ᵉ Corps. Une nombreuse artillerie (légère et lourde) appuierait l'attaque.

Après étude et ayant la promesse du G. Q. G. de réunir le supplément de munitions nécessaires (car nous sommes toujours absolument rationnés), j'approuve cette opération qui aura lieu mercredi ou jeudi (29 ou 30).

Pour la faciliter, je diffère jusqu'à nouvel ordre la relève de la 75ᵉ Division de réserve et la dissolution du 3ᵉ groupe de Division de réserve.

26 octobre.

C'est ce matin qu'a lieu le coup de main sur Ommerey. Dieu veuille qu'il réussisse! J'envoie de ce côté un officier de mon Etat-Major (à Domjevin) pour suivre les opérations du détachement de diversion fourni par la 71ᵉ Division, et mon chef d'Etat-Major (à Serres), pour me tenir au courant des progrès de l'attaque de la brigade Bigot et de la 2ᵉ Division de cavalerie).

Je vais de ma personne à mon poste de commandement à Toul pour les rapports à recevoir, les ordres à donner par mes officiers de liaison, puis je me rends à la 73ᵉ Division à Manonville, pour voir où en sont les préparatifs de la prochaine attaque du général Lebocq sur le bois de Mort-Mare.

Il se décide à attaquer sur un front restreint, mais il va d'abord rapprocher ses tranchées. Il me parle d'abatis et de palanques dont l'existence a été reconnue sur la lisière sud du bois.

L'idée d'y mettre le feu me vient aussitôt et je le préviens que je lui ferai envoyer, dans la journée, 5o obus incendiaires de 120 long. Il demeure sceptique sur le résultat; je n'y compte guère non plus, mais il faut essayer cependant.

En le quittant, je lui demande de hâter les progrès de la brigade Riberpray vers le nord, afin de pouvoir investir Feyen-Haye par la lisière ouest du bois Le Prêtre.

J'avais espéré trouver au Q. G. de la 73ᵉ Division, le général Delétoille qui devait y venir pour s'entendre avec le général Lebocq sur des attaques à diriger, en liaison, sur la partie sud-ouest du bois de Mort-Mare. Je pars à 11 heures sans l'avoir vu. Je lui enverrai mes instructions par écrit.

18 heures. J'ai des nouvelles du coup de main au nord-est de Lunéville. Le détachement de la 71ᵉ Division (trois bataillons et trois batteries), a dépassé le front Veho, Reillon et marché sur Leintrey et Gondrexon. A sa gauche, le 41ᵉ, amené en auto, et le 5oᵉ B. C. P., ont été arrêtés au nord d'Emberménil par l'ennemi, qui occupait le signal de Xousse et les hauteurs au sud-est (infanterie et artillerie). Le 71ᵉ B. C. P., opérant au nord de la forêt, a fait prisonnier le poste de Parroy (une cinquantaine d'hommes).

La brigade Giralt (de la Division Bigot) a attaqué sur le front Rechicourt, Bures et poussé sur Coincourt et Moncourt; ouvrant la voie à la cavalerie à sa gauche et faisant un certain nombre de prisonniers (15o environ). Cette brigade était couverte à gauche, entre la forêt de Bezange et Rechicourt.

La 2ᵉ Division de cavalerie a manqué de mordant et n'a plus progressé dès qu'elle s'est trouvée sous le feu d'ailleurs très faible de l'artillerie allemande, à laquelle elle s'est bornée à répondre.

Je témoigne mon mécontentement au général commandant cette Division. J'attendais mieux de cette grosse unité que j'avais armée de carabines avec baïonnettes et dont j'avais augmenté le groupe cycliste d'une compagnie.

Elle n'a pas dépassé, avec son gros, Moncourt et n'a pas eu l'audace nécessaire pour aller ramasser le bataillon d'Ommerey ou couper au moins la retraite aux compagnies qui se repliaient de Moncourt sur cette localité.

Le coup de main n'a donc réussi que partiellement. Il a eu pour effet, en dehors de la capture des prisonniers, de refouler tous les postes ennemis sur le ruisseau des Salines, c'est-à-dire à 10 kilomètres en arrière. Mais je n'ai pas l'intention de profiter de ce succès pour m'étendre vers le nord-est.

Je crois d'ailleurs que les Allemands sont fortement émus de cette attaque, car nous avons surpris un télégramme dans lequel ils disaient : « Notre gauche est fortement attaquée. Contre-attaque de réserve d'armée (huit bataillons et six batteries) est ordonnée. »

Je ne sais d'où ils pourront tirer cette réserve, de Metz sans doute, ni s'il s'agit réellement du front que je viens d'attaquer. En tout cas, je vais supposer qu'il s'agit bien de cette région et me tenir prêt à diriger éventuellement de ce côté les maigres réserves dont je dispose encore : deux bataillons de chasseurs à Menil-la-Tour et environs et le 170ᵉ (quatre bataillons) à Dagonville et localités voisines. Il me faudrait, en tous cas, dix heures pour porter le premier bataillon à Dombasle. C'est long.

27 octobre.

L'attaque par surprise au petit jour sur le bois d'Ailly n'a pas réussi. La violence du feu des tranchées a cloué sur le sol les assaillants. Je verrai ce matin le commandant du 8ᵉ Corps pour recommencer avec de nouveaux moyens.

Les attaques de vive force étant difficiles à réussir sur des positions organisées, avec des troupes déjà bien réduites de qualité, par suite de la pénurie des cadres et de la présence de nombreux territoriaux comme hommes de complément, j'estime qu'il faut réduire tout d'abord au minimum la distance séparant nos tranchées de celles de l'ennemi : on n'aura plus ainsi qu'un bond à faire pour arriver au corps à corps.

C'est dans ce sens que je donne des instructions au 31ᵉ Corps d'Armée et à la 73ᵉ Division de réserve. Je ne fais en cela que renouveler des ordres déjà anciens; aussi je le fais un peu vivement en faisant remarquer que les travaux de sape n'ont jusqu'à présent donné que des résultats insignifiants et ont surtout servi de prétexte pour endormir le commandement. Il convient donc d'imposer la méthode de travail suivante : chaque nuit et sur tous les terrains qui s'y prêtent, les unités de tranchées se porteront en avant en rampant jusqu'à la ligne de terrain indiquée par le chef; les hommes commenceront à creuser le sol couchés; le travail se continuera le lendemain et jours suivants jusqu'à approfondissement suffisant. On reliera ensuite cette tranchée nouvelle à l'ancienne par un boyau de communication.

Si l'on est surpris par les projections, on restera immobile; si le feu de l'ennemi devient trop violent, on se repliera pour revenir plus tard ou la nuit suivante. Le commandement devra se rendre compte journellement des travaux exécutés.

La 73ᵉ Division a commencé partiellement depuis quelques jours l'application de ce système, je le reconnais, mais il doit être généralisé.

Je trouve également un peu d'activité de ce genre à la droite du 31ᵉ Corps, mais à la droite seulement. Je m'étonne donc qu'on n'agisse pas de même en face de Richecourt et de Lahayville par exemple, où l'on est encore à quelques centaines de mètres de l'ennemi et où nous n'avons devant nous qu'une seule ligne de tranchées organisées (couvertes, il est vrai, et précédées de réseaux de fils de fer). Ce renseignement nous a été donné par des prisonniers.

La place de Toul vient de recevoir un canon de 155 long avec affût spécial du Creusot et munitions permettant de tirer à 12 kilomètres. Je le demande au G. Q. G. par télégramme. Il m'est accordé. Je vais l'envoyer cette nuit à Rambucourt pour être mis en batterie à la corne sud-ouest du bois de la Hazelle, et de là, battre Heudicourt et Thiaucourt. Je le mets à cet effet au groupement d'artillerie lourde du commandant Vasser (73° Division de réserve).

Rien de nouveau entre Seille et Sanon (théâtre des opérations d'hier) : il faut en déduire que la réserve d'armes allemande n'était pas destinée à être envoyée dans cette région. J'apprends d'ailleurs que la 47° Division du XXIII° Corps allemand, qui avait été maintenue à Metz, est aujourd'hui à Fléville (probablement le Fléville situé à 8 kilomètres au nord-ouest de Conflans, car il y a aussi un Fléville, à 8 ou 9 kilomètres au nord de Varennes).

Je pense, jour et nuit, à cette sorte d'équilibre qui fige les lignes françaises et allemandes et je cherche le moyen d'amener une rupture, puisque l'attaque de vive force coûte si cher, réussit si rarement et exige décidément des moyens d'action que je n'ai pas et ne puis avoir.

Je vais essayer de faire amener du canon à très courte portée, même sous bois, de manière à faire sauter un morceau de tranchée et à faire évacuer les parties voisines. Les troupes se tiendront prêtes à exploiter ce résultat en prenant pied en ce point dans la position ennemie, après avoir détruit les défenses accessoires.

Je téléphone, dès ce soir, au 8° Corps d'étudier ce procédé au point de vue de son application très prochaine. Il ne lui est pas étranger, puisqu'il y a déjà des canons dans la forêt d'Apremont.

28 octobre.

Toutes ces instructions sont données dès le matin aux officiers de liaison, je les confirme au général commandant le 31° Corps que je vais voir à Gironville.

On me montre en passant les traces du bombardement de cette nuit sur le village. Un obus de 15 centimètres a traversé une maison transformée en ambulance sans atteindre personne d'ailleurs, mais il a asphyxié à moitié un médecin couché au premier étage.

Je ne parle pas souvent de l'artillerie parce que le bombardement est continuel et que la question manque d'intérêt. Tous les villages sont plus ou moins détruits. On y cantonne tout de même, mais quand les obus arrivent trop nombreux, les hommes, qui ne sont pas dans les caves, vont dans les tranchées pratiquées à cet effet aux abords de la localité.

Les Allemands sont merveilleusement renseignés, soit par leurs observatoires, soit par des espions que nous avons quelque peine à pourchasser.

Il m'est arrivé parfois d'être personnellement honoré d'un tir et rapidement encadré. Plusieurs fois, les postes de commandement auxquels je me suis rendu, ont été peu après bombardés. Hier encore, j'ai bien involontairement attiré le feu sur la caserne de Lérouville où le général de Mondésir avait mis son P. C. Je suis resté une heure avec lui et les obus sont arrivés un quart d'heure après mon départ.

Les observateurs allemands ou les indicateurs n'avaient pas fait assez diligence.

J'ai prescrit partout de construire des cabanes en dehors des villages pour abriter les troupes qui ne sont pas en première ligne.

Pour en revenir à ma visite au 31ᵉ Corps, le général Delétoille sent, comme moi, qu'il est temps de réagir contre l'espèce de torpeur qui envahit la ligne de combat dans les tranchées. Je lui demande, comme à tous les généraux du front, d'être très exigeant, d'exagérer même dans ce sens. Il faut demander beaucoup pour obtenir peu.

Or, on est trop porté à croire que l'hiver va se passer dans la situation où l'on se trouve, c'est-à-dire dans des tranchées presque confortables et, si l'on n'y prend pas garde, on va perdre le goût de l'audace et des coups de fusil. Il est mauvais de laisser inactives les troupes de tranchées de première ligne; il faut exiger chaque nuit un bond en avant avec tranchée nouvelle, etc. Je ne reviens pas sur ce sujet, sur lequel je me suis souvent expliqué.

Et puis, il faut attaquer : le général Delétoille me dit qu'il a prévu deux coups de force, l'un sur la partie sud du bois de la Sonnard, l'autre sur Richecourt. Je lui parle, à ce sujet, de l'action possible d'un canon à courte distance, placé par exemple à la corne nord du bois du Jury (où il y a déjà deux canons de 75 sur chaque face). Je le préviens que je vais lui envoyer un canon de 80 de montagne, pièce maniable et qu'on pourrait amener à bras.

Ses attaques pourront coïncider avec celles que la 73ᵉ Division prépare de nouveau sur le bois de Mort-Mare.

Au général Lebocq, à Manonville, je renouvelle mes recommandations de pousser dans le bois Le Prêtre au delà de la tranchée de Fey et de songer bientôt à attaquer Fey-en-Haye par le sud et par l'est. De là par Regniéville on menacerait sérieusement le bois de Mort-Mare. Je sais que Fey-en-Haye est garni de tranchées et de réseaux de fils de fer; aussi faudra-t-il préparer sérieusement l'attaque par l'artillerie.

Je reçois des félicitations du général Joffre pour les opérations du 26 entre Seille et Sanon. Voilà des félicitations que je vais m'efforcer de mériter, car je n'ai pas été satisfait du tout des opérations. Le but était de capturer deux bataillons, c'est-à-dire 2.000 hommes; or, on en a pris que 200.

J'ai d'ailleurs dit mon mécontentement à la 2ᵉ Division de cavalerie qui a manqué de mordant. Son général en est navré et ne demande qu'à racheter cette défaillance. Nous allons donc recommencer au plus tôt.

Quoi qu'il en soit, je sais le plus grand gré au général Joffre de ses félicitations. Il sait que je cherche à entretenir et à développer, de toute façon, l'esprit d'offensive qui disparaîtrait rapidement si l'on n'y prenait garde, et il m'encourage dans cette voie.

Je reçois le rapport du 8ᵉ Corps sur les attaques du 27 dans le bois d'Ailly. Il montre précisément combien l'esprit d'audace tend à disparaître. Plusieurs détachements précédant les colonnes d'attaque ont été lancées sous bois sur les tranchées et le feu n'a pas tardé à arrêter net leur offensive. Or, si je considère l'un de ces détachements, je vois que, sur une vingtaine d'hommes, cinq seulement sont arrivés jusqu'à la tranchée allemande, où ils se sont jetés à la baïonnette sur les défenseurs surpris; mais l'un d'eux a eu la malencontreuse idée de tirer. Aussitôt des tranchées voisines, on a ouvert le feu sur eux, de sorte qu'ils ont été pris d'écharpe et de flanc sans être soutenus; bref, leur effort s'est trouvé annihilé.

Trois d'entre eux ont été tués; les deux autres, un adjudant et un caporal, blessés. Le caporal, véritable héros, avait reçu, pour sa part, trois balles dont une dans la tête, ce qui ne l'a pas empêché, avant d'être évacué, de raconter comment les choses s'étaient passées et ce qu'il aurait fallu faire, selon lui, pour réussir. J'ai donné l'ordre de remettre immédiatement la médaille militaire à ce gradé ainsi qu'à l'adjudant et je citerai à l'ordre ces cinq braves soldats.

Par deux fois, les attaques ont été reprises, mais il n'a pas été possible aux officiers et aux gradés, en raison de la violence du feu, de faire sortir des tranchées leurs soldats en nombre suffisant pour aboutir.

Bien qu'on n'ait perdu que 200 hommes pour deux bataillons, il a fallu reprendre la progression méthodique à la sape. J'ai cherché l'explication de ces défaillances et je l'ai trouvée d'abord dans le défaut d'encadrement et dans le peu de valeur des gradés nouvellement nommés, mais aussi dans ce fait que chaque compagnie avait reçu, la veille même, 100 hommes de complément qu'on avait été obligé de jeter brusquement au feu le lendemain. On avait opéré ainsi bien souvent déjà, sans trop d'inconvénients ; mais il se glisse maintenant, dans les détachements de complément, d'assez nombreux territoriaux, car bon nombre de dépôts n'ont plus assez de réservistes pour alimenter les corps. Ces pères de famille se sont trouvés un peu novices sous un feu dont ils ne soupçonnaient pas jusqu'alors l'intensité. Ils s'y feront comme les cadres eux-mêmes. Mais on ne peut les engager sans leur avoir donné, au préalable, quelque instruction et, en tout cas, la capacité d'offensive de ces troupes se trouve sensiblement réduite.

Je suis heureux cependant de rendre hommage à la ténacité de tous ces braves gens, qui sont jour et nuit à la tranchée, sous un bombardement incessant, ayant parfois, pendant plusieurs heures, sous leurs yeux les cadavres de leurs camarades tombés la veille en avant des retranchements et qu'on n'a pas encore pu retirer sous la violence du feu.

29 octobre.

Rien de bien nouveau sur le front : on a fait des reconnaissances très audacieuses, notamment sur Apremont et sur Loupmont, et relevé exactement l'existence des tranchées de défense ennemie. Quelques progrès ont été réalisés par avancement de nos tranchées. Je me plains cependant que, dans le bois Le Prêtre, à la droite, on n'ait pas encore poussé une pointe au nord de la tranchée de Fey.

Le général de Mondésir (8ᵉ Corps), que je vois à Commercy m'expose l'état de ses travaux. Il va continuer, par l'ouest, l'investissement de la corne sud-ouest du bois d'Ailly, commencé à la suite de l'attaque du 27, par l'occupation du talus du chemin de Marbotte à Saint-Mihiel. Il doit, en outre, reprendre prochainement l'attaque de cette corne à la fois par le bois et par le terrain découvert, après avoir encore gagné du terrain de manière à partir de moins loin.

Le général Delétoille étudie encore ses attaques sur Richecourt et le bois de la Sonnard, la première devant précéder la seconde de quelques jours et avoir lieu sans doute le 1ᵉʳ novembre au matin (la totalité de l'artillerie lourde doit appuyer chacune des attaques; c'est pourquoi elles seront forcément successives).

La date de l'attaque, que doit faire la 73ᵉ Division sur le bois de Mort-Mare, n'est pas encore fixée, le général Lebocq m'ayant demandé un délai de préparation.

Je reçois, vers midi et demi, l'officier de liaison de la IIIᵉ Armée, qui m'apporte des renseignements sur les opérations de cette armée.

Hier, on a exécuté, pour attirer l'attention de l'ennemi, deux attaques : l'une à gauche sur Vauquois (on a, en quelque sorte, investi Vauquois sans pouvoir s'en emparer), — l'autre, à l'est de la Meuse, vers Flabas. On a pu de même menacer Flabas en débouchant du bois d'Haumont et en occupant la lisière nord du bois des Caures; mais on n'a pu se maintenir sur cette lisière et, le soir, on a dû se replier sur la coupure du milieu du bois, d'où l'on était parti.

Espérons plus de succès ce matin; car, en ce moment même, le gros du 15° Corps lance son attaque principale sur les hauteurs Cuisy, bois de Forges, avec action secondaire à gauche sur le bois de Montfaucon, qui est tenu par l'ennemi.

Cette opération a sa valeur, puisque, comme je l'ai fait remarquer déjà, sa réussite permettrait de donner de l'air à la place de Verdun et de saisir deux routes auxquelles l'adversaire tient certainement beaucoup : celle de Forges, Montfaucon et surtout celle de Dun, Charpentry ; mais elle éloigne de la mission principale imposée aux I° et III° Armées, qui est la reprise des côtes de Meuse.

Je compte y revenir d'une façon très ferme, dès que l'incident en cours sera réglé et obliger la III° Armée à y consacrer le meilleur de son effort.

Le premier acte à prévoir reste toujours la reprise de Chauvoncourt; mais on peut, dès maintenant, et j'ai déjà réalisé pour ma part ce desideratum, rendre difficiles et précaires les communications de l'ennemi. Le seul examen de la carte fait ressortir que ces communications sont essentiellement constituées par la route d'Heudicourt, Buxières, Woinville, carrefour des Valottes, Saint-Mihiel et par celle de Vigneulles, Chaillon, carrefour nord de Varvinay, Saint-Mihiel.

En battant par le canon la montée sur la côte de la route de Woinville ou le carrefour des Valottes et la croisée des routes au sud-ouest de Buxières, on rend très difficile l'emploi de cette voie de communication. Le résultat a été obtenu avec du 155 long et un canon de marine (portée 12 kilomètres), installés à l'ouest et au sud-ouest du fort de Liouville.

Je tiens de plus sous la menace constante du canon, les ponts et passerelles de Saint-Mihiel qui ont déjà été atteints, puisque des aviateurs ont vu, un certain jour, des madriers voler en éclats.

Mais la III° Armée est seule en mesure d'atteindre le carrefour près de Varvinay en postant du 155 long aux abords du bois de la Selouze; encore faut-il que sa position soit assez solide sur cette partie du front pour permettre cette installation.

Après avoir ainsi troublé la sécurité des communications de l'ennemi et pris Chauvoncourt, s'il est possible, le plan serait d'exercer des pressions sérieuses des deux côtés nord et sud, pour obliger l'adversaire à lâcher les trois kilomètres qu'il tient sur la rive gauche de la Meuse.

Sans entrer dans tous ces détails, qui feront l'objet d'une directive, je me suis contenté pour aujourd'hui d'appeler, par l'intermédiaire de l'officier de liaison, l'attention du général commandant la III° Armée, sur l'intérêt d'une action d'artillerie sur le carrefour de Varvinay.

30 octobre.

L'attaque du 15° Corps (III° Armée) sur la position Cuisy-bois de Forges, n'a rien donné. L'action va continuer aujourd'hui, mais j'ai peu d'espoir.

Il va donc falloir bien vite revenir à la mission essentielle des I° et III° Armées, dont je parlais hier. C'est ce que je fais dire au général Sarrail par mon officier de liaison. Demain je lui enverrai mon chef d'État-Major avec les ordres préparés et pour nous entendre : 1° sur le jour où pourra se faire la relève de la 75° Division devant Chauvoncourt; — 2° sur le jour de la dissolution du 3° groupe de Divisions de réserve.

Rien de bien saillant au rapport des officiers de liaison à Toul.

La 73° Division a progressé un peu par sa droite dans le bois Le Prêtre, où la brigade Riberpray a pris hier un poste ennemi au nord de la tranchée de Fey et a poussé une pointe à sa place, une contre-attaque a été repoussée. Ce matin, le général Lebocq a donné l'ordre d'attaquer sur la Croix-des-Carmes avec la brigade Riberpray et plusieurs groupes d'artillerie. J'envoie le capitaine Alexandre en liaison de ce côté.

Je me rends à Malezéville au 2° groupe des Divisions de réserve : je vois le général Joppé et lui donne quelques directives pour l'instruction de ses troupes qui, au dernier combat, a laissé à désirer. Il faut commencer par faire l'instruction des cadres. Je lui demande donc de voir lui-même ses généraux et de les inviter à faire de même pour leurs officiers supérieurs.

Enfin, dans chaque corps, des théories pratiques seront faites aux officiers et sous-officiers, de manière à diriger sûrement l'instruction des troupes en vue du combat. Ne jamais laisser une troupe inactive plusieurs jours au cantonnement. Grande activité de la part de tous. Chaque jour, les officiers d'État-Major doivent donner des coups de sonde, suivant les ordres des généraux et chefs d'État-Major, pour constater la bonne exécution des ordres donnés.

Je m'occupe aussi de l'organisation défensive du Grand-Couronné, qui est loin d'être terminée, faute de main-d'œuvre suffisante, et qui pèche en bien des points par le défaut de flanquements.

A Toul, le colonel Fetter me parle d'une idée qui lui est venue l'autre jour, lorsque je voulais incendier le bois de Mort-Mare tenu par les Allemands. Il s'agit d'un réservoir de pétrole et d'un moteur actionnant une pompe qui enverrait le liquide à 3o mètres de distance. On va demain faire une expérience et voir s'il serait possible de mettre ainsi le feu à un bois.

L'attaque du 15e Corps n'a pas été reprise ce matin : le général Sarrail n'a pas jugé à propos de recommencer une offensive, qui n'a pas été menée hier avec toute l'énergie et l'ardeur nécessaires. Il est très mécontent; on le serait à moins.

La brigade mixte Riberpray a fait quelques progrès dans le bois Le Prêtre. Je les trouve lents, car la résistance ne paraît pas très vive. Enfin, attendons : l'attaque doit continuer demain.

J'ai la visite de M. Lépine, qui est venu s'assurer de la façon dont se faisait la distribution aux soldats de vêtements chauds (il est président d'une société créée à ce sujet). Il vient du 34e Corps, des Vosges par conséquent, et se montre tout heureux d'avoir foulé le sol alsacien.

31 octobre.

J'envoie mon chef d'Etat-Major à Verdun à la IIIe Armée pour lui porter mes directives.

Au 8e Corps, où je me rends, la situation devient de plus en plus pénible en raison du bombardement incessant auquel se livrent les Allemands et de l'économie de munitions qui nous est imposée.

Nous recevons sept fois plus de projectiles que nous ne leur en envoyons et nous faisons, dans les tranchées et dans les cantonnements, des pertes sérieuses que nous éviterions si nous pouvions détruire ou tout au moins réduire au silence les batteries adverses dès qu'elles se révèlent. Mais il faudrait, pour cela, répondre par des rafales et non par des coups isolés, comme nous y sommes réduits. Je demande aujourd'hui même une augmentation importante de l'allocation journalière en munitions de l'artillerie lourde du 8e Corps.

Les travaux de sape marchent sur tout le front. Au 31e Corps, l'attaque sur Rechicourt est pour après-demain matin.

Devant les Divisions de réserve du Grand-Couronné et devant la 71e Division (Baccarat), les Allemands, furieux sans doute, de mon coup de main entre Seille et Sanon, promènent quelques sections d'artillerie qui esquissent sans aucun résultat un bombardement de mes postes avancés. Elles ont envoyé un grand nombre de projectiles sur le fort de Manonviller et ses abords, où je n'ai absolument personne. Grand bien leur fasse ! C'est absolument inoffensif.

L'attaque de la brigade de Riberpray a permis à notre droite de s'étendre, en arc de cercle, depuis le chemin de Fey (au sud de la Croix-des-Carmes), par le Pillement jusqu'au Haut-de-Rieupt. J'espérais mieux; mais enfin, c'est un progrès.

A Toul, l'essai de mise de feu aux bois au moyen d'une pompe à pétrole et d'obus incendiaires n'a pas réussi.

Le G. Q. G. m'envoie l'ordre de préparer une opération en Alsace. Il me donnera dix bataillons de chasseurs alpins. Malheureusement, dans ce nombre, sont compris deux bataillons de la III° Armée et les deux miens qui constituaient une petite réserve. Il est scabreux de se priver de cette disponilité sur un théâtre où les Allemands peuvent devenir très agressifs et où je ne puis pas, de mon côté, conserver l'attitude passive ; car j'ai toujours la même mission : reprendre les Hauts-de-Meuse.

Je vais cependant étudier le projet et soumettre mes propositions avant le 12 novembre. A cet effet, j'enverrai demain mon chef d'Etat-Major conférer avec le général Putz, auquel je confierai l'exécution de l'opération, puisqu'il est sur les lieux et qu'il connaît parfaitement le pays.

1er novembre.

On aurait pu, hier au 31° Corps, prendre au moins l'une des tranchées en avant de Richecourt. Un coup heureux de notre artillerie avait bouleversé ce retranchement et fait fuir les défenseurs. Des tranchées françaises, on s'est contenté de tirer sur les fuyards. Je fais exprimer mon mécontentement au général commandant le 31° Corps et je compte que l'attaque de demain sera exécutée avec plus d'entrain.

Je me rends à Mamey pour suivre de plus près les opérations de la droite de la 73° Division. Là encore, on ne mène pas le combat avec toute l'ardeur désirable; les progrès devraient être plus sérieux et surtout plus rapides, pour ne pas donner le temps à l'ennemi de se réorganiser. Telles sont les observations que je fais au général Lebocq et au colonel Riberpray.

Dans l'après-midi, les Allemands contre-attaquent sur le Pillement et au nord-est de la Maison forestière. On repousse ces contre-attaques, mais elles limitent notre effort et je doute maintenant qu'on dépasse le front déjà atteint.

Le général Lebocq, qui a employé six bataillons à cette affaire, m'avait demandé ce matin deux bataillons actifs pour accentuer le mouvement enveloppant à sa droite. Je n'ai rien à lui donner et je ne tiens pas d'ailleurs à m'étendre vers Norroy. Son action dans le bois Le Prêtre ne vaut à mes yeux que par la facilité qu'elle peut donner de se rabattre sur Fey-en-Haye et de là sur Remenauville.

La relève de la 75ᵉ Division par le 58ᵉ d'infanterie se fera cette nuit.

Le 34ᵉ Corps, dont je ne parle pas souvent, parce qu'il opère sur un théâtre d'opérations momentanément secondaire, a pris la tête de Violu qui domine, au sud, le col de Sainte-Marie. Je lui ai prescrit de ne pas se livrer à des opérations importantes, nécessitant la mise en jeu de forces considérables et pouvant l'entraîner en dehors de son front.

Il ne peut évidemment rien risquer dans ce sens, en raison de la faiblesse de ses forces et de l'énormité du front à occuper; mais il conserve l'attitude agressive, tient les Allemands en haleine par des attaques continuelles et ronge peu à peu la ligne adverse, comme il vient de le faire, par exemple, à Violu, pour amener la chute du col de Sainte-Marie. Il fait bien.

Dans la partie reconquise de l'Alsace, je fais afficher dans toutes les localités, la proclamation reproduite à la suite des présentes notes.

2 novembre.

L'attaque sur Richecourt n'a rien donné. L'infanterie a attendu pour sortir de ses tranchées que l'artillerie ait fini de tirer, de sorte que l'ennemi a pu réoccuper sa ligne à temps. Nos fantassins sont arrivés jusqu'au réseau de fils de fer et y ont été arrêtés par un feu violent qui les a finalement rejetés.

On continue, à droite, l'opération commencée depuis deux jours dans le bois Le Prêtre. La brigade mixte se fortifie sur le terrain conquis et continue l'attaque sur la hauteur de la_Croix-des-Carmes. Mais c'est le troisième jour de combat et je crains qu'on n'y apporte plus tout l'entrain nécessaire.

Enfin, la 2ᵉ Division de cavalerie, avec deux bataillons de chasseurs et une compagnie cycliste, attaque sur Leintrey, Gondrexon. Je lui ai donné comme mission de s'emparer des détachements ennemis et de l'artillerie qui est venue canonner notre ligne avancée les jours précédents. J'ai voulu aussi lui fournir l'occasion de se signaler et d'effacer le mauvais souvenir que j'ai gardé de son action dans le dernier coup de main.

Je vais, dans la matinée, au 8ᵉ Corps ; le général de Mondésir me rend compte de faits véritablement extraordinaires, dont je ne citerai que les suivants : il devait placer au pont de Brassette un dispositif de mine ; or, la veille du même jour fixé, les Allemands ont tiré pour la première fois sur ce pont et l'ont fortement endommagé. Le Q. G. de la 16ᵉ Division était à Kœur-la-Petite : la maison occupée a été bombardée et un officier d'Etat-Major, blessé mortellement. Le Q. G. se transporte de nuit à Kœur-la-Grande : il y reçoit des projectiles le lendemain. Le général n'est pas plus heureux quand il abandonne cette localité pour se rendre au château du Jard, dans les bois. Le Q. G. ne tarde pas à y être bombardé, alors que jamais jusqu'ici, les Allemands n'avaient eu l'idée de tirer dans cette direction. L'observation directe n'ayant certainement pas pu fournir à l'ennemi les renseignements nécessaires pour la direction de son feu, dans les cas relatés ci-dessus, il faut admettre qu'il a reçu des indications par signaux ou par rapports d'espions. Le général de Mondésir en a eu la preuve en faisant saisir, à la suite de filatures délicates, cinq suspects qui ont avoué et au moyen desquels il va être sur la trace de toute une organisation comprenant des bailleurs de fonds et des comparses allant, moyennant finances, faire les signaux qu'on leur indique, des gens qui prennent des tenues militaires et arrivent à se procurer le mot auprès de sentinelles naïves. Enfin, détail plus triste encore, on a dû arrêter un sergent des G. V. C., chef de poste, qui a avoué son crime d'espionnage. Le sort de ces canailles n'est pas douteux, mais ces faits sont impressionnants et établissent, en tout cas, la maîtrise des Allemands en matière d'espionnage.

16 heures. Mauvaise journée décidément: le coup de force de la 2ᵉ Division de cavalerie n'a pas réussi complètement. Elle a bien refoulé devant elle les postes ennemis et atteint le front Leintrey, Gondrexon; mais elle n'a saisi ni infanterie, ni artillerie.

Elle demande à continuer demain. Que fera-t-elle de plus? L'ennemi est maintenant sur ses gardes. Comme je ne songe nullement à une rupture de front que je ne pourrais exploiter, et qu'il ne s'agissait que d'un coup de main, je lui prescris de rentrer.

Depuis deux jours, les Allemands ont établi trois passerelles supplémentaires à Saint-Mihiel. Dans quel but? Est-ce parce que je fais tirer sur les ponts existants qui ont plusieurs fois été endommagés? Est-ce dans un but offensif? Je n'en sais trop rien; mais comme j'ai fait relever hier la 75ᵉ Division ; qu'ils ont dû le savoir et que leur habitude, en pareil cas, est, comme chez nous d'ailleurs, d'attaquer, je préviens la 65ᵉ Division et le 8ᵉ Corps de prévoir une attaque de nuit.

J'ai, suivant l'autorisation reçue du G. Q. G., dissous, à la date de ce jour, le 3ᵉ groupe des Divisions de réserve. La 75ᵉ Division relevée a été retirée à Pierrefitte. Le général Legros, commandant la 65ᵉ Division prend sous son commandement le 58ᵉ d'infanterie, qui a relevé la 75ᵉ Division, le 40ᵉ d'infanterie, qui fait brigade avec le 58ᵉ et est en route pour rejoindre, enfin le 42ᵉ colonial, qui appartient à la 75ᵉ Division et que j'ai fait laisser momentanément sur le front au bois de la Grande-Charrière, pour ne pas relever la totalité de la ligne de combat de la 75ᵉ Division le même jour.

Le 71ᵉ B. C. P., commandant Court, du 2ᵉ groupe des Divisions de réserve, vient encore de faire 14 prisonniers. Je cite ce corps parce qu'il ne se passe de jour qu'il n'enlève un ou plusieurs postes allemands.

La nuit s'écoule sans attaque de la part des Allemands.

3 novembre.

Je me rends au 8° Corps pour donner au général de Mondésir les directives relatives à l'attaque de Chauvoncourt, que doit exécuter prochainement la 65° Division. Il y est intéressé en ce sens qu'il appuiera cette attaque avec la majeure partie de son artillerie lourde et deux groupes de 75 qu'il prêtera à la 65° Division.

Rien de bien important à signaler sur le front dans la matinée; mais, quand je quitte mon poste de commandement, vers 15 h. 3o, les Allemands canonnent avec rage notre ligne de combat au bois d'Apremont.

Je m'informe : c'est une attaque furieuse qu'ils dirigent sur le saillant de nos tranchées (près de l'M de forêt d'Apremont sur le 1/8o.ooo°). Après une heure et demie d'un bombardement, qui produit de véritables effets d'écrasement et auquel on peut difficilement répondre, parce que les fils téléphoniques viennent d'être coupés par les projectiles et les éclats et que l'attaque a lieu sous bois, un bataillon du 134° abandonne ses tranchées et cède environ 4oo mètres de terrain.

C'est un incident d'une certaine gravité. Cette attaque prouve que l'ennemi n'abandonne pas son idée de s'emparer du plateau au sud-ouest d'Apremont, pour y placer de l'artillerie et battre Commercy et Gironville. Peut-être aussi cherche-t-il à prendre à revers l'ouvrage du bois Brûlé et à le faire ainsi tomber.

J'invite le 8° Corps à faire l'effort nécessaire pour reprendre le terrain perdu.

Je reçois du G. Q. G., par le capitaine Pichot-Duclos, l'ordre de diriger sur l'armée Maunoury le 170°, ma seule réserve de gauche.

Cette armée n'a pas de réserve et se trouve dans une situation critique sous les attaques répétées de l'ennemi. Il faut donc se soumettre, sans objection, dans l'intérêt général; mais je vais à mon tour être bien appauvri.

On me remplace le 170° par deux bataillons de chasseurs qu'on enlève au 15° Corps (III° Armée). De plus, je suis invité à constituer, pour mon groupe d'armées, une réserve d'une brigade du 5ᵉ Corps. C'est peut-être aller un peu loin et dégarnir par trop l'aile gauche de la IIIᵉ Armée, à l'ouest de Verdun. Je vais étudier les moyens de parer au danger en augmentant la fortification.

On me demande, en outre, de mettre en réserve une Division de réserve du Grand-Couronné, quitte à la remplacer en première ligne par des troupes territoriales. Encore ne me donnera-t-on pas une Division entière. C'est un nouveau point faible que l'on crée sur mon front. Attention !

4 novembre.

Le 8ᵉ Corps a fait cette nuit quatre contre-attaques successives pour reprendre le terrain perdu dans le bois d'Apremont. Elles n'ont pas réussi, car elles ont eu lieu sous les rafales de l'artillerie ennemie. La nôtre n'a pas préparé ces attaques.

Le commandant du 8ᵉ Corps me fait savoir, de bonne heure, qu'il n'a pas cru pouvoir, devant ces insuccès, ordonner une cinquième contre-attaque et qu'il reprendra l'offensive après un repos et une sérieuse préparation de l'artillerie, pour laquelle il manque de munitions.

Je lui dis combien j'ai été affecté de voir l'un de ses bataillons quitter ses tranchées sous le feu de l'ennemi et je l'invite à faire connaître, par la voie de l'ordre, que le fait d'abandonner ses tranchées sous le bombardement engage l'honneur de l'unité qui a une pareille défaillance.

On fait d'ailleurs plus de pertes en quittant le retranchement sous un bombardement qu'en s'y cramponnant.

Je préviens le général de Mondésir qu'il aura à sa disposition les quantités de munitions nécessaires pour l'attaque qu'il envisage et je le prie de la préparer pour un jour très prochain.

5 novembre.

Les Allemands manifestent aujourd'hui une activité particulière sur mon front. Ils attaquent entre Nomény et Lanfroicourt, sur Arracourt, sur les Jumelles, sur le bois de

Bathelemont (2ᵉ groupe de Divisions de réserve), sur Herbe-
ville et sur Gerbéviller (71ᵉ Division), enfin sur diverses parties des Vosges. Partout ces attaques sont repoussées.

Devant Chauvoncourt, ils ont attaqué un petit poste sans
succès. Dans la journée, on me rend compte qu'ils plantent
des pilotis dans la Meuse à Saint-Mihiel. Que veut dire cette
nouvelle précaution de leur part? Ils ont déjà cinq passages à
Saint-Mihiel. Ce ne peut être que dans un but offensif.

N'est-ce pas dans ce but déjà que la 47ᵉ Division de réserve
a été jetée en première ligne, permettant ainsi un resserre-
ment du Vᵉ Corps sur sa gauche et qu'a eu lieu l'attaque de
la 5ᵉ Division de réserve bavaroise dans le bois d'Apremont.

Cette supposition n'a rien d'exagéré, au moment où les
Allemands ont échoué dans leur tentative de refoulement de
notre aile gauche et d'enveloppement par la Belgique.

Ils ont d'ailleurs embarqué des troupes pour des desti-
nations inconnues et retiré le IIᵉ Bavarois du front. S'ils ame-
naient certains de ces corps en Woëvre, il n'y aurait rien
d'étonnant à ce qu'ils cherchent de nouveau à percer par
Chauvoncourt et tourner Verdun par le sud.

J'appelle, par télégramme chiffré, l'attention du général
en Chef sur ce plan possible.

Je reçois à 15 h. 30 la visite du général Putz, qui
m'apporte l'étude entreprise, suivant mes directives, sur
l'expédition projetée en Alsace dans le but d'en occuper certaines vallées.

Cette occupation serait limitée à la zone comprise entre la
crête des Vosges, Cernay et Colmar (cette dernière ville
exclue). Je ne vois, en effet, ni possible, ni utile de tenir Colmar, qui serait sous le canon de Neu-Brisach et dont l'occupation nous obligerait à un déploiement de forces (hors de
proportion avec le but poursuivi), contre un retour offensif
certain des Allemands. Le plan d'opérations est très bien
étudié. Je l'approuve et je l'envoie au G. Q. G.

Dans la soirée, les Allemands dirigent une nouvelle attaque sur la même partie du front que la veille, dans la forêt
d'Apremont. Cette fois, des détachements de pionniers sont

en tête des colonnes d'attaque, ce qui indique bien que les Allemands s'imaginaient arriver à la ligne principale de résistance. Ces attaques ont été victorieusement repoussées.

6 novembre.

Des renseignements complémentaires sur le combat du 4, dans le bois d'Apremont, il résulte, comme je l'ai déjà noté, que l'artillerie a peu donné et mal appuyé l'infanterie. L'une des causes en serait la rupture presque immédiate, sous le bombardement, des liaisons téléphoniques. Je ne veux plus qu'il en soit ainsi et je me rends à Commercy pour m'entendre à ce sujet avec le général commandant le 8ᵉ Corps.

L'artillerie doit, à la fois, combattre les batteries ennemies et appuyer directement l'infanterie. Dès qu'un bombardement commence, une partie de l'artillerie dirige son feu sur les batteries ennemies qui se révèlent, ou dont on soupçonne les emplacements; mais le reste, à défaut même d'indications données par les observateurs ou par l'infanterie, doit immédiatement bombarder à son tour l'infanterie ennemie dans la zone déjà prise à partie par l'artillerie amie.

Les instructions doivent être données, les objectifs reconnus et les éléments du tir pris d'avance, pour que les tirs d'efficacité se déclenchent, même en cas de rupture des fils téléphoniques.

Le général de Mondésir prépare son attaque dans le bois d'Apremont pour après-demain.

Je vois aussi, à Commercy, le général Legros, qui me présente son projet sur Chauvoncourt. L'opération se fera sans doute dans trois ou quatre jours.

Pendant mon entretien avec le général de Mondésir, la droite de son Corps d'Armée a repris l'offensive sur l'initiative d'un chef de bataillon du 13ᵉ, commandant Gésippe, brave soldat qui a malheureusement payé de sa vie ce beau mouvement. Le bataillon a rejeté les Allemands vers le nord et repris une partie notable des tranchées perdues l'avant-veille par le 95ᵉ (au sud-est de l'M de la forêt d'Apremont, carte au 1/80.000ᵉ).

A 17 heures, je suis avisé de la visite du ministre de la guerre pour le lendemain.

7 novembre.

Je vais à Commercy à 8 h. 30 pour recevoir M. Millerand. Je le mets au courant de la situation de la I⁺ Armée et le conduis au fort de Gironville, avec l'espoir de lui montrer au moins une partie du front occupé. Malheureusement un épais brouillard nous cache absolument le paysage et nous percevons à peine quelques rares éclatements.

Nous revenons à Toul, où le ministre s'entretient avec mon général D. E. S. et ses chefs de service.

Déjeuner à la popote de Neuves-Maisons, où M. Millerand me fait l'honneur de se rendre. Visite, l'après-midi, des champs de bataille de la Mortagne et de Gerbéviller, dont les ruines forment un tableau inoubliable de la barbarie et de la férocité des Allemands. Le ministre me quitte à 16 heures.

8 novembre.

Je me rends au 31ᵉ Corps à Hamonville, où je vois les généraux Delétoille et Compagnon. Je m'entends avec eux sur une attaque qui pourra être faite dans quelques jours sur le Haricot au sud de Saint-Baussant.

On avance à la sape au nord du bois de Remières et on sera bientôt suffisamment rapproché pour se lancer à l'attaque et pour établir, derrière des boucliers, une ligne de feu contre les réseaux de fil de fer ennemis, pendant que les sapeurs feront sauter ces réseaux. On pourra ensuite donner l'assaut.

Le général Delétoille voudrait, à sa gauche, s'avancer sur le bois de Géréchamp en boyaux de mine et faire sauter la tranchée ennemie. Il me demande une compagnie du génie supplémentaire, à cet effet. Je vais voir si Toul peut encore donner quelque chose. J'en doute.

Je vais à l'artillerie lourde de Bernécourt, assez arrosée comme toujours. Je me rends compte sur place qu'il y a tout intérêt à grouper, sous un même commandement, tous les éléments d'artillerie appelés à opérer sur le même terrain. Je mets donc le groupe lourd Brancillon sous les ordres du lieutenant-colonel Ehrard, commandant l'artillerie du 31ᵉ Corps.

De même à droite, l'artillerie lourde et de campagne, qui se trouve dans la zone de la 73ᵉ Division, sera commandée par le colonel commandant l'artillerie de cette Division. J'enverrai d'ailleurs demain à tous les corps une instruction sur la tactique d'artillerie, de manière à obtenir l'unité de doctrine.

A Toul, je trouve le général Sarrail, accompagné du général Micheler, venu pour me rendre compte des dispositions prises, au 6ᵉ Corps notamment, en conformité de mes directives. C'est très bien : nous sommes complètement d'accord.

C'est ce soir à 16 heures que le 8ᵉ Corps attaque dans la partie orientale de la Vaux-Féry, comme riposte à l'attaque allemande du 3. Mais déjà ce matin, l'ancien bataillon Gésippe a repris l'attaque du 6 et regagné encore une tranchée perdue près de la redoute du bois Brûlé.

9 novembre.

L'attaque du 8ᵉ Corps d'hier soir n'a donné qu'un résultat insignifiant : l'occupation d'un petit ouvrage de section à une centaine de mètres en avant de nos tranchées. C'est peu pour le nombre énorme de projectiles d'artillerie consacrés à la préparation.

Cette préparation a d'ailleurs été loin d'être parfaite. Le rectangle d'attaque était encore trop grand et a été arrosé trop uniformément, au détriment de l'ouvrage même qui était l'objectif précis et qui n'a pas été écrasé. Je crois aussi que le tir a été un peu trop à droite.

L'attaque devait être menée par un bataillon et demi du 134ᵉ, en dehors des troupes de tranchée. En réalité, la première compagnie seule est partie à l'attaque et n'a pas été soutenue. Elle a mis 50 minutes (au lieu de 20, comme on l'avait apprécié d'abord) pour gravir la pente très raide conduisant à l'ouvrage allemand et s'est heurtée à des abatis non désorganisés. De plus, une sape descendait de l'ouvrage vers nos tranchées. Pendant qu'on y envoyait un détachement, sous les ordres d'un lieutenant, pour voir si cette sape était organisée défensivement, un certain nombre de territoriaux nouvellement incorporés lâchaient pied et rentraient dans les tranchées. Le capitaine ayant trouvé la sape organisée défensivement et protégée de plus par des abatis, n'ayant plus d'ailleurs assez de monde pour songer à forcer de pareils obstacles, se repliait sans que le commandant songeât à le renforcer ou à prendre une autre direction d'attaque.

Tout cela est peu brillant et d'ailleurs assez imprécis. Je demande ce matin au général de Mondésir un rapport sur la façon dont les ordres ont été donnés et exécutés et sur l'action personnelle des officiers généraux et des capitaines.

Il s'est passé cette nuit, à la 65e Division, un fait assez extraordinaire. Une patrouille composée d'un adjudant et de quatre hommes du 42e colonial, tous volontaires et habitués de ces sortes d'expéditions, se portait vers Ménouville. Arrivés près des maisons, ils trouvaient des cadavres français ; mais, tandis qu'ils se penchaient sur les premiers pour les reconnaître, d'autres pseudo-cadavres se levaient soudain et les fusillaient à bout portant. L'adjudant et deux hommes tombaient aussitôt pour ne plus se relever; les deux autres soldats eurent, à ce moment, la présence d'esprit de se jeter à terre comme s'ils étaient touchés. Les cadavres en question étaient des Allemands bien vivants, revêtus de défroques enlevées à des morts. Leur coup fait, les Boches s'étaient empressés de déguerpir. Les deux patrouilleurs purent ainsi rentrer dans nos lignes sains et saufs.

En passant à Toul, je reçois une invitation à dîner de M. Mirman, préfet de Nancy, à l'occasion du passage de MM. Viviani et Bourgeois. Je m'y rends à 17 h. 1/2 et je suis de retour au Q. G. à Neuves-Maisons, à 23 heures.

10 novembre.

Après le rapport des officiers de liaison à Toul, je vais à Commercy pour insister encore auprès du général commandant le 8e Corps sur la nécessité d'une organisation permettant une relève plus régulière de sa ligne de combat (j'ai appris, en effet, que la garde des tranchées durait plusieurs jours) ; je désire, en outre, qu'il y ait toujours une réserve générale d'un régiment au moins. Précisément, le général de Mondésir a préparé à ce sujet des ordres qu'il me montre et que j'approuve.

Ces mesures sont indispensables pour ménager l'état moral de la troupe et des cadres : l'énergie s'use vite sous bois dans les tranchées et dans la boue. Il faut, aussi souvent que possible, procurer un repos complet à l'air libre.

Je demande aussi au général de faire actionner plus énergiquement les commandants de secteur et les commandants de bataillon de première ligne, en les rendant personnellement responsables des malfaçons et du manque d'activité de cette première ligne. Il faut exiger d'eux qu'ils aillent aux tranchées les plus avancées, où ils pourront constater, par exemple, que les flanquements manquent et que de longues tranchées sont infranchissables pour l'offensive, comme je l'ai fait observer souvent moi-même ; enfin, que les hommes s'enkylosent et se démontent faute d'activité soutenue. Rien n'est salutaire comme de les faire travailler pour rectifier et améliorer le front ; mais c'est très difficile à obtenir, je le reconnais.

C'est bien l'idée du général de Mondésir, qui a déjà donné des ordres dans ce sens et qui insistera personnellement.

Je visite, avant de partir, le petit polygone d'essai du 8ᵉ Corps et l'atelier où le général fait fabriquer ses petits mortiers, ses bombes et ses grenades à fusil. On fait quelques tirs en ma présence. Les résultats obtenus sont des plus satisfaisants.

J'ai emporté les rapports sur l'attaque du 8. Je les examine à Toul et je fais les observations suivantes :

1° La zone à battre par l'artillerie avait 400 mètres sur 200. C'est trop pour qu'il soit possible d'obtenir des effets certains d'écrasement. De plus, cette zone ne coiffait pas l'objectif d'attaque qui se trouvait sur le bord septentrional. D'ailleurs, le tir a été d'abord trop court et trop à droite, et, finalement, peu précis.

2° Envoyer une compagnie à l'attaque quand on a six de ces unités, c'est aller au-devant d'un insuccès. Encore cette unique compagnie n'a-t-elle fini par ne lancer que deux sections sur l'ouvrage.

Il fallait attaquer avec quatre compagnies au moins et aborder les deux flancs de l'ouvrage, en même temps qu'on sautait au centre sur les deux têtes de sape.

3° En n'attaquant que la partie gauche de l'ouvrage, le lieutenant-colonel M... avait l'idée de faire soutenir la compagnie de tête par une seconde, puis par une troisième compagnie. Mais alors comment approuver la conduite du chef de bataillon qui laisse, pendant quatre heures, la compagnie d'attaque au contact de l'ennemi, sans la soutenir autrement qu'en poussant deux sections dans les tranchées de première ligne et se contente de la recevoir quand elle se replie.

J'envoie des observations dans ce sens au 8° Corps.

À Toul, je reçois l'officier de liaison de la III° Armée, qui me communique des renseignements fournis par des otages récemment rendus par les Allemands. (Détails sur le maire de Woinville. — Situation des batteries. — Camp dans le bois de Gobesard. — Existence de cuisines et de rassemblements dans le ravin plus au sud-ouest. — Dépôts de munitions à la sortie est de Woinville). — Je vais communiquer toutes ces données au 8° et au 31° Corps et faire bombarder. — (Détails sur la vie des Allemands dans le bois d'Apremont. Paniques. Crainte de l'espionnage français — ceci est un comble! — Le prince héritier de Bavière de passage à Buxières y est bombardé; il s'éloigne et est poursuivi par les obus.) On croit à des indicateurs imaginaires, alors que c'est le pur effet du hasard : efficacité du tir de notre pièce de marine.

La 74° Division devait opérer avec un régiment de cavalerie dans la région de Coincourt. Elle rend compte que le brouillard a empêché l'artillerie et la cavalerie d'opérer, que l'infanterie s'est trouvée seule et qu'elle n'a pu que repousser les postes ennemis.

Que l'artillerie ne puisse agir par brouillard, soit! Mais que la cavalerie ne marche pas non plus, c'est inadmissible.

Je le fais savoir; ce n'est d'ailleurs pas la cavalerie qui a eu cette idée, mais bien le commandement supérieur.

Pendant la nuit, on m'apporte un radio allemand saisi, dans lequel il est mentionné en clair que Dixmude est pris.

Presque en même temps, je reçois du G. Q. G. l'ordre d'envoyer dans le nord d'abord mes quatre bataillons de chasseurs (les deux qui sont cantonnés au Ménil et environs, 6ᵉ et 24ᵉ et les deux bataillons de la IIIᵉ Armée, en réserve vers Pierrefitte (23ᵉ et 27ᵉ), puis une brigade active entière.

L'ordre est impératif et j'ai d'autant moins l'envie de faire des objections, que la partie se joue de façon décisive en ce moment dans le nord.

Je vais donc prélever cette brigade sur le 31ᵉ Corps (six bataillons de la division de Vassart, c'est-à-dire quatre de la brigade Castaing et deux coloniaux). En même temps, je donnerai l'ordre à la 73ᵉ Division d'interrompre son offensive dans le bois Le Prêtre et de m'envoyer trois bataillons de la brigade Riberpray, en réserve d'armée à Nancy. Je vais être bien appauvri, mais je n'en ferai pas moins, dans quelques jours, l'attaque de Chauvoncourt. Pour amener une certaine économie des forces, je prescrirai d'établir, partout où c'est possible, de véritables zones infranchissables de réseaux de fil de fer, en n'occupant que les points de flanquements de ces zones.

Les ordres sont donnés pour que les embarquements se fassent demain à Toul, Mussey et Commercy.

11 novembre.

Je me rends à Manonville au Q. G. de la 73ᵉ Division, pour voir le général Lebocq, l'inviter à se mettre momentanément sur la défensive dans le bois Le Prêtre, à s'y fortifier solidement et à faire, sur sa première ligne, les économies nécessaires pour se reconstituer une réserve propre de deux bataillons.

Précisément à l'est et à l'ouest de la tête du ravin de l'Ache, il est possible de créer une partie de front infranchissable en réseaux de fil de fer de 1.500 mètres de longueur, à condition de les bien flanquer. Il sera ainsi possible d'économiser au moins deux bataillons. On va s'y mettre immédiatement.

Les Allemands bombardent, de midi à quatorze heures, les Paroches; c'est une réponse sans doute aux coups qu'ils ont reçus, à Menouville notamment, sur la maison du garde-barrière organisée par eux en blockhaus.

Dans la nuit, j'apprends que le général Legros a pris cette maison ainsi que les tranchées voisines. C'est un petit progrès, mais il a sa valeur.

12 novembre.

Je prescris au 8ᵉ Corps d'établir une pièce au moins de 75 au bord de la Meuse dans la presqu'île de Bislée, pour battre Menouville et appuyer ainsi l'attaque ultérieure de la 65ᵉ Division. Cette pièce sera très exposée, c'est entendu; mais elle pourra tenir cependant, si on lui fait le logement nécessaire. Le commandant du 8ᵉ Corps avait eu déjà l'idée de cet établissement; je ne fais qu'en presser l'exécution. Etrange guerre, en vérité, que celle-ci, où un commandant de groupe d'armées est obligé d'entrer dans de pareils détails.

La 71ᵉ Division a monté pour aujourd'hui un coup de main sur Petitmont, Val-et-Châtillon et ultérieurement sur Cirey. A 9 h. 30, on me rend compte que le détachement allemand de Val-et-Châtillon s'est replié devant l'attaque, qui continue sur Cirey sans autre résultat que de refouler l'ennemi sur sa ligne de défense principale.

Je suis très mécontent de cette manière d'opérer, qui ne conduit à aucun résultat. Il ne s'agit pas de faire reculer l'ennemi, mais bien de le prendre. Il ne faut donc pas attendre qu'on l'ait fixé de front pour le tourner. Ce dernier mouvement, dans les conditions présentes, doit accompagner l'attaque de front ou mieux la précéder; le peu de résistance des forces qui nous sont opposées justifie ce dernier procédé. Je vais donner des instructions dans ce sens; il faut montrer plus d'audace.

Dans l'après-midi, les Allemands bombardent avec rage le plateau au sud du bois Jurat et les tranchées du bois de la Louvière (8° Corps). Une attaque sur ce dernier point est repoussée avec pertes pour l'ennemi.

Sur le front du 34° Corps, Charemont est bombardé sans résultat et, dans la nuit, la tête de Violu est attaquée à la faveur d'une tempête de neige; mais les Allemands sont repoussés.

La perte de cette dernière position leur tient décidément à cœur, car ils renouvellent leurs attaques d'une façon inlassable sur ce point. Ils restent collés contre les pentes, à peu de distance des fils de fer, dans un angle mort que le général Putz va faire battre au moyen de mortiers de petit calibre.

11 novembre.

Lors de mon passage au 8° Corps, on me donne quelques renseignements sur l'attaque de la veille. Ce sont des bombes lancées par les minenwerfer qui ont désorganisé une partie de la tranchée. Les défenseurs se sont écartés des points de chute et les Allemands en ont profité pour se jeter sur le retranchement ; mais ils en ont été chassés avec pertes.

Il n'en est pas moins vrai que ces bombes tirées à 200 ou 300 mètres, tout en n'ayant pas un rayon d'action important (à peine quelques mètres), ont une détonation terrifiante et désorganisent sérieusement les parapets et les tranchées. Nous n'avons malheureusement rien de semblable : les appareils Moissan (composés de 5 à 7 obus de 12, suivant qu'on les lance avec des mortiers de 15 ou 22 centimètres) ne sont pas en faveur, en raison de l'énorme colonne de fumée au départ, qui attire le feu de l'ennemi.

Aussi, le mieux est de déclencher aussi vite que possible le feu d'une batterie ou d'une pièce de 75, ce qui a le don de réduire immédiatement au silence les mortiers allemands.

Précisément, lors de l'attaque du 12, l'artillerie n'est pas intervenue et son abstention est due à ce que l'infanterie n'a pas demandé son concours. Il y avait eu une relève et le capitaine intéressé, par ignorance sans doute, n'a pas usé du téléphone.

Le général de Mondésir fera les observations nécessaires, mais je l'invite, en outre, a organiser très sérieusement les signaux par fusées. Il faut mettre des fusées rouges à profusion sur la ligne de combat; au premier coup de l'ennemi, une fusée partira du point menacé et sera le signal de demande du feu de l'artillerie. Ce signal sera complété par un coup de téléphone pour préciser le carré à viser sur la carte quadrillée; mais l'artillerie devra ouvrir le feu même sans coup de téléphone, en se contentant de l'indication donnée par le départ de la fusée.

J'ai prescrit, en outre, de multiplier, dans les tranchées de première ligne, le nombre des observateurs d'artillerie.

Je reçois avis du G. Q. G. qu'on me donne la 10ᵉ Division de cavalerie (six régiments), mais qu'elle a besoin de repos. Elle débarquera vers Charmes, le 16. Je la mettrai dans des cantonnements larges au sud de la Moselle, où elle se reposera pendant huit jours ; puis je l'emploierai en première ligne, en lui demandant du service à pied.

On me rend compte, de la IIIᵉ Armée, que la voie ferrée à l'ouest de Verdun, qui avait été endommagée par le tir des Allemands à Aubréville, a été réparée; mais qu'elle vient d'être atteinte de nouveau. L'ennemi a fort bien compris l'importance de cette ligne de communication. Mais il faut en finir avec cette menace et la première mesure à prendre est de placer aussi près que possible du front, dans cette région, du 155 et du 95, pour réduire au silence l'artillerie allemande. C'est ce que va faire la IIIᵉ Armée, en attendant qu'elle puisse y mettre une pièce de marine.

Plusieurs attaques secondaires ont été repoussées au nord-est et à l'est de Verdun. Mais c'est ainsi presque chaque jour, et le plus souvent, je ne le mentionne même pas.

Près de Combres, on investit, en ce moment, un blockhaus allemand dont on est distant de 7 à 8 mètres et qu'on va faire sauter incessamment. Cette hauteur de Combres nous donnerait des vues fort utiles sur la plaine pour l'action de notre artillerie.

A ce propos, on a su, par des prisonniers, que le tir sur Woël exécuté des environs de Champlon, d'après mes ordres, avait produit grand effet. Un Q. G. de Division a quitté précipitamment la localité et on a interdit l'usage de la route à certaines heures du jour et de la nuit. C'est bon à savoir : nous ne tirerons plus à ces moments-là.

Sur le front du 8ᵉ Corps, nouveaux tirs de bombes sur la redoute du bois Brûlé et les tranchées à l'ouest, non suivi d'attaques. C'est bien la partie du front qui intéresse le plus les Allemands.

14 novembre.

Le G. Q. G. a fait droit à une demande récente de ma part, en mettant à ma disposition trois des bataillons de chasseurs alpins territoriaux. Je vais les diriger sur le 34ᵉ Corps où le général Putz s'en servira dans les Vosges.

Les détachements de recrues commencent à arriver; je vais de nouveau inviter les commandants de Corps d'Armée à faire de larges économies sur leur front pour se constituer des réserves. Il nous faut des troupes reposées pour répondre aux efforts incessants, que font les Allemands avec des corps de nouvelle formation.

Cette constitution de corps nouveaux est, à mon avis, une mesure à ne pas imiter ; il vaut cent fois mieux s'en tenir aux corps actuels et les alimenter; mais il faut aussi en faire reposer une bonne partie pour tenir la campagne. Ce sont d'ailleurs les instructions même du G. Q. G.; elles sont très sages.

Les coups de main sur le front de la 71ᵉ Division ont permis de s'assurer que les Allemands avaient peu de monde dans la région Blamont-Cirey. Je vais donc ordonner une attaque plus serrée sur Cirey, de manière à capturer quelques détachements et à inquiéter les Allemands.

Au 31ᵉ Corps, où je suis vers 14 heures, on me rend compte des pertes sérieuses subies par la compagnie du génie, qui marche en sape des tranchées sur la corne sud-ouest du bois de Géréchamp. Les Allemands dirigent sur ces travaux un bombardement lent mais incessant, de jour et de nuit, sans qu'on ait pu encore situer de façon précise la batterie qui tire.

Je ne fais pas de compliments à l'artillerie du 31ᵉ Corps, mais je ne puis que l'inviter à redoubler d'activité et de vigueur pour protéger les sapeurs.

J'engage aussi le commandant de Corps d'Armée à voir s'il ne serait pas temps de marcher en sape couverte, afin de dérouter l'ennemi (on est encore à une cinquantaine de mètres de la position à faire sauter).

Les sapes avancent également sur le haricot au sud de Saint-Baussant et, sur ce point, l'attaque pourra être faite dans quelques jours.

15 novembre.

Au 8ᵉ Corps, de bon matin, les Allemands recommencent leurs attaques sur les tranchées à l'ouest de la redoute du bois Brûlé. Ils y sont repoussés et laissent entre nos mains 27 prisonniers, dont 2 sous-officiers.

La 73ᵉ Division envoie, de son côté, un détachement de 15 prisonniers faits dans le bois Le Prêtre (Quart en réserve). Ce sont des Alsaciens fort satisfaits de leur sort. Ils racontent qu'à la suite des attaques des Français, un régiment de nouvelle formation, le 220ᵉ, a été amené dans le bois, puis bientôt retiré en raison de son attitude déplorable au feu. De plus, à la suite de mes attaques réitérées, on a fortement réduit la garnison du bois de Mort-Mare, pour bourrer de troupes le bois Le Prêtre.

On me signale une activité intense à la gare de Metz et sur les voies ferrées vers le nord-ouest. Je suppose que ce sont des renforts à destination de l'aile droite allemande, qui a subi la semaine dernière des pertes énormes.

Je reçois le commandant Renouard, qui vient de la part du général Joffre, me parler d'une répartition nouvelle de l'aile droite française, dans le but d'augmenter mes moyens d'action sur les Côtes de Meuse. On me donnerait en propre le 6ᵉ Corps et les troupes intercalées sur son front : 67ᵉ Division de réserve et brigade du 8ᵉ Corps; mais j'aurais en plus

Verdun. La III⁰ Armée recevrait le 2⁰ Corps et cesserait d'être sous mon commandement, pour faire complètement face au nord.

J'accepte bien volontiers ces dispositions nouvelles, tout en avouant ma répugnance à accepter Verdun. Cette place ne saurait m'être d'aucun secours, puisqu'elle emploie sur ses fronts nord et est la presque totalité de ses ressources. D'autre part, l'aile droite de la III⁰ Armée, qui s'étendra jusqu'à la Meuse au nord de Verdun, chevauchera sur une partie du front nord de la Place. Comment admettre que les éléments de ce front ne soient pas sous le même commandement ?

Il y aura, en tout cas, sur la Meuse, un point de jonction toujours délicat. Que se passera-t-il si l'ennemi attaque la Place au nord, par les deux rives de la Meuse ? Faudra-t-il que je dirige ma réserve à travers la zone de la III⁰ Armée, alors que celle-ci serait à portée de secourir beaucoup plus directement ce point ? Et puis, si la III⁰ Armée est elle-même attaquée sur son centre, n'aura-t-elle pas une tendance naturelle à dégarnir sa droite, puisque désormais la place de Verdun n'est plus à ses ordres ? Il n'est pas exagéré de prévoir des difficultés et peut-être des conflits.

Non, décidément, je crois qu'il vaut mieux laisser Verdun à la III⁰ Armée et admettre que le point de jonction des I⁰ et III⁰ Armée sera aux Éparges, la Division de Morlaincourt maintenant simplement son front actuel dans la Woëvre, avec l'obligation de tenir le point de Woël sous son canon.

Quant à ma droite, je propose de mettre aux ordres du général Putz (34⁰ Corps), la 71⁰ Division de réserve, l'une de mes deux Divisions de cavalerie, la brigade de réserve de hussards et les places de Belfort et d'Épinal.

Ce 34⁰ Corps ainsi renforcé resterait d'ailleurs sous mon commandement. Enfin, je transférerais mon Q. G. à Ligny. Telles sont les propositions que le commandant Renouard emportera demain pour le G. Q. G.

NOUVELLE ATTAQUE INFRUCTUEUSE SUR CHAUVONCOURT

(16 et 17 novembre 1914).

16 novembre.

Le canon de 155 du Creusot, qui tire à 13 kilomètres, a été amené par tracteur cette nuit à Flirey, presque à la barbe de l'ennemi. J'ai prescrit de battre Saint-Benoît, ce qui va, j'espère, fortement gêner les Allemands, qui ont construit une voie ferrée allant de Chambley par Saint-Benoît à Vigneulles, Heudicourt et au sud.

J'ai reçu, en outre, 3.000 charges spéciales de 155, pour obtenir des portées de 11 kilomètres 600. Je vais constituer une batterie de deux pièces de 155 pour tirer ces 3.000 coups; elle sera très mobile (tracteur) et constituera, avec le canon du Creusot, un élément d'artillerie de réserve, que je mets aux ordres du commandant Wasser et qui va se promener le long de mon front, pour battre tous les points vitaux des communications de l'ennemi.

A 14 heures, commence l'attaque de la 65ᵉ Division (avec, à sa droite, le 40ᵉ) sur Chauvoncourt et la hauteur cotée 277. Cette attaque est appuyée à gauche par le 6ᵉ Corps, auquel j'ai donné l'ordre, par télégramme hier soir, de prendre l'offensive par sa droite vers la côte Sainte-Marie. A droite, le 8ᵉ Corps, appuie de son côté avec toute son artillerie.

Bonne préparation par l'artillerie. A 16 heures, la 65ᵉ Division prend le bâtiment pentagonal des casernes et cherche à progresser dans Chauvoncourt, mais elle se heurte à une nouvelle ligne de défenses à hauteur de la seconde caserne.

A sa droite, la compagnie franche (le général Legros, avait formé avec des volontaires, deux compagnies franches qui devaient, comme têtes d'attaque, marcher l'une sur Chauvoncourt et l'autre sur la cote 277), la compagnie franche n'a pas réussi à aborder la première tranchée, ayant été arrêtée par un véritable barrage de feux d'artillerie. Le général

Legros me fait dire que le combat va continuer cette nuit et qu'il prendra les tranchées.

A la gauche de la 65°, les bataillons de chasseurs (droite du 6° Corps), progressent sur la hauteur cotée 322.

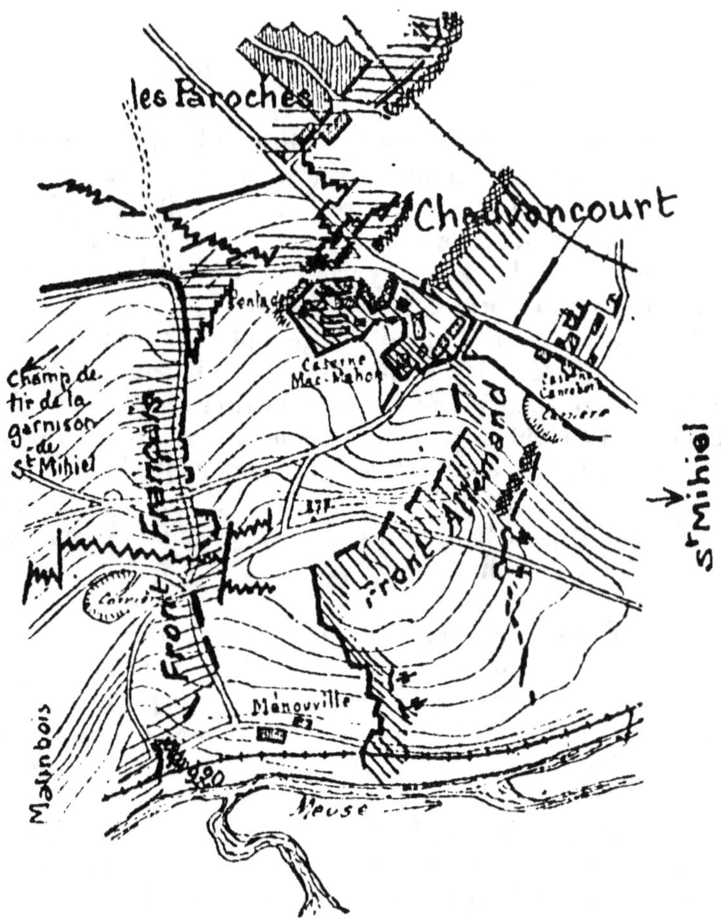

Attaque du 16 novembre 1914 sur Chauvoncourt.

Les attaques doivent continuer dans la nuit et reprendre avec plus de vigueur, s'il est possible, demain au jour.

Je donne l'ordre, à 21 heures, au 8° Corps d'appuyer la 65° en attaquant à fond de son côté. Le général de Mondésir me répond que le temps lui manque pour préparer son attaque par l'artillerie et que ce que je lui demande est un rôle de sacrifice sans résultat possible.

Un moment de réflexion : il n'a pour toute réserve que trois bataillons qu'il vient de retirer des tranchées; je n'ai rien sous la main comme réserve d'armée, je ne puis donc lui demander ce rôle de sacrifice. Je maintiens cependant mon ordre d'attaque, en ajoutant que je laisse au général commandant le 8ᵉ Corps le soin de donner à cette attaque toute la vigueur possible et compatible avec sa situation.

Je suis, au fond, mécontent de la déclaration si pessimiste du général de Mondésir. Il est au courant de la situation générale et ne peut méconnaître la valeur de son concours. Il devait donc faire tout ce qui était en son pouvoir pour aider la 65ᵉ Division, sans même mon intervention.

En fait, c'est ainsi qu'il agit, car les ordres qu'il me communique dans la deuxième partie de la nuit, comportent une offensive générale.

Dans la région de l'est, la 71ᵉ Division (une brigade mixte) s'est portée, dans la matinée, sur Cirey qu'elle a attaqué. A la nuit, les postes ennemis étaient refoulés et la position même de Cirey investie par le sud et par l'est (Châtillon).

L'attaque va reprendre demain matin. Le général Kaufmant, qui est à Pexonne, demande un renfort d'un régiment de dragons et de deux batteries, que je lui fais envoyer dans la nuit.

17 novembre.

Dans la région de Chauvoncourt, à 5 heures, une compagnie du 40ᵉ et une du 43ᵉ colonial (à la droite de la 65ᵉ Division), ont pris la première tranchée allemande de la cote 227. On me rend compte, en même temps, que les casernes occupées par nous sont fortement bombardées. C'est sans doute une contre-attaque allemande qui se prépare. Attention! J'ai fait ravitailler toute notre artillerie pendant la nuit.

Je me rends, au jour, à Rupt-devant-Saint-Mihiel et à Fresnes-au-Mont, pour suivre de près les opérations. A mon arrivée, j'apprends qu'on a été contre-attaqué dans la tranchée de 277 et que ce retranchement a été évacué.

Il y aurait eu surprise, tout le monde s'étant mis à travailler dans cette tranchée très profonde pour la retourner. Les Allemands ont ainsi pu se jeter sur les travailleurs sans être arrêtés par le feu.

J'invite le général Legros à faire de vifs reproches au commandant de la troupe ainsi surprise. Il tombe sous le sens qu'une partie de la troupe aurait dû être maintenue en ligne de feu, abritée derrière des boucliers portatifs, pendant que le reste travaillait dans la tranchée.

Le général Legros va faire reprendre l'attaque sur la cote 277, après préparation nouvelle par l'artillerie. Il en fixe le commencement à 15 h. 30, parce qu'à la même heure, le 8ᵉ Corps doit exécuter une attaque importante vers son centre.

Les efforts de ce corps dans la matinée ne lui ont fait gagner que 80 mètres à l'intérieur du bois d'Ailly. L'attaque voisine a échoué.

La droite du 6ᵉ Corps a repris ses attaques au jour et se trouve à 50 mètres de l'ouvrage allemand, qui couronne le sommet 322.

La fin de la journée ne me réserve malheureusement que de mauvaises nouvelles. On est contre-attaqué très violemment, dans Chauvoncourt, par des forces supérieures, appuyées d'un feu puissant d'artillerie et de minenwerfer. Après une longue résistance, on est rejeté sur le mur extérieur du pentagone qu'on tient encore à la nuit.

Les attaques sur la cote 227 ont été enrayées par un feu de barrage provenant du vallon nord-est du Camp-des-Romains, de la Pitancerie et de la Surpierre et n'ont pu progresser.

Enfin, la droite du 6ᵉ Corps, contre-attaquée du bois de Narmont, a perdu le terrain primitivement conquis. Quant au 8ᵉ Corps, il a progressé sous bois d'une centaine de mètres, entre la corne sud-ouest du bois d'Ailly et la Vaux-Féry.

En résumé, l'effort a été des plus honorables, mais Chauvoncourt est sous un feu convergent que notre artillerie n'arrive pas à maîtriser. Nos pertes sont considérables, celles de l'ennemi ne sont pas moindres.

En tout cas, je ne me décourage pas; mais, si nous recommençons, il faudra, avant de songer de nouveau à l'action directe sur Chauvoncourt, actionner d'abord le 8ᵉ Corps sur la partie sud-ouest du bois d'Ailly. Il est certain que, si on tenait la lisière nord-ouest du bois, on ferait disparaître les batteries qui se trouvent près du Camp-des-Romains et qui protègent si efficacement Chauvoncourt. Il faudra aussi chercher à progresser par la droite du 6ᵉ Corps sur la cote 322.

Je suis malheureusement gêné dans mes essais d'offensive par l'absence de réserves et par la pénurie de munitions. Si j'avais eu des disponibilités, j'aurais pu rétablir les affaires de Chauvoncourt, en soutenant l'attaque avec des troupes fraîches; quant aux munitions, l'intérêt général impose l'économie jusqu'à nouvel ordre. J'enrage d'être ainsi réduit à une quasi-impuissance.

Du côté de Cirey, l'affaire se termine sans résultat notable. On a donné un « coup de tampon » pour ne pas en perdre l'habitude et pour empêcher les Allemands de dégarnir leur front. Mais on n'a fait que quelques prisonniers, au lieu d'unités que je voulais faire enlever. C'est maigre.

18 novembre.

À la 65ᵉ Division de réserve, j'ai des renseignements complémentaires sur l'affaire de Chauvoncourt. Malgré le bombardement d'hier et de ce matin, deux compagnies du 34ᵉ colonial ont réoccupé aujourd'hui le bâtiment pentagonal, mais on croit que cinq mines y ont successivement fait explosion sous leurs pieds. On est sans nouvelles de ces unités, dont presque tout l'effectif doit avoir succombé. Les casernes sont en flammes et pour le moment inabordables. À la faveur de la nuit, on ira se rendre compte de la situation.

Je dis au général Legros de ne pas se décourager, de continuer à assurer la solidité du barrage sur la rive gauche et de reprendre ses travaux d'approche, en attendant, pour une nouvelle attaque directe, que le 8ᵉ Corps ait pu s'emparer de la partie sud-ouest du bois d'Ailly. C'est la seule façon de prendre le commandement sur les environs du Camp-des-Romains, où se trouvent les batteries les plus gênantes et de les faire disparaître.

En même temps, sera reprise l'avance méthodique de la droite du 6ᵉ Corps sur la cote 322, puisque le coup de force sur cette position paraît, pour le moment, si coûteux et si difficile.

Le commandant Pichot-Duclos revient du G. Q. G. Les modifications qui avaient été prévues dans la composition des Armées ne seront pas ordonnées. Le *statu quo* est purement et simplement maintenu.

Cependant, la 71ᵉ Division de réserve et la brigade des hussards de réserve feront désormais partie intégrante du 34ᵉ Corps, dans le but de réduire le nombre des unités auxquelles je donne directement des ordres.

Dans la nuit, on constate à Chauvoncourt que les Allemands ont réoccupé le pentagone : les deux compagnies du 34ᵉ colonial sont en partie détruites et perdues à l'exception de faibles détachements qui ont pu s'échapper.

19 novembre.

Le général Sarrail vint me trouver à Toul, pour recevoir mes instructions au sujet de la coopération des Iʳᵉ et IIIᵉ Armées. Mes directives ne sont pas modifiées : il faut toujours maîtriser, par le canon, les lignes de communication de l'ennemi; mais presser sur ses deux fronts dans la région de la côte Sainte-Marie et du bois d'Ailly, en même temps qu'on agira directement sur Chauvoncourt.

La dernière tentative de ce genre n'a pas réussi; ce n'est pas une raison pour ne pas persister. On attendra le temps nécessaire pour remettre en état la 65ᵉ Division et pour préparer de nouveau les trois attaques, ce qui n'empêche pas de reprendre les travaux d'approche méthodiques et de tenter des coups de main partiels pour gagner un peu de terrain.

Sur sa proposition, j'autorise le général Sarrail à relever la brigade du 8ᵉ Corps, qui se trouve dans la zone du 6ᵉ, par la brigade du 5ᵉ Corps qui est en réserve d'Armée sur la rive gauche de la Meuse, vers Jubécourt.

Une fois cette relève effectuée, la brigade du 8ᵉ Corps descendra vers le sud, à Pierrefitte, et je retirerai alors du front, devant Chauvoncourt, la brigade du 15ᵉ Corps, qui sera portée vers le nord en réserve d'Armée. De même, le groupe du 15ᵉ Corps sera relevé par un groupe de l'A. C. du 6ᵉ Corps.

Le résultat de ces dispositions est de permettre au général Sarrail de laisser sur le front du 6ᵉ Corps, des effectifs égaux à ceux qui s'y trouvaient, il y a huit jours environ, avant l'ordre que j'avais donné de retirer d'abord un régiment, puis toute la brigade du 8ᵉ Corps pour me la rendre. Il considère qu'il est imprudent de diminuer les disponibilités de ce 6ᵉ Corps. Je lui donne donc satisfaction et je consens, pour cela, à réduire l'effectif des troupes qui font face à Chauvoncourt. Je garderai en réserve la brigade du 8ᵉ Corps et je me contenterai, pour tenir le front, de la seule 65ᵉ Division et du 42ᵉ colonial (de la 75ᵉ) que je conserve jusqu'à nouvel ordre.

Rien de bien important sur le front. Cependant, les Allemands abandonnent sans combat l'ouvrage de la corne sud-ouest de la Croix-des-Carmes (bordant la chaussée de Fey). La gauche de la brigade Riberpray l'occupe immédiatement et le trouve encombré de cadavres.

Au 34ᵉ Corps, on prend pied sur la hauteur qui domine Senones au nord-ouest.

ORGANISATION DES PELOTONS D'INSTRUCTION PAR CORPS D'ARMÉE ET DES ÉCOLES DE CADRES

(20 novembre 1914)

20 novembre.

J'envoie mon chef d'État-Major à la 65ᵉ Division, pour appeler l'attention de son chef sur le plateau des Paroches, qui peut et doit être utilisé pour l'installation de postes d'observations et l'établissement de batteries de campagne et de gros calibre.

Il a été constaté, en effet, que le poste d'observation blindé du fort était intact et qu'il y avait des plis de terrain à utiliser notamment au nord-ouest du fort. Il est possible d'établir des masques, haies factices par exemple, permettant d'accéder un peu partout.

J'y vois très bien l'établissement de batteries de 75 et de 120, pour battre les côtes 322 et Sainte-Marie. On peut, en outre, grâce à la gelée, amener du 155 long dans le bois de Bannoncourt, pour battre les lisières du bois Chanot, tandis que les trois batteries nouvelles de 155 long, que doit recevoir le 6ᵉ Corps, seront établies à la Gauffière et tiendront sous leur feu, tant le véritable nid de batteries que les Allemands ont près de Senonville, que le carrefour des routes au nord de Varvinay. Tout cet ensemble de batteries doit singulièrement faciliter la progression du 6ᵉ Corps.

Conformément aux ordres du G. Q. G., je prescris la formation d'une réserve d'une brigade au 8ᵉ Corps, à la 73ᵉ Division, à la 71ᵉ Division et au 31ᵉ Corps, — et de deux brigades au 2ᵉ groupe de Divisions de réserve. Ce sera particulièrement dur, je le prévois, au 8ᵉ Corps, qui a presque toute sa ligne de combat sous bois.

J'ai, en outre, en réserve les deux Divisions de cavalerie, la 2ᵉ dont je dispose depuis longtemps et la 10ᵉ qui vient d'arriver après avoir eu un accident terrible de chemin de fer (grand nombre de tués et de blessés).

C'est aujourd'hui que commencent à fonctionner les pelotons d'instruction par Corps d'Armée (suivant les ordres que j'ai donnés il y a quelques jours). J'ai fait distribuer à cet effet une instruction sur la tactique d'infanterie (1), qui doit servir de guide pour l'établissement des programmes et lui donner un caractère absolument pratique.

J'ai de même institué une instruction de cadres (pour chefs de section surtout), qui doit marcher concurremment avec les exercices de troupe dans les régiments territoriaux et de réserve, surtout quand ces corps ne sont pas sur la ligne de combat.

J'étudie aussi le meilleur procédé pour donner quelque solidité aux régiments territoriaux et je m'arrêterai sans doute au systrème consistant à répartir, dans les bataillons des régiments actifs et de réserve, les unités territoriales à raison d'une compagnie par bataillon (ce sera la 5ᵉ compagnie du bataillon); on obtiendra ainsi un encadrement qui donnera confiance et solidité.

J'ai, de bon matin, la visite du général de Contades, commandant la 10ᵉ Division de cavalerie, qui vient d'arriver et que j'ai mise au repos pour quelques jours près de Charmes. Pauvre Division en vérité : 400 sabres au plus par régiment, un détachement de 200 cavaliers à pied à peu près équipés en fantassins et 200 cyclistes environ.

Les chevaux sont en mauvais état et 50 à peine par régiment seraient en état de charger brillamment. La Division a perdu peu à peu ses chevaux du début ou les a laissés blessés dans les dépôts; elle a reçu quelques chevaux de réquisition.

Je vais m'efforcer de la remettre en état et, pour aller au plus pressé, je compte lui changer ses carabines contre des mousquetons d'artillerie avec baïonnette, comme j'ai fait déjà pour la 2ᵉ Division de cavalerie.

____

(1) Voir l'exemplaire figurant à la suite des présentes notes.

Je vais au 31° Corps : il est aujourd'hui peu canonné et il envoie certainement plus de projectiles qu'il n'en reçoit; mais il a été très gêné par les pluies et par la crue des ruisseaux. Ses tranchées ont été inondées, ses abris se sont effondrés (quelques-uns avec mort d'homme) : on a dû en évacuer une partie. Il gèle maintenant, mais les dégâts sont loin d'être réparés. On travaille de tous côtés sous le feu.

J'ai envoyé des matériaux de toute nature : poutrelles en fer, madriers, planches, gabions, etc.

Le G. Q. G. me prescrit de surveiller les trains allant de Metz vers le sud-ouest et vers le sud-est. On se demande évidemment ce que ruminent les Allemands. Ils ont échoué dans leur ruée sur notre aile gauche; vont-ils faire effort sur un autre point en chargeant sa densité? C'est possible : aussi vais-je surveiller les régions de Saint-Mihiel, du Grand-Couronné et de Baccarat.

21 novembre.

J'ai pu constater que les communications téléphoniques et l'organisation de l'observation laissaient encore à désirer dans certains corps de la I° Armée. Je donne donc aujourd'hui les ordres suivants :

1° Établir, partout où ce n'est pas fait, un réseau du commandement distinct de celui de l'artillerie : il faut que le commandement ait ses observateurs (officiers d'État-Major, ou sous-officiers plantons et estafettes) et l'artillerie les siens.

2° Avoir au minimum deux observateurs pour chaque groupe d'artillerie et pour chaque batterie isolée (afin de recouper les observations).

Enfin, je prescris d'améliorer encore la protection des batteries en action (personnel et matériel), par une organisation des plus sérieuses du terrain. Il y a trop de négligences à cet égard.

Je vais au 8° Corps. Le général de Mondésir exécute les ordres que j'ai donnés relativement à la constitution de sa brigade de réserve. Il est obligé, pour cela, de retirer un peu de monde de son front. Il y a grand intérêt à le faire, car le nombre des cas de typhoïde devient un peu inquiétant au 8ᵉ Corps.

Je lui rappelle qu'il doit se tenir prêt à attaquer dans le bois d'Ailly. Il étudie déjà ses dispositions tout en renforçant ses organisations défensives.

22 novembre.

Le commandant Pichot-Duclos part pour le G. Q. G.; je lui remets le rapport sur l'attaque de Chauvoncourt et une lettre d'envoi de ce rapport contenant mes projets pour la continuation des opérations.

Aujourd'hui, deux coups de main :

1º La Division de cavalerie aidée de deux bataillons d'infanterie de la 74ᵉ Division, sur Réchicourt et Besange-la-Petite, avec rabattement vers le sud pour capturer les postes ennemis qui s'y trouvent.

2º Un bataillon de la 59ᵉ Division de réserve sur Fossieux, pour faire prisonnier le détachement de cette localité.

Je vais au 31ᵉ Corps à Boue, où le général Delétoille me rend compte de la situation de son Corps d'Armée et de l'avancement de ses attaques.

De là, je passe à la 64ᵉ Division à Hamonville.

Je visite en passant les abris précaires que les troupes se sont construits dans les bois et près des villages. La période de pluies qui vient de finir les a rendus presque intenables, l'inondation provenant plus encore de l'infiltration que de la pluie. Il gèle maintenant depuis quatre jours et l'eau n'a pas encore disparu. On s'ingénie pour lutter contre ce fléau, pour refaire et consolider les abris, mais ce ne sont que de misérables expédients.

Dans la Woëvre, le temps sec et froid serait, malgré les cas de congélation, préférable à l'humidité.

Les hommes commencent, en outre, à manquer de chaussures et les demandes faites au dépôt ne reçoivent pas satisfaction. Je conseille d'essayer les chaussures de paille ou de drap dans les tranchées.

Je vais voir s'il serait possible d'avoir des peaux de mouton pour en faire des enveloppes de chaussures comme chez les Serbes. Je fais aussi rechercher des tôles ondulées pour créer des abris. On en a tant réquisitionné déjà que je crains de n'en plus trouver.

Le général Compagnon m'explique les difficultés que présentera l'attaque sur le haricot de Saint-Baussant. Je les connais bien. Dès qu'on aura enlevé la première ligne de tranchées, on se trouvera de front sous le feu de la lisière du bois de la Sonnard et de la deuxième ligne, qui en est le prolongement, et on sera pris de flanc et d'écharpe par l'artillerie des environs de Lahayville et de Montsec. De sorte que cette opération gagnerait à n'être que le premier acte de l'attaque sur le bois de la Sonnard.

C'est bien mon avis et pour ne pas permettre à l'ennemi de concentrer sa résistance de ce côté, je compte faire attaquer en même temps la corne sud-ouest du bois de Mort-Mare.

Dans la soirée, on me rend compte du peu de résultat des coups de main. La 59ᵉ Division a trouvé Fossieux occupé et n'a pas jugé à propos de pousser l'attaque plus loin, l'emploi prématuré du 75 ayant fait manquer l'effet de surprise.

Au contraire, une reconnaissance de la 68ᵉ Division, plus au sud, a fait 15 prisonniers à Abaucourt.

Quant à la 2ᵉ Division de cavalerie et à ses deux bataillons, elle a pris Rechicourt, mais s'est heurtée à la position fortifiée de Juvrecourt, Besange, et n'a pu passer. Elle s'est retirée au moment où l'ennemi contre-attaquait par Moncourt.

23 novembre.

Le général Joffre, qui m'avait prévenu de sa visite il y a quelques jours, arrive à 7 h. 45. Je le reçois à la gare de Pont-Saint-Vincent et je le conduis au Q. G., où il reste jusqu'à 10 h. 45. Je le mets au courant de la situation de l'Armée et de mes projets. Il les approuve et me parle de la reprise prochaine de l'offensive et de son plan probable d'opérations, comme aussi des raisons pour lesquelles cette offensive est momentanément différée (retard apporté dans la fabrication des munitions de 75, etc...).

Le général Sarrail, convoqué en temps utile, arrive à la conférence à 9 h. 3o. Il donne les détails relatifs à son Armée, qui opère en liaison étroite avec la mienne.

Le général Joffre se montre très satisfait de toutes ces explications. Il nous parle à son tour de la situation générale qui se présente comme excellente. Il revient sur ses projets et sur le rôle qui incomberait probablement aux I⁰ et III⁰ Armées et il nous quitte en nous donnant l'accolade.

Il se rend à Nancy d'où il visitera les troupes du Grand-Couronné. Il me demande de ne pas l'accompagner, afin que je puisse me rendre au front cet après-midi.

Je vais à l'artillerie lourde de Bernécourt. L'organisation des observations et des liaisons y est complète et le fonctionnement parfaitement assuré. Je m'assure que le chef de ce groupement, commandant Brancillon, est en état de préparer et d'appuyer une attaque dans la région du bois de la Sonnard.

A l'aller et au retour, je vois des unités à la manœuvre près des cantonnements. Je constate, comme les jours précédents, l'absence des officiers supérieurs et des chefs de corps. J'envoie, dès mon retour au Q. G., une note d'observations à ce sujet en rappelant que c'est une occasion pour les chefs de batailllon et colonels de se présenter à cheval à leurs troupes, de rétablir un contact plus intime entre eux et leurs soldats, tout en s'assurant de l'exécution de leurs ordres. Ils pourront, en outre, de cette manière, imprimer une activité et un entrain qui paraît trop souvent manquer aux unités que j'ai vu manœuvrer.

Il faut aussi exiger que, dans les cantonnements, les troupes et les isolés rendent les honneurs d'une façon vive et correcte. Il y a là toute une remise en main, sur laquelle j'appelle l'attention personnelle des commandants de Corps d'Armée et de Division.

24 novembre.

En prévision de la gelée qui rend déjà et va rendre de plus en plus difficiles les travaux de fortification, je prescris aux Corps d'Armées, par l'intermédiaire des officiers de liaison, de s'approvisionner largement en sacs à terre et en réseaux Brun.

Je les préviens que le général Joffre m'a promis l'envoi de 10.000 paires de bottes fourrées pour le séjour dans les tranchées; mais, en attendant, ils devront s'ingénier à faire fabriquer des enveloppes de brodequins en paille tressée ou en toute autre matière.

Je leur recommande encore de se constituer des approvisionnements de planches et de poutrelles pour leurs abris, enfin de donner à leurs hommes les moyens de se nettoyer dans les rares cantonnements qu'ils occupent d'une façon passagère.

Je me rends sur le Grand-Couronné et d'abord à la 59ᵉ Di   on. J'ai beaucoup à dire au chef de cette unité sur le peu de mordant du détachement qui a attaqué à Fossieux et sur sa ligne de résistance où les flanquements font défaut.

Il ne manque pas d'appeler mon attention sur la faiblesse de ses effectifs (il a, en effet, une brigade détachée au 31ᵉ Corps) et sur l'étendue de son front.

Je voulais précisément lui conseiller la création d'obstacles passifs bien flanqués, pour lui permettre d'économiser du monde sur son front, et c'est là ma réponse.

Je lui parle aussi de l'impulsion à donner à l'instruction (cadres et troupe).

Je vais à Custines et à Champenoux, où j'ai donné rendez-vous au général Joppé, commandant le 2ᵉ groupe des Divisions. J'ai vu en passant des unités à la manœuvre. Je lui recommande d'inviter les cadres à s'efforcer de développer l'activité et l'entrain de leur troupe. Je désire, en outre, que pas un exercice de combat n'ait lieu sans établissement de tranchées avec flanquement. Il faut que ce procédé devienne pour nos soldats et nos cadres une habitude tyrannique.

Je vais avec le général Joppé voir l'installation, près du Rond-des-Dames, du canon de marine de 16 cent., qui doit tirer sur la gare de Château-Salins. (Il l'a déjà fait avec succès : les trains n'y circulent plus que la nuit).

De là, je me rends à la lisière de la forêt près de l'étang de Brin, où je trouve des compagnies de territoriale qui tiennent cette partie du front.

Visite des abris, gourbis et de la ligne de défense avancée qui se confond, dans cette région, avec la lisière de la forêt. Je constate que le réseau de fils de fer à l'extérieur est seulement ébauché (on me l'avait dépeint comme terminé) et j'invite le capitaine du génie à activer le travail.

Au Q. G., je trouve le commandant Pichot-Duclos, qui m'annonce la visite du Président de la République. Il sera le 28 à Commercy, je le conduirai au poste d'observation de Gironville et, le lendemain, sur les positions du Grand-Couronné et à Gerbéviller.

25 novembre.

Premier jour de neige. Le 8ᵉ Corps est violemment attaqué sur un de ses saillants, dans le bois de la Louvière. Un bombardement des minenwerfer, que notre artillerie est impuissante à éteindre, fait évacuer une partie des tranchées qui tombent aux mains de l'ennemi.

Je vais au 8ᵉ Corps dans l'après-midi. Le général de Mondésir me rend compte des conditions de l'assaut auquel ses troupes ont cédé. On cherche en ce moment à reprendre le terrain.

26 novembre.

Ces attaques n'ont pas réussi. Je renouvelle mon ordre de reprendre le terrain perdu et j'envoie, en même temps, les observations que me suggère l'échec de la veille et qui peuvent se résumer ainsi : les tranchées n'avaient, sur ce point, que le profil pour tireur à genoux. Or, on est là depuis deux mois, je dois en conclure que l'infanterie ne perfectionne pas ses travaux et que les cadres, à tous les échelons, se désintéressent de la question et ne surveillent pas.

On n'a pas appliqué la tactique constituant à créer un feu de barrage de 75 dès la chute du premier projectile, ou, du moins, c'est mal organisé, puisque le feu d'artillerie n'a pas arrêté l'attaque.

Enfin, je prescris de doubler les tranchées de première ligne d'éléments de tranchées distants de 10 à 20 mètres, reliés par des boyaux de communication et pouvant donner les mêmes feux que la tranchée; les hommes pourront ainsi se porter dans les éléments de tranchée, si le tir est réglé sur la première et, en tout cas, aller de l'une à l'autre.

J'envoie également à tous les Corps l'ordre de perfectionner l'instruction du tir, en faisant journellement tirer à chaque homme (jeunes soldats surtout), dans la tranchée, six balles sur but déterminé (embrasure ou créneau de la ligne adverse), sous la surveillance d'un gradé ou ancien qualifié, toujours le même autant que possible.

Je reviens au 8ᵉ Corps à 14 heures. On recommencera l'attaque à 15 heures, après préparation d'artillerie.

Je renouvelle mes observations au général de Mondésir et l'ordre ferme de reprendre le terrain perdu. Il ne s'agit en réalité que de 50 à 60 mètres de profondeur, sur un front de 100 mètres environ; au point de vue matériel, c'est peu de chose, mais l'échec a une portée morale considérable.

Le général m'explique que les Allemands avaient poussé quatre boyaux de sape jusqu'à 20 mètres de notre tranchée et qu'ils ont surgi de là pour sauter sur notre position, une fois leur dernière bombe lancée. C'est cette proximité qui a un peu paralysé notre artillerie.

La tranchée française a été complètement bouleversée sur une soixantaine de mètres; des soldats sont restés ensevelis et d'autres se sont écartés pendant le bombardement. Au moment de l'assaut, il y a eu une mêlée furieuse dans la tranchée où l'on a tué à la baïonnette une cinquantaine d'ennemis; mais des renforts sont venus plus nombreux et nous ont rejetés.

La première contre-attaque a mis 20 minutes à se déclencher, les abris étaient trop loin et, quand elle est arrivée au contact, elle a trouvé les Allemands derrière des sacs à terre avec une mitrailleuse en position. On a fait de part et d'autre des pertes très sérieuses.

Je m'étonne que les têtes de sape aient pu arriver à si courte distance sans attaques de notre part. J'examinerai plus tard cette question, comme aussi la conduite de la compagnie qui a lâché pied sous l'attaque. Mais, pour le moment, il n'y a qu'à attaquer et à recommencer jusqu'au succès.

18 heures. On me rend compte que les troupes de renfort étant arrivées avec beaucoup de retard, l'attaque a été remise à demain.

Par l'officier qui était en liaison à la 65ᵉ Division (Pierre-fitte), j'apprends qu'on a dû évacuer les tranchées avancées au sud-est des Paroches, envahies par les eaux de filtration. On s'est replié sur les tranchées bordant le village même des Paroches. C'est fâcheux à tous égards.

On a, sur mon ordre, rétabli la batterie de 75 du bois de Barmont; elle est bien placée pour battre la presqu'île de Bislée dans le cas d'une attaque. On l'avait retirée parce qu'elle avait souffert du feu ennemi; on n'aura, en pareille circonstance, qu'à changer légèrement son emplacement.

L'officier, qui revient de liaison de la IIIᵉ Armée, me rend compte de la mise en position de l'artillerie lourde destinée à battre la route Woël, Saint-Maurice et la route Chaillon, Senonville (carrefour de Varvinay). Cette installation comprend deux canons de 14 de la marine, près de l'R. de Rebanvaux-Bois, — deux canons de 155 l., près de L de Lacroix-sur-Meuse, — un canon de 120 dans une cave de Rouvrois, — deux canons de 14 de marine sur chalands, sur le canal. Les quatre premiers de ces canons vont ouvrir le feu après-demain.

27 novembre.

Ma visite de ce jour est pour le 8ᵉ Corps, qui me donne tant de soucis et d'inquiétude.

J'y apprends qu'à 11 h. 30, la droite de ce Corps a été violemment attaquée au sud-ouest de la redoute du bois Brûlé. Une tranchée a été bombardée au minenwerfer, bouleversée, puis évacuée par nos troupes. Les Allemands s'y sont jetés suivant leur tactique qui leur réussit si bien.

Notre attaque sur les tranchées perdues avant-hier était pour 13 heures, avec préparation par l'artillerie à partir de 11 h. 30. Cette attaque a eu lieu, tandis qu'on faisait tête à l'effort allemand sur la redoute et qu'on contre-attaquait. Trois fois on est revenu à la charge sans résultat. On a engagé au total deux bataillons environ, qui ont fait des pertes sensibles.

Ces échecs répétés des troupes du 8ᵉ Corps sont graves, car il est à craindre qu'ils ne réagissent sur le moral. Il est certain que le minenwerfer est un engin terrible, qui fait à coup sûr évacuer les tranchées battues et nous n'avons rien d'analogue à opposer aux Allemands.

Il faut cependant à tout prix trouver une tactique qui permette d'empêcher l'ennemi de profiter de cet avantage. La seule pratique me paraît être celle déjà indiquée dans ces notes : création d'éléments de tranchée à courte distance, dans lesquels on se réfugiera pendant le bombardement, sans cesser d'être à même d'arrêter l'ennemi par le feu, quand il croira le moment de l'assaut venu.

Mais il faut aussi qu'automatiquement, pendant le bombardement, les renforts se rapprochent pour sauter à la baïonnette sur l'ennemi, quand il fait mine de donner l'assaut.

Dans la soirée, l'ennemi a pu encore, après bombardement, occuper un boyau de tranchée reliant la courtine de la redoute à la tranchée de gauche.

28 novembre.

Les attaques ont continué la nuit et reprennent avec plus d'activité au jour.

Je donne, à 7 h. 30 à Commercy, mes instructions au général de Mondésir : tenir à tout prix sur la redoute et monter, le plus tôt possible, une attaque sur la croupe boisée à l'ouest du bois Brûlé, pour obliger l'ennemi à diviser ses efforts. Je lui rappelle qu'il peut disposer, à cet effet, d'un régiment de la réserve d'Armée.

A 10 heures, arrivée du Président de la République, du Président du Conseil et des présidents des Chambres à Commercy (Q. G. du 8e Corps). J'expose au Président la situation de la 1re Armée. Je vois qu'il est parfaitement au courant des opérations : il s'y intéresse d'une façon toute particulière.

Déjeuner à 11 h. 3o, chez M. Grosdidier, sénateur, maire de Commercy. A 12 h. 3o, je conduis le Président et sa suite au poste d'observation près du fort de Gironville. Le temps est suffisamment clair pour se rendre compte du front occupé par les troupes. Nous assistons à un combat d'artillerie. Ce sont surtout nos batteries de Liouville qui donnent : elles arrosent les abords de la redoute du bois Brûlé et le bois Jurat.

Je quitte le Président à 15 heures, le général Rémy, gouverneur de Toul devant lui faire visiter les travaux de sa Place. Il me donne rendez-vous pour demain, 8 heures, à Nancy.

Le colonel Debeney, mon chef d'Etat-Major, revient du G. Q. G. où je l'avais envoyé hier : il m'apporte les instructions du général Joffre.

29 novembre.

J'arrive à 8 heures à la Préfecture de Nancy. Je conduis le Président et sa suite sur les positions du Grand-Couronné (visite des champs de bataille d'août et septembre, — des défenses actuelles et d'un point des avant-postes, près de l'étang de Brin, où le Président remet, sur ma proposition, la médaille militaire à un sergent d'un régiment de réserve (Lavedan), qui s'était distingué dans un combat, il y a huit jours. Blessé d'une balle au bras, il s'était fait panser et était revenu à son poste reprendre son commandement.

Le Président s'intéresse aux abris souterrains que se font les territoriaux près de l'étang et examine longuement à la jumelle les positions allemandes.

L'après-midi, nous nous rendons à Lunéville et Gerbéviller. Je quitte le Président à 17 heures, à Neuves-Maisons.

30 novembre.

Les attaques que j'ai prévues pour un temps très rapproché comportent : au 8⁰ Corps, une attaque de vive force sur la Vaux-Féry et une attaque à la sape pour reprendre le bastion nord-ouest de la redoute (la première doit avoir lieu après-demain, la seconde est commencée).

Au 31⁰ Corps, une attaque minutieusement préparée sur le bois de la Sonnard (lisière sud-ouest et pointe sud). Le général Delétoille en fixera lui-même la date, aussi rapprochée que possible.

À la 73⁰ Division, une attaque sur la lisière sud du bois de Mort-Mare (doit avoir lieu le même jour que celle du 31⁰ Corps, pour aider ce Corps en faisant diversion).

Je vais voir, à ce sujet, le général Lebocq à Manonville. Nous tombons d'accord sur ce point, mais il me demande à continuer, quand même, sa poussée dans le bois Le Prêtre, dans le but de gagner du terrain vers le Pillement, de manière à rectifier son front et à faire des économies d'effectif.

J'approuve sa méthode et je lui fais des compliments sur la mise en état de défense de son secteur, qui est des plus soignées.

La canonnade est peu intense sur la plus grande partie du front.

1ᵉʳ décembre.

Avant mon départ pour la ligne de combat, je reçois le groupe des journalistes français autorisés par le G. Q. G. à parcourir certaines parties du front de la Iᵉ Armée.

Ils seront pilotés par le commandant Alexandre, de mon Etat-Major.

Je me rends à 9 heures à Einville-au-Jard, où j'ai fait transporter, par autos, une partie de la 10⁰ Division de cavalerie (unités de cavalerie à pied), pourvues de la baïonnette et destinées à occuper par alerte des tranchées de première ligne. C'est une sorte de réserve mobile de feux que j'ai constituée et il s'agit d'un essai de transport et d'une expérience d'alerte que je désire suivre personnellement.

Les 1.200 cavaliers à pied arrivent à 10 h. 30; le débarquement se fait bien, mais la reconnaissance du terrain et l'occupation des tranchées laissent à désirer (il y a du flottement et une perte de temps). Je donne au général de Contades, qui est présent, les indications nécessaires et je lui recommande de faire de fréquentes manœuvres de ce genre.

En rentrant, rencontre d'unités allant à la manœuvre (manque d'ordre dans la marche, absence d'officiers, etc.).

J'ai trouvé aussi certaines parties du Grand-Couronné défectueuses comme mise en état de défense. (Observations au général Joppé.)

COMBATS EN ALSACE

(Prise d'Aspach-le-Haut, de la Tête-de-Faux et du Creux d'Argent)

(1er décembre 1914).

J'ai prescrit, il y a quelques jours, au 34e Corps, sur l'ordre du G. Q. G., de se donner un peu d'air dans la région au sud-est de Thann, pour rendre possible l'utilisation de la route Thann, Soppe-le-Bas, qui constitue le moyen de communication le plus direct de la vallée de Thann avec Belfort. C'est aujourd'hui qu'on attaque sur Aspach-le-Haut. Si nous réussissons, l'attaque sera recommencée plus au sud, sur Pont-d'Aspach, dans quelques jours.

2 décembre.

L'attaque du 34e Corps a parfaitement réussi; sa droite a gagné du terrain; elle tient Aspach-le-Haut et est arrivé jusqu'à un kilomètre de Pont-d'Aspach et dans le bois de Carspach, au nord-ouest d'Altkirch.

Plus au nord, le 34ᵉ Corps s'est emparé de la Tête-de-Faux, qui domine au sud le col du Bonhomme et le Creux-d'Argent, à l'ouest d'Orbey. Bonne journée pour le 34ᵉ Corps.

Au 8ᵉ Corps, un bataillon du 27ᵉ a pu s'avancer, au jour, dans la Vaux-Féry, gagner une centaine de mètres et s'y établir en creusant une tranchée bien flanquée.

L'opération a été facilitée, dans une certaine mesure, par une diversion confiée à une compagnie qui, sur la droite, avec son peloton de tête, a pu surprendre une tranchée allemande et y tuer 15 soldats. Mais ce peloton ayant reçu quelques coups de feu de flanc qui lui blessèrent 5 hommes, s'est retiré fort malencontreusement.

Les sections de queue, qui se trouvaient à 100 mètres en arrière, à droite et à gauche, étaient trop loin pour faire reprendre en temps utile le mouvement en avant.

Cette compagnie aurait pu mieux faire.

Ma visite de ce jour au front a été pour le 31ᵉ Corps, qui prépare son attaque sur le bois de la Sonnard. Ce Corps voudrait bien avoir un délai de trois semaines pour pousser ses boyaux et réunir les têtes à proximité de l'ennemi en une parallèle d'où partirait l'attaque.

Je ne puis attendre aussi longtemps et je lui fixe le 10 ou le 12 au plus tard pour l'exécution de l'attaque.

3 décembre.

Aujourd'hui, je fais exécuter, près du fort de Pont-Saint-Vincent, des essais de destruction des réseaux de fils de fer avec du 155 C. T. R., du 75 et des mitrailleuses.

Le résultat est excellent avec le 155: 25 coups à 1.000 mètres font une brèche de plusieurs mètres, — il est nul pour le 75 avec l'obus explosif, mais assez bon avec l'obus à balles, — enfin 2.000 balles tirées à 200 mètres, avec une ou deux mitrailleuses bloquées, font une brèche de trois mètres au moins sur quinze mètres de profondeur.

Je vais au 8ᵉ Corps pour me rendre compte des progrès

réalisés hier et de l'état des travaux sur le front, notamment près de la redoute.

Demain, la 73ᵉ Division doit attaquer dans le bois Le Prêtre, pour avancer dans le Pillement et rectifier ainsi la concavité de son front. L'attaque est bien préparée.

Le 2ᵉ groupe des Divisions de réserve doit aussi s'emparer d'Aulnois et occuper le pont de la Seille.

Le 34ᵉ Corps a l'ordre de chercher à atteindre au sud le front Cernay, lisière est du bois de Carspach, et de pousser, au nord, le plus loin possible dans les vallées de la Fecht et de la Weiss.

4 décembre.

Arrivée de M. Albert Thomas, député, chargé de mission par le Ministère de la Guerre. Il visite les manufacturiers et recherche les moyens d'augmenter la production des obus de 75.

Je le retiens à déjeuner et, sur sa demande, je l'emmène au front à Minorville d'abord, où je m'entends avec le général Lebocq, commandant la 73ᵉ Division, au sujet de l'attaque prochaine sur le bois de Mort-Mare, — à Mamey ensuite, où je vais suivre les progrès de l'attaque qui se poursuit dans le bois Le Prêtre. Quelques obus en avant du village et sur le côté. D'autres nous accompagnent quand nous quittons Mamey.

Dans le bois Le Prêtre, on est arrivé à la sape jusqu'aux réseaux de fils de fer sans coups de fusil. Cette nuit ou demain au jour, on prendra pied par surprise dans la position ennemie.

J'apprends à ce moment que la 59ᵉ Division a occupé Aulnois-sur-Seille, après avoir repoussé deux contre-attaques.

En rentrant au Q. G., je reçois l'ordre de mettre la

10° Division de cavalerie réduite à deux brigades (car la brigade légère est rendue à la 2° Division) à la disposition du général Putz, commandant le 34° Corps, qui doit s'étendre progressivement vers l'Alsace.

5 décembre.

On me rend compte, dans la nuit, que les Allemands ont repris Aulnois, mais que l'attaque sera recommencée après-demain pour réoccuper ce point.

Autre mauvaise nouvelle encore : au 8° Corps, l'ennemi a fait irruption hier soir dans l'abri miné sur la courtine de l'ouvrage du bois Brûlé. La mine n'a pas joué et l'ennemi a pu prendre pied dans la partie de la courtine avoisinant l'abri.

L'artillerie exécute ce matin un tir d'efficacité sur cette zone, mais cette impuissance du 8° Corps à maintenir son front sur sa droite m'exaspère. Il se laisse ronger peu à peu.

Je me rends auprès du général de Mondésir, pour étudier la situation, remonter sa propre énergie et relever la capacité offensive de ses troupes. Je l'invite formellement à adopter une attitude agressive sur tout son front et, en tout cas, à reprendre le terrain perdu. Je le trouve malade, très grippé, mais toujours très dévoué et prêt à se dépenser, quand même, dans le but indiqué. Il sera demain près de la *redoute infernale* pour la préparation des attaques.

En rentrant au G. Q., je fais un rapport circonstancié au général en Chef, pour lui demander notamment que le 8° Corps soit autorisé à utiliser, sur sa droite, les obus allongés (87-98) de 220 et ceux de 155 C. T. R., qui complètent l'effet des premiers par la rapidité du tir. C'est le seul moyen de riposter aux minenwerfer en rendant, avec usure, coup pour coup, sur les tranchées.

A la 73° Division, les travaux d'approche en sape ont continué dans le bois Le Prêtre. On est maintenant sous les réseaux de fils de fer sans que le feu ait été ouvert. Étrange situation! On va continuer.

CRÉATION DU DÉTACHEMENT D'ARMÉE DES VOSGES

(34ᵉ CORPS, PLACES D'ÉPINAL ET DE BELFORT)

(8 décembre 1914.)

6 décembre.

On me rend compte d'une nouvelle canaillerie des Allemands. Près de Senones, à La Forain, un détachement allemand portant des uniformes français est venu surprendre, au moment de la relève, un poste d'une douzaine de coloniaux de réserve (37ᵉ régiment) et l'ont enlevé, sans autre avantage d'ailleurs.

Je me rends au 31ᵉ Corps. On y prépare, pour le 12 ou le 13, les attaques sur le bois de la Sonnard; les dispositions sont bonnes.

Je reçois un ordre du général en Chef constituant le 34ᵉ Corps en détachement d'Armée sous mes ordres. La place d'Épinal s'y trouvera rattachée comme celle de Belfort.

Le général en Chef réclame à chaque Armée, en vue de la reprise prochaine de l'offensive, la prévision des attaques qu'elle projette.

Dans le bois Le Prêtre, la brigade Riberpray est arrivée à la sape jusqu'à quelques mètres des tranchées ennemies et s'y est retranchée.

7 décembre.

Cette brigade a sauté cette nuit dans les retranchements. Elle a eu la chance d'échapper à quelques mines qui ont éclaté prématurément.

Je pense que le reste de la première ligne allemande va tomber en notre pouvoir. Je donne l'ordre de pousser ferme dans ce sens et je fais savoir, en même temps, qu'un régiment de landwehr (le 68°), qui était dans le bois Le Prêtre, vient d'être identifié en Russie, ce qui indique qu'on a dû dégarnir cette partie du front allemand.

J'apprends que les Allemands se sont, par contre, renforcés sur la côte de Delme, par trains et autos, sans doute à la suite de l'attaque sur Aulnois (1). Or, l'attaque sur ce village devait être reprise demain. Je dois prévoir que ce ne sera plus un coup de main, simplement destiné à aguerrir une troupe et à occuper un pont de plus sur la Seille, mais un combat qui peut devenir très sérieux.

Comme on ne doit pas combattre sans un but et que le but ici existe à peine, puisqu'en résumé nous n'avons nul besoin du pont d'Aulnois, je prescris à la 59° de différer son attaque, jusqu'à ce que l'ennemi ait diminué la densité de ses forces sur ce point. Mais en revanche, je lui demande d'augmenter son organisation à Letricourt et Chenicourt, pour le cas où l'ennemi aurait lui-même la fantaisie d'attaquer.

L'attaque de la droite de la 73° Division a très bien réussi. Toutes les tranchées entre le chemin du Père-Hilarion et la route de Pont-à-Mousson ont été enlevées (50 prisonniers). Les contre-attaques ont été repoussées.

---

(1) On comprendra facilement leur émoi, si l'on songe qu'Aulnois n'est qu'à cinq ou six kilomètres du chemin de fer de Metz à Delme.

PROGRESSION MÉTHODIQUE AU BOIS LE PRÊTRE

(7 et 11 décembre 1914).

De la III° Armée, on me rend compte d'un petit échec dans le bois de Malancourt, où l'on avait voulu reprendre une tranchée que les Allemands avaient fait sauter (pertes : 200 hommes et une mitrailleuse). Par contre, on a pris pied, près de Vauquois, sur la cote 263.

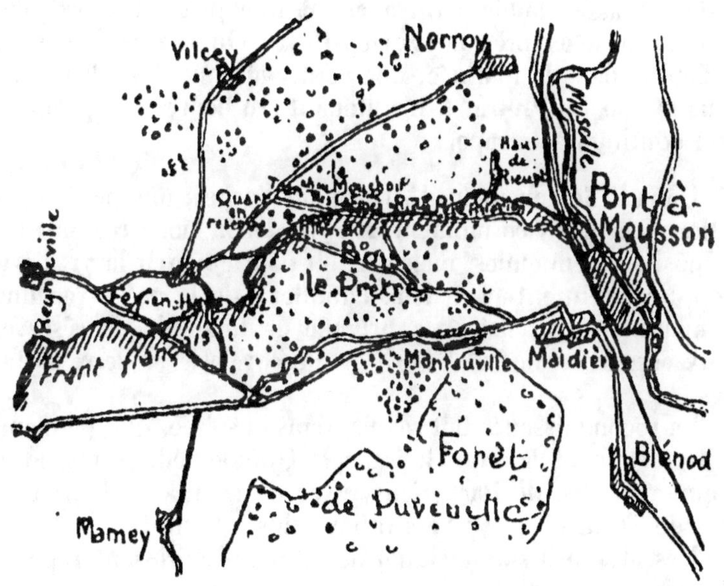

Croquis du bois Le Prêtre (Déc. 1914).

Notre feu sur les lignes de communication des Allemands les gêne beaucoup. Ils répondent par une canonnade violente.

8 décembre.

Le petit poste de coloniaux, traîtreusement surpris le 6 par les Allemands revêtus d'uniformes français, n'a pas été enlevé comme on le pensait. On a trouvé hier dans la tranchée, huit de ces braves qui s'étaient fait tuer sur place; il n'en manque donc que quatre.

La progression de l'aile droite de la 73ᵉ Division continue dans le bois Le Prêtre. La première ligne de l'ennemi, face à l'est, est occupée et organisée; on continue à la sape vers la maison forestière.

Les prisonniers d'hier (50 dont 2 sous-officiers), sont des Westphaliens et des Rhénans; ils sont très montés contre les Prussiens, qui leur font faire tous les travaux et les mettent en première ligne. Le moral est bas : ils ont assez de la guerre.

Quand j'arrive sur le terrain de la 73ᵉ Division, la canonnade est assez faible : on a éteint quelques batteries allemandes postées près de Fey-en-Haye. On a repoussé sans difficulté, dans la matinée, une contre-attaque des Allemands dans le bois Le Prêtre et, maintenant (15 heures), la progression continue à la sape.

Dans le détachement d'Armée des Vosges, une petite opération a lieu, en ce moment, sur Verdenal, pour reconnaître les positions ennemies, mais surtout pour aguerrir la 71ᵉ Division : y prennent part deux bataillons de la 71ᵉ, avec une compagnie de cyclistes, la brigade de hussards de réserve, deux escadrons de la 2ᵉ Division de cavalerie et deux batteries.

La reconnaissance fait savoir, dans la soirée, que l'ennemi tient fortement le front bois de la Grande-Seille, bois de la Rappe, montée de Barbezieux, avec de l'artillerie lourde au bois de Trion et du 77 vers Igney, plus à l'est.

Des attaques sur le signal de la Mère-Henri sont repoussées.

Dans le bois Le Prêtre, progression de 100 à 200 mètres (à droite jusqu'au layon 10-12).

9 décembre.

Le commandant Pichot-Duclos est arrivé cette nuit du G. Q. G., porteur des directives du général en Chef pour la reprise de l'offensive; le rôle des Armées y est défini.

La III° Armée doit attaquer avec le 6° Corps réduit d'une Division et le 16° Corps, entre Argonne et Meuse, pour appuyer et couvrir l'offensive de la IV° Armée vers Attigny.

La I° Armée continuera sa progression méthodique vers Thiaucourt.

Le détachement de l'Armée des Vosges cherchera à gagner du terrain dans les hautes vallées des Vosges, en opérant par rabattement.

La III° Armée devra se constituer une réserve d'une Division prélevée sur le 6° Corps et la I° Armée une réserve d'une brigade mixte. Ces deux réserves seront placées de telles sorte qu'elles puissent soit appuyer l'attaque vers le nord, soit parer à une attaque allemande se produisant de Pagny-sur-Moselle. Je vais préparer des instructions en conséquence.

J'ai la visite du général Legros, qui vient m'entretenir de sa situation. Les Allemands renforcent leur organisation partout sur son front; ils travaillent constamment la nuit au Camp-des-Romains (abris blindés ou emplacements de batteries enterrées, ou tunnels, on ne sait trop faute de projecteurs).

L'artillerie lourde paraît moins nombreuse, mais le 77 et ce qui reste de 105 sont très agressifs : les tranchées des Paroches sont constamment battues d'enfilade.

La 73° Division continue ses progrès dans le bois Le Prêtre, elle a pris une nouvelle tranchée, fait 18 prisonniers et progressé d'une centaine de mètres. Elle me demande deux bataillons de réserve, pour continuer l'action et profiter de la démoralisation de l'ennemi. Je suis obligé de les lui refuser, en raison des attaques que je prépare pour le 12.

10 décembre.

En prévision de l'attaque que doit faire le 31° Corps sur le bois de la Sonnard le 12, je prescris au 2° groupe des Divisions de réserve de se montrer particulièrement agressif dès demain 11.

Il portera de l'artillerie lourde derrière ses avant-postes de Létricourt et de Chenicourt, pour atteindre la voie ferrée de Delme, à 7 ou 8 kilomètres; des coups de main seront, en outre, montés sur différents points du front pour attirer l'attention de ce côté et, en tout cas, empêcher les Allemands de déplacer des troupes.

L'offensive de la droite de la 73e Division joue fort heureusement le même rôle dans le bois Le Prêtre.

Je me rends au 31e Corps pour m'assurer que tout est préparé en vue de l'attaque du 12. J'assiste à une violente canonnade des Allemands sur les bois de la Hazelle et de la Voisogne, d'une part (ils cherchent évidemment à atteindre notre artillerie lourde qui leur répond coup pour coup), — et sur le 8e Corps, d'autre part. Dans la région du bois Brûlé, le feu est particulièrement violent.

En rentrant au Q. G., je reçois de la 73e la nouvelle d'un nouveau progrès de 500 mètres environ jusqu'à la route du Père-Hilarion et à la maison forestière. On a pris toute une ligne de tranchées allemandes et une mitrailleuse.

De la 65e Division, on me fait savoir que la nuit dernière des tracteurs à vapeur ont été entendus descendant du Camp-des-Romains sur Saint-Mihiel. C'est à rapprocher des travaux considérables qui sont en cours sur cette hauteur près du fort.

11 décembre.

Par un prisonnier fait dans le bois Le Prêtre par la brigade Riberpray, on apprend que les Allemands ont renforcé, de ce côté, leurs troupes de deux bataillons pris à Metz et que les forces engagées hier et avant-hier ont beaucoup souffert, surtout du feu de notre artillerie.

Il déclare, après tant d'autres, que notre artillerie tire trop haut. Je vais encore renouveler mes recommandations à ce sujet. Aujourd'hui, grande activité des Divisions du Grand-Couronné sous la forme de reconnaissances et de coups de main pour attirer l'attention de ce côté.

Reconnaissance de la 2e Division de cavalerie (un escadron et une section cycliste) sur Leintrey et Emberménil, où l'on avait signalé, l'avant-veille, des fantassins et des cavaliers portant des tenues particulières et qu'on croyait être des Autrichiens. Il s'agit de vérifier le fait. Mais en même temps, comme les mouvements de la Division de cavalerie ont toujours été signalés à l'ennemi, on va surveiller de façon spéciale la région au sud-ouest de Dombasle, où l'on a parfois surpris des feux et des signaux.

Au 8ᵉ Corps, le 27ᵉ d'infanterie va attaquer sur la courtine de la redoute du bois Brûlé, à 13 h. 30.

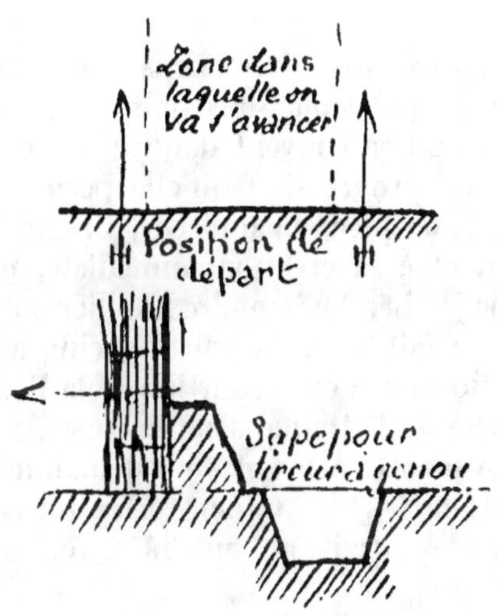

Travaux pour l'attaque à la sape (73ᵉ Division).

Je vais à la 73ᵉ Division, pour dire au général Lebocq toute ma satisfaction de ses progrès et de sa méthode, qui est la suivante :

Pour sa progression sous bois, il détermine la zone dans laquelle va s'opérer son offensive et il en assure immédiatement le flanquement des deux côtés. Il pousse, à cet effet, sur chacun de ces flancs, un canon qu'il établit sur une allée, sur un layon ou même en plein bois, s'il peut avoir des vues et un champ de tir.

Sous la protection de ce flanquement et des deux côtés, on part en sape pour tireur à genou; mais on commence par débroussailler et par constituer du côté extérieur une vraie muraille verticale d'abatis, qui peut atteindre jusqu'à un mètre d'épaisseur et qu'on renforce du petit parapet que donne la tranchée pour tireur à genou et d'où on peut tirer à travers l'abatis. La muraille est tenue au moyen de fils de fer.

On comprend facilement qu'en cas d'attaque venant de flanc, la plus dangereuse puisque, de front, la garnison de la position de départ tient l'ennemi sous son tir direct, les travailleurs puissent s'établir instantanément sur le retranchement et ouvrir le feu. En admettant même que l'attaque progresse, elle tombe bientôt sous les coups de canon de flanquement.

Je ferai connaître aux autres Corps cette méthode qui n'est certainement pas applicable sous bois dans toutes les situations, mais qui pourra souvent donner d'excellents résultats par la rapidité de progression qu'elle permet.

On y peut remarquer, en tout cas, l'importance accordée au flanquement et à sa création immédiate, principe que je préconise et que je cherche à rendre familier dans mon Armée.

Le 8ᵉ Corps a fait, dans la journée, cinq attaques successives sur le bastion nord et la courtine de la Redoute. La compagnie de gauche de l'attaque a pu occuper la gorge du bastion, malgré de fortes pertes et s'y est maintenue une partie de la nuit. Mais le feu des minenwerfer lui a fait subir des pertes telles que les survivants ont dû se replier.

En revanche, la 73ᵉ Division a fortement progressé dans le bois Le Prêtre, où elle a occupé une tranchée de 3oo mètres (à 100 mètres au nord-ouest de l'enclos Bamberger, Haut-de-Rieupt). Les Allemands paraissent abandonner leur seconde ligne.

Sur le front du 2ᵉ groupe des Divisions de réserve, les Allemands ont occupé Parroy et fait sauter le pont du canal.

12 décembre.

C'est aujourd'hui que le 31ᵉ Corps attaque le haricot de Remières. Pour faire diversion, la 74ᵉ Division va lancer des reconnaissances sur Xures, Mouacourt, Emberménil; — la

2ᵉ Division de cavalerie enverra aujourd'hui ou demain une forte reconnaissance sur Rancourt (un bataillon, une batterie, un escadron). — La IIIᵉ Armée va se montrer très agressive de son côté, et, demain, le 8ᵉ Corps fera plusieurs attaques sous bois.

Je fais venir, par voie ferrée, à Ménil-la-Tour, la brigade de réserve d'Armée de la 71ᵉ Division. J'établis mon poste de commandement à Royaumeix, à 14 heures.

A cette même heure, commence l'attaque de l'infanterie après préparatioin par l'artillerie. A 15 heures, les tranchées allemandes du bois de Remières sont enlevées et on commence à s'y organiser. Les contre-attaques sont successivement repoussées.

A la nuit, on met en place les quatre puissants projecteurs de la marine que je viens de recevoir et on fait avancer au nord de Seicheprey, d'une part, au nord-ouest de Flirey, d'autre part, les deux auto-canons et les quatre auto-mitrailleuses qui nous viennent également de la marine.

Une nouvelle contre-attaque venant à la nuit du nord-est sans doute, par les boyaux de tranchée, réussit à nous chasser du haricot de Remières et remet tout en question. Voilà perdu le résultat de l'effort sérieux fait cet après-midi!

On va recommencer demain matin. Je mets à la disposition du commandant du 31ᵉ Corps, deux bataillons de la réserve coloniale, que je fais partir la nuit de Ménil-la-Tour sur Grosrouvres.

13 décembre.

Ce matin, à 7 h. 30, ouverture du feu de préparation d'artillerie sur le haricot du bois de Remières, sur le saillant des tranchées allemandes au sud du bois de la Sonnard et sur la lisière sud-est du bois de Mort-Mare.

A 8 heures, attaque de l'infanterie (31ᵉ Corps et 73ᵉ Division de réserve).

L'attaque partant du front, bois de Remières, ne réussit pas. Les soldats de la ligne de combat ne peuvent avancer dans la terre détrempée : ils enfoncent jusqu'aux mollets. L'artillerie n'a pas fait évacuer la deuxième ligne de tranchées qu'elle voyait mal et les assaillants sont accueillis par un feu intense.

Au contraire, au centre, l'attaque de la brigade de Tourte-batte permet d'occuper la première ligne de tranchées au saillant sud du bois de la Sonnard. On s'y établit sur un front de 400 mètres, à droite et à gauche de la voie ferrée. Deux contre-attaques allemandes sont successivement repoussées.

Sur la lisière sud du bois de Mort-Mare, la 73ᵉ Division fait quelques progrès; mais, vers 16 heures, sa ligne de combat n'a parcouru que 150 mètres environ et se trouve encore à 250 mètres de la lisière. Je lui ai donné hier une batterie à cheval de la 2ᵉ Division de cavalerie, pour battre à sa gauche une partie des tranchées qui, de la lisière, donnaient des feux d'écharpe très gênants.

Dans la journée, je lui envoie, sur la demande du général Lebocq, une deuxième batterie de ce groupe; il en reste une en réserve à Royaumeix.

De Royaumeix, je me rends à Bernécourt dans l'après-midi, pour conférer avec les généraux Delétoille et Compa-gnon, et je rentre au Q. G. à 20 heures.

J'apprends que les Allemands ont repoussé hier nos petits postes de Lesménils et de Xon et fait avancer un bataillon à Eply.

Le général commandant le 2ᵉ groupe des Divisions avait d'abord donné, pour ce matin, l'ordre de reprendre Lesmé-nils et Xon; puis, croyant à une attaque possible sur Pont-à-Mousson, il avait donné contre-ordre et fait rassembler, pour aujourd'hui, une brigade chargée de défendre les lisières des bois du Juré et de la Fourasse, avec artillerie à l'ouest de Climery pour enfiler la rive gauche de la Seille. Mais, dans la journée, le bataillon d'Eply s'est retiré.

A 20 heures, contre-attaque violente des Allemands sur la ligne des tranchées au saillant sud de la Sonnard. Pendant la nuit, la 73ᵉ Division pousse deux bataillons jusqu'à la lisière de Mort-Mare. J'envoie à cette Division deux batail-

lons de renfort de la R. G., la dernière batterie à cheval de
la 2ᵉ Division de cavalerie et une compagnie du génie de
Toul.

14 décembre.

Les troupes de la brigade Tourtebatte ont subi pendant
la nuit de continuelles contre-attaques au sud du bois de la
Sonnard. Elles ont maintenu leur conquête à l'est du chemin
de fer (200 mètres de tranchée); mais, à l'ouest, elles ont
légèrement reculé.

À la 73ᵉ Division, on n'a pas pu pénétrer dans le bois
de Mort-Mare; le bataillon le plus avancé s'est terré à 250 mètres de la lisière.

Je me rends, dans l'après-midi, auprès du général Lebocq
à Manonville. Il me rend compte que le feu de front et de
flanc est trop violent, malgré les secours de son artillerie, pour
progresser de jour. L'attaque sera donc remise à la tombée
de la nuit.

Je lui conseille l'emploi des projecteurs pour veiller à ses
flancs et déjouer les projets de contre-attaque. La 64ᵉ Division en a quatre que je lui ai envoyés avant-hier, il n'a qu'à
en demander au général Compagnon qui est prévenu. Il n'a
pas l'air très enthousiaste : c'est curieux cette répulsion du
fantassin pour les engins dont il ne s'est pas encore servi.

Du 2ᵉ groupe des Divisions de réserve, on me rend compte
que Xon a été évacué par les Allemands et Lesménils réoccupé
sans difficulté.

Le 8ᵉ Corps, qui a fait trois attaques, n'a pas réussi les
deux lancées sur la Tête-à-Vache; mais il a pris une tranchée
dans la Vaux-Féry.

Le commandant Schérer, que j'ai envoyé en liaison à la
IIIᵉ Armée, me rapporte les propositions du général Sarrail
pour la constitution d'une réserve de Division, qui sera la
40ᵉ Division (la IIIᵉ Armée avait d'abord voulu créer une Division provisoire par prélèvement sur le 6ᵉ Corps. Le général
en Chef n'a pas accepté et a décidé que la réserve serait formée
par la 40ᵉ Division, moins ses deux bataillons de chasseurs).

Cette 40e Division devait être remplacée par la 65e de réserve, celle-ci passant aux ordres du général Herr, commandant le 6e Corps et étant chargée de la garde du front de Seuzey à Menouville.

Cette dernière solution m'avait un peu inquiété. Mais, dans le projet qui m'est soumis, on ne prend en réalité que le 42e colonial à la 65e Division, pour en constituer une réserve vers Lacroix-sur-Meuse, et la 40e Division est remplacée sur sa portion de front entre Seuzey et la cote 294 (nord-ouest de Rouvrois) par l'un des bataillons de chasseurs et quatre régiments de réserve à deux bataillons, l'autre bataillon de chasseurs restant à l'extrême droite au sud-est de Maizey.

Ces troupes, moins les chasseurs, ne valent pas celles qui partent; mais leur effectif est suffisant pour assurer la défense. J'approuve donc le projet; je fais passer la 65e Division aux ordres du général Herr et je lui laisse le commandement de l'artillerie mise actuellement à sa disposition. Mais il y a là quatre groupes appartenant au 8e Corps; la IIIe Armée devra me les rendre après les avoir remplacés sur leurs positions.

15 décembre.

L'attaque de la 73e Division n'a pu atteindre le bois de Mort-Mare. Le bataillon de tête se fortifie à 150 mètres de la lisière.

Plus au nord, les Allemands ont bombardé la gare de Saint-Léonard; — au 8e Corps, ils ont canonné hier Lérouville, comme ils avaient, depuis plusieurs jours, canonné la gare de Commercy. C'est la riposte à nos entreprises par le canon sur leurs voies de communication.

Mauvaises nouvelles du Détachement d'Armée des Vosges: les Allemands ont repris l'offensive devant Thann et réoccupé Steinbach (au nord-ouest de Cernay), dont nous nous étions emparés l'avant-veille. Ils ont canonné Thann.

On parle de débarquements importants à Mulhouse; ce serait, dit-on, le VIIIe Corps amené de Belgique. Il y a sans doute une part d'exagération, mais il n'en est pas moins vrai qu'ils augmentent leurs troupes d'Alsace.

Il faut songer, dès maintenant, à la nécessité de renforcer la droite du détachement Putz et je ne puis le faire qu'en lui expédiant la brigade de réserve que j'ai fait venir à l'ouest de la Moselle. Je vais donc rappeler à Ménil-la-Tour et Andilly les deux régiments de réserve, que j'avais mis à la disposition du 31° Corps et de la 73° Division et je vais faire préparer des trains pour le transport éventuel de la brigade à Bussang.

Après entente avec le général Putz, je donne l'ordre de diriger, de cette brigade de réserve, un régiment sur Bussang, un sur Bruyères, un sur Rambervillers (les régiments sont à deux bataillons). Les embarquements commenceront cette nuit.

Les Allemands renouvellent leurs contre-attaques du bois de la Sonnard contre le saillant sud des tranchées que nous avons occupées : ils sont repoussés.

La 73° Division n'est pas inquiétée sur son terrain gagné au sud du bois de Mort-Mare (à 150 mètres de la lisière). Elle n'y a de jour que des guetteurs et ne fait occuper, que la nuit, les tranchées qui y ont été ébauchées et auxquelles on travaille dans l'obscurité.

Je lui prescris de reprendre, dans deux jours, plus à l'est, l'attaque de la position de la Croix-des-Carmes, dans le bois Le Prêtre.

Je l'autorise à déplacer la batterie de 155 C. T. R., qui est près de la Voisogne, pour la mettre à 800 mètres ou 1.000 mètres des ouvrages à attaquer et les écraser. Cent projectiles suffiront.

16 décembre.

Ma visite d'aujourd'hui est pour le 31° Corps, où je me fais rendre compte des dispositions prises pour tenir sur le terrain conquis au saillant sud du bois de la Sonnard.

Je recommande au général Delétoille une liaison intime avec la 73° Division à sa droite.

Le général Lebocq a poussé un bataillon jusqu'à 150 mètres de la lisière de Mort-Mare et a commencé à s'y retrancher. Les extrémités de cette nouvelle tranchée seront raccordées aux tranchées anciennes par des boyaux en crémaillère.

On ne peut y travailler que la nuit; il faudra donc quelques jours pour terminer.

Mais, dès maintenant, la 73ᵉ Division demande que le 31ᵉ Corps prolonge un peu ses tranchées de droite, en avançant leur extrémité pour se relier à son nouveau front et pour l'étayer. Le général Delétoille va donner des ordres en conséquence.

17 décembre.

Dans la nuit, notre dirigeable *Conté* a bombardé les gares de Sarrebrück, de Sierck et un train en marche.

Aujourd'hui, continuation des travaux pour consolider le terrain gagné et préparation des actions sur la position fortifiée à l'ouest de la Croix-des-Carmes, d'une part, — sur la redoute du bois Brûlé, d'autre part.

On va donner, à cet effet, du 155 C. T. R. à la 73ᵉ Division et au 8ᵉ Corps, et on prépare les emplacements de cette artillerie. Je donne les projecteurs à la 73ᵉ Division, puisque le 31ᵉ Corps n'a pas pu s'en servir.

Je passe mon après-midi au 8ᵉ Corps pour orienter le général de Mondésir sur les résultats à obtenir dans ses attaques et sur la nécessité de coups de main fréquents sur les différents points de son front.

La 73ᵉ Division (brigade mixte) réussit, dans la journée, à avancer son front de 600 mètres environ sur une longueur de 600 dans la partie du bois Le Prêtre, dénommée le Mouchoir.

Plus à gauche, la brigade mixte arrive dans la coupe V au contact des retranchements ennemis.

Le général Lebocq demande une compagnie du génie que je vais lui faire envoyer.

On a tiré une vingtaine d'obus de 155 sur Arnaville, où des mouvements de trains avaient été signalés.

18 décembre.

La IIIᵉ Armée me rend compte de quelques succès de son artillerie : on a notamment atteint l'une des passerelles de Saint-Mihiel.

Au 8ᵉ Corps, la batterie de 155 C. T. R. est en position près du cimetière de Saint-Agnant; elle sera prête à ouvrir le feu sur la redoute à partir de midi.

Le détachement d'Armée des Vosges a fini ses mouvements de relève et peut disposer, dès aujourd'hui, comme réserve, du 152ᵉ à la Bresse, du 28ᵉ B.C.P. à Corcieux et du 13ᵉ B.C.P. à Gérardmer, sans compter les deux bataillons que je lui ai envoyés à Bussang.

Je vais à la 73ᵉ Division. Le général Lebocq apprend du colonel Florentin, commandant la 143ᵉ brigade, qui est venu lui rendre compte, que le retranchement qu'on croyait fortement avancé à 150 mètres du bois de Mort-Mare n'est, en réalité, que piqueté. On a commencé une ligne de tranchées à 300 mètres, mais cet officier supérieur ne croit pas possible de faire exécuter le travail prescrit par les nuits sans lune qu'on a en ce moment, et à si courte distance de l'ennemi. Les troupes de réserve sont encombrées de territoriaux; elles manquent de cadres et sont impressionnées par leurs échecs successifs sur Mort-Mare.

Il faut se soumettre; nous nous contenterons donc d'une première avance de 300 mètres pour faire ultérieurement un nouveau bond. Pendant ce temps, la hauteur de la Croix-des-Carmes tombera; on prendra Fey-en-Haye et, de là, on flanquera plus efficacement les attaques sur Mort-Mare. Ce sera le moment de se lancer de nouveau sur ce gros morceau.

19 décembre.

Le détachement d'Armée des Vosges me rend compte de ses opérations d'hier.

Un détachement du 41ᵉ B. C. P. a refoulé des détachements ennemis sur les bois Banal et Barbas, qui sont fortement tenus.

Sur tout le front, avant midi, vive fusillade allemande accompagnée de cris d'allégresse et de sons de cloches. Au dire des Alsaciens, ces manifestations sont la conséquence de l'annonce d'une grande victoire sur les Russes en Galicie. Attendons la confirmation de cette nouvelle que je crois inexacte puisque, dans leur « Klar text » de ce jour, les Allemands n'en parlent nullement.

Au 8ᵉ Corps, on s'est laissé expulser d'un bout de tranchée en cul-de-sac, au sud du bastion nord de la redoute. La tactique favorite des Allemands leur a encore réussi cette fois. Ils ont jeté plus de 160 bombes de 40 à 45 kilogs de mélinite sur la tranchée à attaquer; ils l'ont ainsi bouleversée et fait évacuer, puis ils ont profité de l'émotion produite pour s'y jeter. Une contre-attaque les a rejetés à leur tour des trois quarts de la tranchée conquise, mais ils ont conservé le reste.

Nous n'avons malheureusement rien qui puisse lutter contre leurs minenwerfer. Le 155ᵉ C. T. R. a fait son possible, mais apparemment sans obtenir le résultat cherché et surtout sans pouvoir éteindre les minenwerfer qui changent fréquemment d'emplacements dans une tranchée très large (longeant, je crois, la route de Saint-Mihiel à Apremont).

Je suis désolé de voir ce 8ᵉ Corps se laisser ronger ainsi. On m'a promis des lance-bombes qu'on vient d'inventer. Je les donnerai à ces troupes, mais quand viendront-ils?

Je me rends au Q. G. de ce 8ᵉ Corps dans l'après-midi pour conférer avec le général de Mondésir et le colonel du génie Péret sur les mesures de riposte à prendre. J'ai convoqué également le colonel Pons du génie et le lieutenant-colonel Gasconin de l'artillerie de mon État-Major.

Séance très orageuse par moments. Je sens le Corps d'Armée nerveux et impressionnable. Bref, je remets le tout au point, je relève les énergies et je prescris au général de Mondésir d'étendre son front à droite au sud-ouest du bois Jurat, d'y construire un ouvrage solide bien relié à la Louvière, avec abris et emplacements d'artillerie de 155 au besoin. But à atteindre : obtenir un flanquement plus efficace de la redoute, inquiéter l'ennemi devant le bois Jurat, l'obliger à disperser son tir.

Après avoir trouvé que l'exécution de l'ouvrage serait presque impossible, le général de Mondésir s'engage à s'y mettre immédiatement. Dès demain, il ira sur les lieux étudier l'installation projetée avec le lieutenant-colonel Gascouin.

Je prescris à la place de Toul de lui fournir journellement 500 gabions en bois, de forme pliante. Je lui fais envoyer également une catapulte lançant avec précision jusqu'à 70 mètres six kilos d'explosifs (je l'ai fait établir à Toul).

À la 73ᵉ Division, on se prépare à attaquer le Quart en réserve.

J'informe le général Lebocq que, pour protéger sa droite, de l'autre côté de la Moselle, j'ai prescrit au 2ᵉ groupe des Divisions d'établir une solide ligne de résistance à la lisière des bois du Juré et de la Fourasse, avec ligne avancée à Xon et Lesménils.

20 décembre.

Il se confirme qu'une Division au moins du VIIIᵉ Corps allemand a débarqué dans la région de Mulhouse, et qu'une grande partie du XVᵉ Corps y a été amenée récemment. Ce sont évidemment les quarante trains signalés hier entre Colmar et Mulhouse.

Je demande au général Putz s'il se croit en état de tenir tête à ces forces. Il me répond affirmativement pour le moment du moins. Je pense qu'il ne doit y avoir au plus que la valeur d'un Corps d'Armée allemand en face de nous dans la région de Thann. Si l'ennemi devenait agressif de ce côté, j'enverrais au général Putz la brigade que j'ai encore en réserve à l'ouest de Saint-Mihiel.

C'est aujourd'hui qu'on reprend l'offensive sur tout le front français. Il me faut aussi être actif, mais je suis bien pauvre et j'ai des troupes un peu fatiguées par la vie des tranchées. Peu importe cependant : je vais faire attaquer, dans deux ou trois jours, les ouvrages du Quart en réserve (bois Le Prêtre), de manière à y installer de l'artillerie capable d'appuyer de flanc les attaques sur Mort-Mare et reprendre ces attaques.

J'étudie aussi une attaque, à la droite du 8ᵉ Corps, soit

sur le bois Jurat, malgré la répugnance du général de Mondésir à choisir cette direction pour son offensive, soit sur la croupe à l'ouest du bois Brûlé : je vais aller lui en parler demain ou après-demain.

Aujourd'hui, je vais au 31ᵉ Corps dont la situation sanitaire, sans être inquiétante, n'est pas très bonne. Beaucoup d'eau dans les tranchées (il pleut depuis plusieurs jours) ; ravitaillements rendus difficiles par les routes et chemins défoncés, etc.

Il va falloir réduire l'effectif de la ligne des tranchées pour augmenter un peu le repos, établir, au moins dans les bois de gauche, un chemin de fer à voie étroite pour le ravitaillement.

On a vu nettement hier une locomotive allemande passer à Woinville et reparaître sur la route stratégique plus à l'ouest dans le bois de la Corvée-des-Prêtres. On a tiré dans cette direction; mais voici la preuve que les Allemands ont poussé la voie ferrée à voie étroite jusque sur les Côtes de Meuse près de Saint-Mihiel.

21 décembre.

A mon arrivée au 8ᵉ Corps à Commercy (qui est bombardé), j'apprends que la droite du Corps d'Armée a été attaquée dans le bastion sud de la redoute, après un bombardement des plus violents.

Une compagnie allemande sortant des boyaux de communication est venue se coller contre la face extérieure du parapet et, après un combat corps à corps, a réussi à occuper une partie de la redoute (les deux faces nord et nord-est).

Deux contre-attaques n'ont pu réussir à l'en expulser. L'artillerie n'a pu intervenir qu'en établissant un barrage derrière la compagnie allemande, afin d'empêcher l'arrivée des renforts.

Voilà encore une preuve de l'impuissance de ce 8ᵉ Corps, dont les contre-attaques ne réussissent plus jamais et qui se laisse ronger indéfiniment. Je vais être obligé d'employer les grands moyens et le seul efficace me paraît être l'attaque projetée sur le bois Jurat. Je m'en ouvre au général de Mondésir et je lui prescris de l'étudier dans tous ses détails comme préparation et exécution, sans préjudice des coups de force qu'il a prévus, notamment à l'est de la Tête-à-Vache.

Il me dit, à ce propos, que cette dernière attaque devait avoir lieu ce matin; mais qu'elle a été différée à la suite de la blessure (poignet cassé) reçue par un commandant de compagnie, qui avait fait la reconnaissance nécessaire. On va la faire au premier jour.

J'invite de nouveau le général de Mondésir à mettre de l'artillerie de 90 dans les tranchées de première ligne.

A la 73ᵉ Division, légers progrès dans le bois Le Prêtre, où l'on s'est porté, en plusieurs points, au contact de la deuxième ligne de résistance.

22 décembre.

Le 8ᵉ Corps rend compte qu'on a évacué le bastion sud de la redoute tenant la tranchée de gorge et qu'on va détruire ce bastion à coups de canon de 155 C. T. R. C'est très bien, mais si ce bastion reste, quoique fortement dégradé, aux Allemands, cette position va leur donner un flanquement formidable contre l'attaque que je projette sur le bois Jurat. L'opération se présente donc avec des difficultés nouvelles dont il faut que je tienne compte.

Je convoque, à Commercy, le commandant de Corps d'Armée, les divisionnaires et le colonel commandant l'artillerie de Corps d'Armée. J'y reçois des renseignements précis sur l'affaire d'hier. Les bombes des minenwerfer produisent décidément des effets contre lesquels il est difficile de lutter; elles font le vide et bouleversent les parapets et les tranchées. Évidemment, la contre-attaque, au moment où les Allemands se jettent sur la position, conserve toute sa valeur. Mais nos troupes ont leur moral atteint; elles manquent de mordant. La contre-attaque se fait trop tard, quand elle a lieu. Or, hier, il a été impossible de faire sortir des tranchées la contre-attaque du   ᵉ régiment de réserve. C'est la triste constatation d'un état moral, qui résulte à la fois de la perte ou de l'absence de cadres et surtout du séjour prolongé dans les tranchées sous les projectiles. Ce ne sont plus, hélas! nos troupes du début de la campagne.

Je remonte tout ce monde et je leur demande d'agir quand même. Le seul moyen d'enrayer l'offensive de l'ennemi, en attendant que nous ayons, nous aussi, des lance-bombes, est d'adopter une attitude offensive sur tout le front. En laissant de côté l'attaque du bois Jurat, qui paraît devoir être trop coûteuse pour le moment, il est entendu que chacun des divisionnaires va monter des attaques sur deux points au moins de son front.

De plus, le général de Mondésir va ordonner prochainement une nouvelle attaque sur l'ouvrage perdu. Mais avant tout, on va pousser de l'artillerie de 90 très près de la première ligne, pour appuyer plus efficacement les attaques sous bois.

Nous n'avons plus beaucoup de munitions de 155 C. T. R. Je fais envoyer une nouvelle batterie de 155 mod. 90, que nous pourrons mieux alimenter, pour remplacer l'autre.

J'ai fait pousser aujourd'hui du 155 Schneider à longue portée dans le bois de la Fourasse, pour tirer sur le fort de Verny (40 obus) et sur Arnaville (15 obus). Observation en ballon et au mont Toulon : le fort a été atteint et un train qui arrivait en gare d'Arnaville a rebroussé chemin.

J'ai envoyé, en outre, deux avions sur Strasbourg, d'après les ordres du G. Q. G., pour jeter des bombes sur le port où se trouvent de grands approvisionnements. L'un des aviateurs n'a pu dépasser Dieuze, dont il a bombardé la gare; mais l'autre, capitaine Juliard, a très heureusement rempli sa périlleuse mission.

23 décembre.

Le tir du 155 C. T. R. a fait d'excellente besogne à la redoute du bois Brûlé. Les Allemands ont dû l'évacuer. Le général de Mondésir va la faire réoccuper par le bataillon du 20° qui doit relever celui du 27°; mais sans idée d'y rester, parce que ce saillant, avec son parapet en relief, est trop vulnérable, exposé qu'il est à un feu concentrique, — à moins cependant qu'il ne soit possible de creuser un nouvel ouvrage, ce qui est douteux, étant donné la nature du sol. En tout cas, ce sera un geste à faire.

Je lui recommande d'assurer des feux d'écharpe sur la position, en plaçant du 155 court et du 75 dans le vallon au sud-ouest d'Apremont et des feux de même genre sur le bois Jurat, en postant du 75 à la lisière du bois de la Louvière.

Ma visite de ce jour est pour la 73ᵉ Division, dont j'apprécie fort les progrès méthodiques dans le bois Le Prêtre (brigade mixte Riberpray). On est arrivé, presque partout, au contact de la seconde ligne de défense allemande qui suit la crête.

Le général Lebocq va faire placer ses canons de 90 sur sa ligne de tranchée pour battre de front et d'écharpe les ouvrages allemands et donner l'attaque dans le Quart en réserve (ouest de la Croix-des-Carmes), dès que tout sera prêt, c'est-à-dire dans deux ou trois jours au plus tard.

24 décembre.

Cette nuit, au 8ᵉ Corps, une contre-attaque allemande a été repoussée avec pertes entre le bois d'Ailly et la Vaux-Féry.

Par contre, une attaque exécutée ce matin, à l'est de la Tête-à-Vache, n'a pas réussi. On comptait sur la surprise. Or, les Allemands étaient sur leurs gardes. Les sapeurs ont pu s'approcher jusqu'aux fils de fer; mais la fusillade n'a pas permis d'exécuter le travail : ils ont fait quelques pertes et ont dû se replier.

On recommencera dans quelques jours, avec l'appui des pièces de 90, que je fais mettre dans les bois, aussi près que possible de la première ligne. Les travaux ont commencé aujourd'hui.

La redoute, de nouveau battue par notre artillerie, est vide d'Allemands. On déplace dans le vallon au sud-ouest d'Apremont, des pièces de 75 de flanquement, dont j'ai prescrit l'installation; ce sera une utile protection, en cas de brouillard aveuglant l'artillerie du plateau de Liouville.

Je suis allé au 31ᵉ Corps pour me rendre compte de ses travaux et de la préparation de ses attaques.

Dès que la brigade Tourtebatte va être relevée par la brigade Vernadet, on cherchera à s'élargir au saillant sud-est de la Sonnard, en s'emparant des éléments de tranchée voisins de celle qu'on occupe sur la ligne allemande même. Cette opération devra précéder l'attaque que je projette sur Mort-Mare.

Continuation des travaux d'approche à la 73°. Je ne parle pas des petites opérations journalières sur le reste du front; elles offrent peu d'intérêt.

Au Détachement d'Armée des Vosges, on prépare, pour demain 26, l'attaque du front Cernay, Pont-d'Aspach.

25 décembre.

Les Allemands ont attaqué, cette nuit (nuit de Noël), la Tête-de-Faux. Furieux combat à la baïonnette, à la suite duquel ils ont été rejetés avec pertes.

Ce matin, leurs avions ont jeté cinq bombes sur Nancy, sans autre résultat que quelques dégâts matériels. Nous avons, de notre côté, bombardé les gares de Metz (4 bombes), de Pagny (11) et de Réchicourt-le-Château (2), sans compter les paquets de fléchettes sur les convois et parcs.

Le détachement mixte de la 2° Division de cavalerie (avec infanterie de la 71° Division), opérant au nord de Badonviller, a refoulé, hier sur la Vezouse, des partis ennemis peu nombreux. Ce matin, elle a constaté que les Allemands n'ont au sud de la Vezouse que des postes; mais ils sont nombreux et bien retranchés à 2 kilomètres au plus, au sud de la rivière.

Je vais, dans l'après-midi, au Q. G. du 2° groupe de Divisions de réserve à Malzeville, voir le général Joppé au sujet de la surveillance de l'instruction insuffisamment assurée, — au sujet de ses lignes de défense, dont l'organisation ne marche pas à mon gré, — enfin au sujet des bataillons territoriaux dont l'état d'esprit est à améliorer.

26 décembre.

Le Détachement d'Armée des Vosges a fait quelques progrès dans la journée d'hier : il a atteint la lisière des bois au nord et au sud-ouest de Steinbach; il est arrivé, plus au sud, aux premières maisons d'Aspach-le-Bas et de Pont-d'Aspach.

Ce matin, à 5 h. 3o, un dirigeable allemand a survolé Nancy et lancé 16 bombes; résultat : deux personnes tuées et une blessée; deux maisons atteintes; l'église Saint-Epvre encadrée de quatre projectiles et atteinte d'éclats qui ont brisé quelques beaux vitraux.

Je fais donner une section de projecteurs à Malzéville, pour surveiller au-dessus de Nancy pendant la nuit et rassurer la population.

Comme riposte, j'envoie, dans la matinée, trois avions sur Metz et environs. Je ferai également bombarder Remilly-sur-Seille, où se trouve un Q. G. de Corps d'Armée.

Visite à la 73ᵉ Division que je presse un peu dans ses préparatifs d'attaque du Quart en réserve.

Je lui ai fait remettre des photographies prises en avion, qui lui indiquent les positions ennemies (deux lignes de défense).

Le général Lebocq veut être, sur tout son front, au contact avec la première ligne de tranchées et placer de l'artillerie pour être en mesure d'arrêter les contre-attaques possibles, lorsqu'il abordera les ouvrages du Quart en réserve.

Rien n'est plus logique. Tout en lui demandant d'activer ses travaux, je le laisse libre de choisir le moment de l'attaque.

Au 8ᵉ Corps, deux furieuses attaques sur le bastion sud de la redoute du bois Brûlé sont repoussées.

Dans la soirée, je reçois les résultats des expéditions aériennes :

Douze obus sur les hangars de Frascati, un sur la gare sud de Metz, un sur la caserne de Saint-Privat, deux sur Remilly, deux sur une batterie au nord de Vic.

27 décembre.

Dans la nuit, télégramme du G. Q. G. nous transmettant un renseignement venu de Londres et annonçant une attaque de *Zeppelins* sur les places fortes françaises. Autorisation de tirer sur dirigeables après rentrée des nôtres (le *Conté*, d'Epinal, — le *Montgolfier*, de Toul); cette précaution est prise afin d'éviter toute erreur.

Je fais prévenir les autorités intéressées mais aucun *Zeppelin* ne se montre. Epinal signale cependant le passage à 3 h. 3o, d'un dirigeable à deux nacelles jetant des lueurs sur les nuages. Quant aux deux nôtres, le *Conté* rentre à 22 h. 45 sans avoir pu exécuter sa mission à cause des nuages, — et le *Montgolfier*, ne pouvant plus gouverner, a atterri, vers 6 heures, près de la ferme des Quatre-Vents, demandant du secours.

On est parti de Toul pour le ramener. Quels pauvres engins! A 13 h. 3o, en passant à Toul, je vois le *Montgolfier* rentrer dans son hangar par ses propres moyens, et voici son odyssée :

Il s'était égaré cette nuit dans la région de Nomény. Ne pouvant plus gouverner, il s'était rapproché du sol et avait été canonné et fusillé par les Allemands. Les projectiles l'avaient touché, mais heureusement sans l'atteindre dans ses œuvres vives. En tout cas, c'est miracle qu'il ait pu atterrir en pays ami.

Le Détachement de l'Armée des Vosges n'a pas fait hier de progrès sensibles. Il en est de même de la IIIᵉ Armée.

Je me rends à 14 heures au 8ᵉ Corps, dont le chef m'expose les dispositions prises pour croiser des feux d'artillerie sur la face sud-est de la redoute et le plateau au sud-ouest du bois Jurat.

Il me donne quelques détails sur les attaques des Allemands au sud-est de la redoute (attaques que je lui avais annoncées et qui d'ailleurs ont été repoussées). Mais l'ennemi ne s'est pas rebuté : n'ayant pu attaquer à ciel ouvert, il a déjà commencé des boyaux pour s'approcher de notre tranchée de gorge, en partant du coin nord-ouest du bois Jurat. Il faut, dès maintenant, s'opposer à cette progression en employant l'artillerie, les grenades et les bombes.

Les deux généraux de Division préparent leurs attaques sur les autres parties du front, en poussant des pièces jusque dans la tranchée de première ligne, comme j'en ai donné l'ordre.

Mais que toute cette préparation est longue! On ne peut encore m'indiquer de jour.

En rentrant au Q. G., j'apprends que des *Taubes* ont encore jeté quatre bombes et des fléchettes sur Nancy.

J'ai, de mon côté, fait bombarder le Q. G. du général von Benzino à Heudicourt, par un avion qui était en reconnaissance dans la région de Saint-Mihiel.

Des avions allemands ont survolé la région de Saint-Dié, Nompatelize, Bruyères. Une batterie de 13 a bombardé, de Voyemont, la gare de Saint-Dié et la ville (13 kilomètres environ); elle a fait quelques dégâts matériels, quelques blessés. Notre batterie de 120 l'a réduite au silence et a endommagé une pièce.

28 décembre.

Je reçois, dans la nuit, le compte rendu du Détachement d'Armée des Vosges. Bonne journée hier : progrès sensibles, au nord-est de Steinbach, vers la Chapelle Saint-Antoine et sur la croupe descendant vers Uffholtz.

Plus au nord, le 28° B. C. P. a repoussé une violente attaque allemande et l'ennemi a abandonné ses positions en laissant 200 cadavres et du matériel.

Sur le front de Aspach-le-Bas, Pont-d'Aspach, on se fortifie et on commence à entamer les réseaux de fils de fer.

Un prisonnier a déclaré qu'une des brigades de la Division du VIII° Corps avait été embarquée à Mulhouse, le 23, pour une destination inconnue. Si le renseignement est exact, le général Putz va être moins gêné dans ses opérations. Mais quelle est la destination de la brigade allemande?

En étudiant encore mon plan d'opérations, je ne puis m'empêcher de regretter que l'absence de disponibilités m'empêche d'exploiter le succès que j'escompte au bois Le

Prêtre, car j'espère que la 73° prendra le Quart en réserve et peu après Fey-en-Haye.

Si je disposais d'un Corps d'Armée nouveau, je pourrais, de ces deux positions, prendre d'écharpe ou à revers la ligne ennemie au sud de Fey et de Regniéville et piquer droit sur Thiaucourt, en en faisant attaquer, par le sud, le bois de Mort-Mare.

Les résultats pourraient être plus complets encore, si le 6° Corps, également renforcé à sa gauche, pouvait marcher, par le bas des côtes, de Champlon sur Woël.

Je me décide à soumettre l'idée au général en Chef et j'emploie mon après-midi à rédiger le rapport. Je le fais partir ce soir même au G. Q. G.

En rentrant au Q. G. j'apprends que le 8° Corps a été attaqué dans le bois Brûlé avec la violence habituelle; les Allemands ont pu occuper la tranchée de gorge du bastion sud. Trois contre-attaques successives ont eu lieu. La dernière a permis de reprendre la tranchée sauf la partie de gauche, d'où s'échappent trois boyaux en patte d'oie. On va faire un élément de tranchée en arc de cercle pour contourner la portion perdue. Malheureusement, deux mitrailleuses ont été emportées par l'ennemi (un chef de bataillon et un capitaine tués).

Je suis désolé de cette impuissance du 8° Corps à conserver son front; je sais que la lutte est difficile contre les minenwerfer, mais je sens aussi que les troupes pauvres en cadres de la 10° Division ont perdu de leur mordant et que l'ennemi a définitivement acquis, dans ce bois Brûlé, un ascendant avec lequel il faudra compter désormais.

Il devient très difficile de faire sortir des tranchées des troupes pour les contre-attaques sur cette redoute, qu'on a qualifiée d'*Infernale*. En tout cas, le 8° Corps, s'il ne peut être que défensif de ce côté, devrait être offensif sur le reste du front et obliger ainsi l'ennemi à diviser son attention et ses forces. C'est dans ce sens que je fais des observations au général de Mondésir.

29 décembre.

Nuit abominable. Tempête. Deux de nos ballons, un sphérique, un allongé sont arrachés et déchirés près de Minorville.

Le détachement d'Armée des Vosges a encore progressé hier devant Uffholtz, où l'ennemi a reculé en laissant 290 cadavres à Steinbach qui est enserré de très près.

Le général Putz n'a pas encore engagé ses réserves, ne sachant pas s'il est vrai que l'une des brigades de la Division du VIII° Corps allemand ait été embarquée, comme l'a dit un prisonnier. C'est, en effet, très prudent.

Visite au 31° Corps dans l'après-midi. Tout est préparé pour l'attaque à gauche du saillant sud-ouest du bois de Mort-Mare (élargissement de la portion conquise sur la ligne même de l'ennemi). Cette opération aura lieu demain.

30 décembre.

Je me rends à Bernécourt à 15 heures, pour suivre la préparation d'artillerie et l'attaque partielle que fait le 31° Corps (brigade Vernadet).

À 16 heures, la compagnie de tête débouche des tranchées et court à l'ennemi sans recevoir d'abord de coups de fusil.

À 16 h. 4, le feu reprend du côté allemand; mais, deux minutes après, la chaîne saute dans la tranchée et s'y installe.

Une autre compagnie est prête pour soutenir la première en cas de nécessité. On a prévu les détachements de flanc avec outils, sacs à terre et fils de fer, pour boucher les boyaux et faire les barrages. Bonne préparation en résumé et petite attaque réussie.

31 décembre.

Le Détachement d'Armée des Vosges rend compte de l'entrée à Steinbach du 152°. Nous tenons, depuis hier soir, la moitié de la ville, conquise maison par maison.

La III° Armée me rend compte d'une attaque allemande qui, débouchant du bois de Forges, a été facilement repoussée. Mais l'ennemi a montré cette nuit beaucoup d'activité dans le bois Bouchot (6° Corps); c'est un point du front qui paraît désormais particulièrement visé par les Allemands.

Le 31° Corps a été violemment contre-attaqué hier soir

et dans la nuit, à deux reprises, sur la tranchée conquise hier. Les Allemands ont été repoussés.

Une nouvelle tentative de leur part a eu lieu ce matin à 6 heures et a été exécutée avec une extrême énergie : attaque en ligne de colonnes par quatre. Cette attaque a été brillamment repoussée : les Allemands ont laissé 400 cadavres sur le terrain. Un seul « Boche » est arrivé jusque sur la tranchée et y a été assommé. Nous avons eu 100 tués ou blessés pour deux compagnies engagées. Moral excellent. Je donne trois médailles à la compagnie du 344°, qui a sauté hier dans la tranchée.

Quatre avions sont sortis cette nuit vers minuit. Trois ont bombardé la gare de Metz (six bombes), un autre a jeté deux projectiles sur la gare d'Arnaville.

Pas de chance avec les ballons. J'avais reçu, depuis une quinzaine, un « drachen ». Ce ballon allongé, tenant bien le vent d'habitude, avait eu cependant un accident par une nuit de tempête il y a quelques jours. Réparé aussitôt, il avait été remis en service. Or, il vient ce matin de rompre son câble et de disparaître vers le nord-est. Il n'y avait heureusement personne dans la nacelle : on l'avait fait monter pour juger de sa stabilité et, l'un des ballonnets s'étant détaché par vice de construction sans doute, le « drachen » a présenté au vent sa plus grande surface. Il a d'abord renversé son treuil, puis brisé son câble. J'espère maintenant qu'il se sera suffisamment élevé pour crever et ne pas tomber entre les mains des Allemands.

Dans la soirée, une mauvaise nouvelle m'arrive après mon départ du 8° Corps, auquel je m'étais rendu dans l'après-midi. Attaqué depuis ce matin dans le bois Brûlé, il a repoussé l'ennemi à deux reprises différentes, mais il a fini par perdre la tranchée de gorge du bastion sud. La redoute est définitivement perdue.

Pour réagir, j'ai fait hâter les attaques que j'avais prescrit d'exécuter dans les deux Divisions. Demain, la 10° Division fera l'une d'elles sur la croupe allongée à l'est de la Tête-à-Vache. A cet effet, une pièce de 80 et une de 75 ont été poussées dans les tranchées de première ligne; c'est trop peu, à mon avis.

1ᵉʳ janvier 1915.

Le Détachement d'Armée des Vosges n'a guère progressé hier. L'artillerie allemande a canonné Steinbach, tirant aussi bien sur les amis que sur les ennemis. On est parvenu à la faire taire, mais tardivement, de sorte que la partie est du village reste aux mains de l'adversaire.

André (1) part à 8 heures pour prendre le commandement par intérim du 15ᵉ B. C. P., engagé devant Uffholtz. Je reçois sa nomination de chef de bataillon à titre temporaire après son départ, et je le fais prévenir à Thann.

Le 8ᵉ Corps (16ᵉ Division) exécute, à 8 heures, son attaque à l'est de la Tête-à-Vache. La préparation par l'artillerie fait évacuer la tranchée allemande, dans laquelle se jette une compagnie et demie; mais, à 10 heures, nous sommes contre-attaqués sur nos deux ailes (mitrailleuses amenées par les boyaux) et bientôt obligés d'abandonner notre conquête, faute d'avoir prévu cette riposte, en plaçant des pièces pour enfiler ces boyaux et en disposant des détachements d'aile avec sacs à terre et grenades.

Des deux seuls canons mis en première ligne, celui de 80 avait été mis hors de service par son propre tir; il en aurait fallu trois ou quatre. J'avais cependant insisté à plusieurs reprises sur la méthode à employer.

Ma visite de la journée a été pour le 31ᵉ Corps, où je me suis fait rendre compte des conditions heureuses, dans lesquelles les contre-attaques de la veille ont été repoussées et les travaux faits pour consolider notre conquête au saillant sud-ouest de Mort-Mare.

2 janvier.

Peu de progrès au Détachement d'Armée des Vosges dans

---

(1) C'était mon gendre, le capitaine Dussauge, qui, de lui-même, m'avait demandé à quitter mon État-Major pour prendre un commandement de troupes. Il est mort en 1919 des suites d'une double intoxication par les gaz. Il était lieutenant-colonel, avait servi dans presque toutes les armées et avait été cité six fois au cours de la guerre.

la journée d'hier. Le 152° a simplement conquis trois rangées de maisons dans Steinbach.

Plus au sud, la 57° Division s'avance à la sape sur Aspach-le-Bas. C'est inadmissible comme méthode. Quand arriverons-nous ainsi? Il faut opérer par coup de force, avec forte préparation par l'artillerie.

Je sais que l'artillerie est précisément peu nombreuse, ce qui rend l'application de la méthode très difficile. Il est certain, en effet, qu'avec des troupes de réserve ou déjà très éprouvées, on doit augmenter l'appui de l'artillerie et s'efforcer d'obtenir ainsi que la ligne de combat, au moment de l'irruption sur les tranchées à conquérir, ne reçoive pas de feux de front. C'est du moins le but vers lequel il faut tendre.

Rien de particulier sur le reste du front. On me signale cependant que les Allemands ont fait une tentative facilement repoussée sur Bréménil.

Le 2° groupe des Divisions me fait savoir que les Allemands ont attaqué hier sur La Neuveville et Manonviller : ils ont brûlé la ferme de Beauséjour et ¹ s baraquements du fort. Une de leurs compagnies aurait été transportée par voie ferrée jusqu'à La Neuveville.

Deux ou trois compagnies allemandes se sont également portées dans la forêt de Parroy où elles ont refoulé nos petits postes; mais ceux-ci avaient réoccupé leurs positions à 10 heures.

Je fais venir le colonel Fetter de l'artillerie de Toul, pour l'entretenir de différentes questions, notamment de l'étude d'un projectile chargé d'air liquide et qui serait lancé au moyen de l'air comprimé.

Il me rend compte de l'état d'études déjà entreprises. L'une d'elles a trait au lancement, par le petit mortier de 15 centimètres, d'une masse de 30 kilogs de cheddite. Enfin, il est en mesure de faire fabriquer, avec le profil Désaleux, des obus en fonte aciérée pour le canon de 16 de la marine. La forme nouvelle augmenterait la portée de 1/7 environ. Ainsi le 16 aurait une portée de 16 kilomètres. Ce serait une amélioration des plus sérieuses. J'appuierai sa proposition.

Au 8ᵉ Corps, à la sape souterraine poussée sous le chemin du bois d'Ailly, on entend un bruit de mine et pour ne pas sauter nous-mêmes, nous mettons le feu à notre fourneau de mine. Résultat de l'explosion encore inconnu.

À la 73ᵉ Division, un travail du même genre se faisait sous l'ouvrage allemand en forme de poire, au sud du Quart en réserve.

Les Allemands entendant des coups de pioche souterrains, évacuent l'ouvrage.

Le Détachement d'Armée des Vosges fait savoir qu'on a pris deux tranchées au sud-ouest de Steinbach et que le combat continue dans le village.

Retour de Chantilly du commandant Pichot-Duclos. Il m'entretient de la création projetée d'un groupe d'Armées de l'Est dont j'aurais le commandement. J'irai, à ce sujet, m'entendre avec le général Joffre.

3 janvier.

Visite à la 73ᵉ Division, où je me fais rendre compte des avances à la sape et des préparatifs pour l'attaque prochaine : placement des canons, rôle des bataillons, etc.

Le Détachement d'Armée des Vosges fait quelques progrès : enlèvement de la hauteur 425, prise à Steinbach du quartier de l'Eglise et du cimetière.

Suicide, près de Nancy, d'un espion, capitaine aviateur allemand, au moment où il allait être pris.

Le général Joffre me convoque à Chantilly : je partirai demain soir par le train. Il s'agit de la réorganisation de l'aile droite des Armées. Je fais établir dès maintenant un projet contenant notamment la constitution du Q. G. et de l'Etat-Major du groupe d'Armées.

10

4 janvier.

Du Détachement d'Armée des Vosges : hier soir, le 213 n'a pas pu se maintenir à la cote 425; il a dû, à la suite de violentes contre-attaques, regagner ses tranchées de départ.

Le 152°, après avoir perdu le quartier de l'Église, l'a réoccupé; on a fait une centaine de prisonniers. La lutte continue très vive sur ces points.

À 14 heures, nouveau coup de téléphone : Steinbach a été enlevé complètement et la croupe 425 réoccupée.

Je pars à 19 heures de Neuves-Maisons, pour prendre à 21 h. 45 le train à Bar-le-Duc.

5 janvier.

Arrivée à Chantilly, à 7 h. 30. Le général Joffre me reçoit vers 8 h. 30 et m'informe qu'il me donne le commandement d'un groupe d'Armées qui sera dénommé « Groupe provisoire de l'Est ». J'aurai le titre de *délégué du commandant en Chef.*

Nous examinons ensemble les dispositions qu'il a déjà arrêtées au moins en projet et nous tombons d'accord sur leur mise en vigueur.

D'une manière générale, les Armées ou détachements du groupe devront, en dehors de l'inviolabilité du front qu'ils ont mission d'assurer, agir offensivement dans les conditions suivantes :

La III° Armée opérera dans la vallée de la Meuse (1).

La I° Armée s'efforcera de dégager les Côtes de Meuse, en faisant effort sur les flancs et les derrières des forces ennemies engagées dans la direction de Saint-Mihiel.

Le 2° groupe de Divisions assurera l'inviolabilité du Grand-Couronné de Nancy, tant par une activité incessante que par l'organisation approfondie des lignes de défense.

---

(1) Le rattachement de la III° Armée au groupe de l'Est n'est que provisoire : il cessera lorsque les opérations offensives seront assez avancées pour que cette Armée n'ait plus à avoir recours aux moyens d'action de la place de Verdun

La mission du D. A. V. sera de chercher à conquérir les débouchés de la Haute-Alsace.

Je vois, pour les détails, le major général et les aides-majors généraux. Mes visites et études me prennent la journée entière. Quand je reprends le train, le soir, à 21 h. 45, j'emporte les ordres et instructions essentielles.

En résumé, j'aurai sous mes ordres, à dater du 8 janvier, les Ire et IIIe Armées, le 2e groupe de Divisions et le Détachement d'Armée des Vosges.

La Ire Armée se composera des 6e, 8e et 31e Corps et 73e Division, plus les places de Verdun et de Toul.

La IIIe Armée comprendra les 2e, 5e et 15e Corps.

Le D. A. V. et le 2e Groupe de Divisions conservent leur constitution actuelle.

Emplacements des Quartiers Généraux :

Groupe d'Armées, à Gondrecourt.

Ire Armée, à Ligny-en-Barrois.

IIIe Armée, à Sainte-Menehould.

Les autres, sans changement.

(On envoie cinq bataillons de chasseurs au général Putz. Ils débarqueront à Bruyères, Cornimont, Bussang).

Effectifs approximatifs des Armées du groupe de l'Est à sa formation :

Ire Armée.................... 315.000

IIIe Armée.................... 150.000

Détachem. d'Armée des Vosges
et 2e groupe de Divisions... 200.000

TOTAL............. 665.000 hommes

FIN DU TOME PREMIER

TOME I

INDEX

CROQUIS

ANNEXES

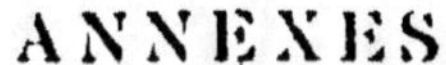

1re ARMÉE

ÉTAT-MAJOR

3e BUREAU

No 6552

NOTE SUR L'INSTRUCTION [1]

L'expérience acquise depuis trois mois permet de poser les principes suivants :

1o Les actions offensives seules donnent des résultats, mais il faut les préparer soigneusement ;

2o On peut toujours, par des formations qui échappent aux vues et par l'aménagement du terrain se garantir des effets de l'artillerie allemande, malgré la longue portée de son tir, la valeur de ses projectiles de gros calibre aux plus grandes distances et ses nombreux moyens d'observation du champ de bataille ;

3o La capacité de résistance des fronts bien organisés maintient les adversaires au contact presque immédiat pendant des semaines entières et transforme souvent la guerre de campagne en une sorte de guerre de siège ;

4o La fortification de campagne permet :

a) De soustraire les troupes aux effets du feu de l'artillerie et de l'infanterie ennemie ;

b) De faire des économies de forces sur des fronts défensifs pour les employer en quantité plus considérable dans des actions offensives.

On en arrive souvent à une lutte d'usure où la relève des troupes devient une nécessité ;

Il faut instruire sans relâche les troupes qui ne sont pas en ligne, de même que les recrues et les réservistes arrivant des dépôts.

La présente instruction contient un certain nombre de procédés qui paraissent devoir être le plus fréquemment employés. La plupart ont déjà été indiqués dans des instructions particulières.

Les officiers et les cadres doivent les enseigner à leur troupe en toute occasion favorable.

---

(1) Cette instruction est la première qui ait été donnée aux Écoles de l'Intérieur pour former les aspirants pendant la guerre.

I. - L'APPROCHE

En principe, l'infanterie doit quitter la colonne de route dès qu'elle arrive à 10 ou 12 kilomètres des positions probables de l'artillerie ennemie. Ces positions doivent lui être signalées par le commandement. Le chef a le devoir de demander ces renseignements.

Souvent la vue des ballons signaleurs allemands indique que la colonne de route est susceptible d'être aperçue par l'ennemi.

Le bataillon cherche à ce moment si, dans la zone de marche qui lui est affectée, il peut masquer son approche en utilisant les bois, les couverts ou les défilements du terrain.

Sinon, il se forme en colonne de bataillon, les compagnies en petites colonnes à larges intervalles.

Les trains de combat marchent et stationnent en colonnes le long des routes de façon à éviter les formations trop visibles.

Attention aux passages de crêtes ou à l'arrivée à hauteur d'un point de terrain qui peut servir de repère : il faut soit accélérer l'allure soit allonger les distances.

II. - L'ATTAQUE EN TERRAIN DÉCOUVERT

Se rapprocher le plus possible de l'adversaire par petites colonnes à larges intervalles.

Déployer deux compagnies en première ligne.

Placer les autres à environ 500 mètres de distance de la première ligne et du côté où le terrain rend possible un mouvement débordant. Le chef de bataillon progresse avec ces dernières.

Les compagnies de première ligne gagnent du terrain dans la direction de l'objectif. Elles sont précédées très en avant chacune d'une section d'avant-garde qui marche en ligne d'escouade à 50 pas : celle-ci ne s'arrête pour tirer que si elle est sous le feu de l'infanterie ennemie ou si elle est à portée efficace de tir.

Le commandant de compagnie dirigeant les sections de deuxième ligne les pousse successivement à hauteur de la section avant-garde, de façon à former une chaîne.

Dès que la chaîne ne peut plus avancer, elle doit creuser la terre, un homme sur deux manie l'outil pendant que l'autre continue à tirer (1).

En principe, les compagnies de 2e ligne prendront les mêmes formations que celles de première ligne.

S'abriter en utilisant tous les couverts ou les accidents de terrain, créer au besoin des abris ou des tranchées comme en première ligne.

---

(1) En ce qui concerne le tir, chercher à tirer bas pour combattre la tendance bien connue de l'infanterie française à tirer *trop haut*.

Les commandants de compagnie peuvent donc sans inconvénient, une fois la distance appréciée, donner à leur section des hausses faibles plutôt que des hausses fortes.

En tous cas, éviter soigneusement toute formation dense, à moins de 9 ou 10 kilomètres des positions probables d'artillerie ennemie.

Le chef de bataillon, à l'aide de ces compagnies, déborde ou alimente la chaîne, suivant le cas.

Il a le devoir d'engager ces réserves sans marchander.

Lorsque l'ennemi est chassé de la position, s'en garantir la possession et la mettre en état de défense.

La chaîne des tirailleurs se creuse des éléments de tranchées avec outils portatifs sur l'emplacement qu'elle a atteint, en avant de la position enlevée. Ce sont les compagnies de renfort qui occupent la position même.

À une distance plus ou moins courte en arrière de la chaîne et sous sa protection, les commandants de compagnie ou de bataillon tracent rapidement la ligne de défense ; ce tracé, très simple, doit toujours permettre une combinaison de feux (flanquements réciproques).

Les tranchées sont exécutées avec les outils portatifs et les outils des voitures.

Une équipe désignée à l'avance place de suite les défenses accessoires, principalement les fils de fer.

Les mitrailleuses sont installées en flanquement et bien protégées.

Lorsque le travail est suffisamment avancé et les tranchées occupées, la chaîne peut se replier et passer en réserve, laissant seulement quelques postes dans ses trous de tirailleurs.

III. -- L'ATTAQUE EN TERRAIN COUVERT
PAR LE BROUILLARD OU PAR LA PLUIE

Profiter des couverts pour gagner du terrain dans la direction de l'ennemi.

Attention aux surprises.

Une compagnie en avant-garde à deux ou trois cents mètres.

Deux autres compagnies échelonnées sur les ailes prêtes à appuyer ou à contre-attaquer.

Le chef de bataillon, en arrière du dispositif *avec la compagnie de réserve.*

Renforcer le service des patrouilles en avant ou sur le flanc extérieur (1).

Assurer la direction de marche par un officier à la section d'avant-garde (au besoin boussole).

Multiplier les colonnes, si on peut mettre un gradé derrière chaque colonne.

Par le brouillard ou par la pluie, progresser de même et s'avancer le plus près possible des positions ennemies.

____

(1) Utiliser des fusées signal pour permettre à l'artillerie d'appuyer la progression.

Diminuer les distances entre les compagnies de première ligne et les renforts, maintenir les intervalles (le brouillard pouvant se lever brusquement) mais renforcer les liaisons.

Assurer la direction au moyen de la boussole et des lignes bien visibles du terrain.

IV.   L'ATTAQUE SOUS BOIS

Dans les bois, le bataillon prend un dispositif analogue à celui qui convient en terrain couvert, mais souvent avec deux compagnies en première ligne.

Les compagnies marchent en ligne de colonnes, les colonnes par quatre, par deux ou par un, avec un guide en tête et un gradé en queue, les colonnes bien reliées ; devant, quelques patrouilles.

Orienter les commandants de compagnies sur des directions bien nettes jalonnées soit par des chemins, soit par des mouvements de terrain faciles à discerner. Les officiers qui commandent les sections d'avant-garde contrôlent la direction au moyen de la boussole.

En cas de rencontre, les compagnies de première ligne attaquent droit devant elles ; le chef de bataillon avec les compagnies de deuxième ligne cherche immédiatement le débordement.

Si l'on sait que l'ennemi est en position dans les bois, envoyer des patrouilles et des reconnaissances sur un large front pour déterminer les positions occupées et les défenses accessoires, établir une liaison étroite avec les patrouilles qui continueront à avancer jusqu'à ce qu'elles reçoivent des coups de fusil ou jusqu'à ce qu'elles en entendent à côté ou derrière elles, faire rechercher les organes de flanquement.

Lorsque les patrouilles sont arrivées au contact des positions ennemies, établir une chaîne de tirailleurs à leur hauteur, pousser les sections contre les vides de la ligne ou sur les organes de flanquement.

Avec les compagnies de deuxième ligne, appuyer le mouvement débordant de ces sections et se tenir prêt à riposter aux contre-attaques.

Si le bois attaqué est de dimension restreinte, le traiter comme un point d'appui ordinaire et l'organiser dès qu'on s'en est emparé. Si le bois est vaste, créer au fur et à mesure de la progression des tranchées avec court champ de tir et défenses accessoires pour consolider les progrès accomplis et arrêter toute contre-attaque.

Établir de préférence les tranchées à proximité des chemins orientés dans la direction de l'ennemi : elles constitueront ainsi les amorces des centres de résistance.

V. ATTAQUE DE NUIT

La nuit doit être utilisée pour attaquer un point d'appui bien reconnu ou perdu le jour, ou bien pour pousser la première ligne au contact des tranchées ennemies.

a) Faire exécuter l'attaque par les troupes qui occupaient la position ou qui l'ont reconnue ; les munir de cisailles et si possible de grenades.

Jalonner les directions de marche par des points remarquables du terrain.

Les compagnies précédées de patrouilles à courte distance, s'avancent en ligne de demi-sections par quatre.

Si l'ennemi révèle des projecteurs ou des fusées éclairantes, se coucher tant que le faisceau ou les lueurs peuvent dévoiler la marche.

Pousser deux compagnies directement sur les objectifs, déborder simultanément avec une autre compagnie du côté le plus favorable.

Le chef de bataillon conserve une compagnie en réserve, il marche avec elle derrière une aile ou en face d'un intervalle et à courte distance ; il s'en sert pour parer aux contre-attaques ou pour renouveler immédiatement l'attaque.

Si l'attaque réussit, les troupes d'attaque occupent immédiatement la position.

Les troupes encore en réserve consolident l'occupation et fournissent des embuscades en avant.

b) Aux premières heures de la nuit, les compagnies de 1re ligne poussent des patrouilles jusqu'au contact de la ligne ennemie.

Quand ces patrouilles reçoivent des coups de fusil, elles s'arrêtent, creusent des trous pour s'abriter et préviennent.

Les compagnies se portent ensuite sur l'alignement de leurs patrouilles et commencent à creuser des tranchées pour relier les trous des patrouilles.

Ces tranchées sont approfondies par la suite et munies de défenses accessoires.

VI.   ATTAQUE CONTRE DES POSITIONS RETRANCHÉES

a) Une position retranchée est d'abord investie par une forte ligne de feux bien organisée, capable de résister à une contre-offensive et reliée directement à l'artillerie amie.

Les positions retranchées allemandes sont presque toujours précédées de défenses accessoires, fils de fer (barbelés ou non), abatis, palanques, trous de loup, que l'artillerie détruit rarement.

Il faut prévoir la destruction de ces défenses.

Donc, reconnaître à l'avance et minutieusement le terrain des attaques, le tracé et l'organisation des tranchées ennemies, leur flanquement par le fusil ou les mitrailleuses, repérer soigneusement les réseaux de fils de fer ou autres défenses accessoires.

Reconnaître également les emplacements à assigner aux troupes d'attaque et les faire occuper la nuit.

Rechercher si l'on peut installer des mitrailleuses dans des positions de flanc.

Vérifier la liaison avec l'artillerie.

Pour l'attaque, lancer sur les tranchées une forte ligne de tirailleurs

au milieu desquels sont placés les soldats (ou sapeurs) porteurs de cisailles, de pétards de mélinite, de grenades et de cartouches fumigènes. Cette ligne s'avance aussi près que possible des défenses accessoires.

Pendant que les hommes désignés (ou sapeurs) travaillent à couper ou à détruire les fils de fer, les tirailleurs abrités derrière des boucliers ou des sacs à terre, dirigent sur la tranchée un feu des plus nourris.

Cette première ligne de tirailleurs est également munie d'outils et doit se cramponner au sol en se créant un abri rapide.

Renforcer constamment la ligne d'attaque en tirailleurs (et en sapeurs) jusqu'à ce que le réseau soit percé; un dernier effort entraîne la ligne jusqu'à la tranchée dans laquelle on se précipite à la baïonnette.

Dans l'attaque, toutes les unités du bataillon doivent être engagées. La place du chef de bataillon est *avec le dernier élément de renfort* qu'il entraîne à l'assaut.

Dès qu'un élément de tranchée est enlevé, retourner sommairement les parapets — une garnison s'y installe : le reste des troupes cherche à élargir la brèche à droite et à gauche et à pousser de l'avant à la suite de l'ennemi.

Les hommes désignés à défaut de sapeurs pour opérer la destruction des défenses accessoires doivent avoir reçu une instruction spéciale dans ce but.

VII. — EMPLOI DE LA FORTIFICATION DE CAMPAGNE

Toute position occupée doit être immédiatement renforcée par des travaux de fortification.

Tracé. — Une tranchée complète doit comporter un flanquement et des défenses accessoires.

Il appartient aux officiers de s'inspirer de cette idée pour faire le tracé de leur ligne de défense. Le tracé est une opération de la plus grande importance : il doit permettre de combiner les feux.

Tranchées. — Les tranchées doivent être étroites et profondes et bien dissimulées par leur faible relief. Progressivement, on y confectionne avec des planches ou des rondins le couvert de terre, les visières qui protègent contre les balles du fusil ou les shrapnells. Ne pas faire des tranchées trop longues. Le meilleur type paraît être la tranchée de demi-section. Lorsqu'elles sont longues, on fait des traverses.

La tranchée doit toujours être offensive et comporte par suite des emplacements de tireurs et des gradins de franchissement.

En arrière et vers le centre des tranchées de demi-section, établir le poste de commandement du chef de section qui sera enterré, abrité soigneusement et relié par des boyaux aux tranchées de la section.

De même, il faut un poste de commandement organisé pour le capitaine derrière les tranchées de sa compagnie, ainsi que pour le chef de bataillon à proximité *immédiate* de sa réserve.

Des abris sont installés en arrière pour les renforts.

D'autres sur les flancs pour les observateurs et les hommes de liaison.

Villages. — Percer des meurtrières dans les murs de la lisière extérieure, les garnir avec de la paille et des traversins pour éviter les éclats.

Chercher la cave dans la maison défendue ou dans une maison voisine ; en élargir l'accès s'il y a lieu et pratiquer les ouvertures nécessaires pour passer rapidement de cet abri au poste de combat.

Placer en défenses accessoires les instruments aratoires, charrettes, herses retournées, etc...

Pendant le bombardement, laisser quelques veilleurs sur la ligne de feu dans des abris ménagés avec des portes, des persiennes et des matelas. Se réfugier dans les caves en face du poste de combat, prêt à sortir au premier appel des veilleurs.

Bois. — Créer des centres de résistance avec court champ de tir mais défenses accessoires. Les renforcer tout particulièrement par des flanquements.

Battre les intervalles par de simples tranchées qui permettent le débouché des contre-attaques ; créer des déboisements pour constituer des abatis passifs en certains points ; si le bois est mal percé, créer de petites laies forestières pour surveiller les directions d'approche de l'ennemi. On peut en créer plusieurs aboutissant à un même poste d'observation.

Perfectionner ensuite, en faisant un large usage des rondins pour les pare-éclats, les abris et les communications couvertes.

VIII. — PRÉCAUTIONS A PRENDRE CONTRE LES AVIONS

Ne tirer sur les avions que lorsqu'ils volent bas et *qu'on a la certitude* que ce sont des avions allemands.

Quand on entend le ronflement du moteur d'un avion, il faut éviter tout mouvement :

Au cantonnement, rentrer dans les maisons ;

Près d'un bois, rentrer dans le bois ;

Près d'un talus, d'une haie ou d'un mur, s'y coller si possible du côté de l'ombre ;

En marche, s'arrêter d'abord, et, sur une route, dégager le centre et se coucher dans les fossés.

Au Q. G., le 17 novembre 1914.

Le Général Commandant la 1ᵉ Armée,
Signé : DUBAIL.

Pour ampliation,
Le Chef d'État-Major,
Signé : Colonel DEBENEY.

RÉPUBLIQUE FRANÇAISE

PROCLAMATION

L'Armée Française est entrée en Alsace, après avoir partout repoussé victorieusement les Allemands.

Les officiers et les soldats adressent aux Alsaciens un fraternel salut.

Tous les Alsaciens ont accueilli l'Armée Française avec enthousiasme ; mais parmi eux se sont glissés des traîtres qu'il faut mettre dans l'impossibilité de nuire.

Le Général commandant la 1ʳᵉ Armée demande donc aux Alsaciens d'observer rigoureusement les prescriptions suivantes, les mêmes qu'il a déjà imposées aux Français :

1° Il est interdit à tout civil de circuler en *automobile* ou *motocyclette*, à *bicyclette* ou à *cheval*, sans un laissez-passer délivré par le Général commandant l'Armée.

Toute infraction à cette interdiction sera punie de la confiscation de l'automobile, de la motocyclette, de la bicyclette ou du cheval, et de l'internement du délinquant dans une forteresse ;

2° Toute circulation en dehors des localités est interdite de 6 heures du soir à 5 heures du matin.

Toutefois, en chemin de fer, la circulation est permise de jour et de nuit aux personnes munies d'un permis régulier ;

3° La circulation en chemin de fer, à pied ou en voiture, en dehors des villes ou villages, n'est autorisée que pour les personnes munies d'un *permis de circulation*.

Ce permis sera individuel et délivré au plus pour 4 jours.

Il devra spécifier qu'il n'est pas valable pour la nuit, de 6 heures du soir à 5 heures du matin, pour la circulation à pied ou en voiture.

Il portera la signature de l'intéressé, son signalement, l'indication du jour pour lequel il est valable. Il indiquera l'itinéraire à suivre. Il sera signé, daté et timbré par l'Autorité qui l'aura délivré ;

4° Les permis seront délivrés : dans les localités occupées par l'Armée, par le Commandant d'armes ; dans les autres localités, par la Gendarmerie française, le Commissaire de police français ou, à leur défaut, par le Maire désigné par l'Autorité française ;

5° Dans une zone d'environ 8 kilomètres en arrière des avant-postes, l'Autorité militaire aura seule le droit de délivrer des permis. Les permis ne pourront être délivrés que pour un rayon de 2.000 mètres autour du domicile de l'intéressé ou pour une localité en arrière (la ligne fixant les limites de cette zone en arrière des avant-postes sera fixée et notifiée, dans chaque cas particulier, par les Généraux commandant les divisions en première ligne).

Aucun permis ne sera délivré pour passer de la zone de l'arrière dans la zone indiquée au présent article, sauf pour le ravitaillement de la population ;

6° Toute personne qui circulera sans un permis régulier sera punie de l'internement dans une forteresse ;

7° Il est défendu aux habitants du pays de prêter, d'une manière quelconque, aide et assistance à l'armée allemande ;

8° Seront fusillées toutes les personnes qui, sans faire partie de l'armée allemande, ni en porter l'uniforme :

a) Se rendront coupables d'espionnage, ou fourniront à l'ennemi, de quelque manière que ce soit, des renseignements sur l'Armée Française ;

b) Tueront, blesseront ou pilleront des hommes de l'Armée Française ;

c) Endommageront des chemins de fer ou des trains, des ponts, des routes ou des canaux, des lignes télégraphiques ou téléphoniques ;

d) Détruiront les quartiers des troupes, leurs armes, leurs munitions, leurs vivres, leur matériel ou leurs chevaux.

En un mot, tous ceux qui causeront volontairement un préjudice à l'Armée Française ;

9° Les Conseils de Guerre appliqueront, sans aucun recours, les peines prévues au présent arrêté.

VERKÜNDIGUNG

D'franzeesche Armee isch in's Elsass kumme, wu se ewerall die Ditsche famos zruckgschlage hat.

D'Offezierer un d'Soldate bringe in de Elsasser ihr Brüedergruess :

Alle Elsasser han d'franzeesch Armee mit Jüwel uffgnumme ; awer s'han si Verrother igschliche, un die müess mer kalt mache, ass sie nit schade kenne.

Der General, wu die erschte Armee kummediert, fordert also d'Elsasser uff, d'folgede Verordnunge z'beobachte. Es sin grad die namliga won'ar scho de Franzose abbfohle hat.

1° Es ist allen Zivilpersonen verboten, mit *Kraftwagen* oder *Kraftrad*, mit *Fahrrad*, oder zu Pferd zu verkehren, ohne einen von dem General-Kommando der Armee ausgestellten Passierschein zu besitzen.

Jede Zuwiderhandlung wird mit Beschlagnahme des Kraftwagens, des Kraftrades, des Fahrrades oder des Pferdes, und mit Festungshaft bestraft ;

2° Jeder Verkehr ausserhalb der Ortschaften ist zwischen sechs Uhr abends und fünf Uhr morgens untersagt.

Der Eisenbahnverkehr ist jedoch den mit regelmässigen Erlaubnisscheinen versehenen Personen gestattet ;

3° Der Verkehr mit Eisenbahn, zu Fuss oder mit Wagen ausserhalb der Städte und Dörfer ist nur den mit *Passierscheinen* versehenen Personen erlaubt.

Dieser Schein ist persönlich und wird nur für höchstens drei Tage ausgestellt.

Es muss darauf angegeben sein, dass derselbe nicht für die Nacht zwischen sechs Uhr abends und fünf Uhr morgens für den Verkehr zu Fuss oder mit Wagen gültig ist.

Er trägt die Unterschrift und das Signalement der betreffenden Person und bestimmt auch den Tag für den er Gültigkeit hat. Derselbe gibt auch den zu folgenden Weg an. Er ist von der ausstellenden Behörde unterschrieben, datiert und gestempelt ;

4° Die Passierscheine werden ausgestellt : in den von den Truppen besetzten Ortschaften, durch das Ortskommando ; in allen andern Ortschaften, durch die französische Gendarmerie, durch den französischen Polizei-Kommissar, oder, in deren Abwesenheit, durch den von der französischen Behörde bezeichneten Bürgermeister ;

5° In der ungefähr 8 Kilometer breiten, im Rücken der Vorposten gelegenen Zone hat die Militär-Behörde ausschliesslich das Recht, Passierscheine auszustellen. Die Scheine können nur für einen Umkreis von 2.000 Meter um den Wohnsitz der betreffenden Person oder für eine im Rücken gelegene Oertlichkeit ausgefertigt werden (In jedem vorliegenden Falle werden die General-Kommandos der Divisionen der vorderen Linie die Grenzen dieser Zone im Rücken der Vorposten festsetzen).

In keinem Falle wird ein Erlaubnisschein zum Passieren aus der hinteren Linie in die im vorstehenden Absatze angeführte Zone erteilt, ausgenommen zur Verpflegung der Bevölkerung ;

6° Jede ohne einen Passierschein verkehrende Person wird mit Festungshaft bestraft ;

7° Jede Hülfe und Beistand zu Gunsten der deutschen Armee ist den Landeseinwohnern verboten ;

8° Werden erschossen, alle Personen welche, ohne der deutschen Armee anzugehören und deren Uniform zu tragen :

a) Sich der Spionage schuldig machen oder dem Feinde auf irgend welche Weise Nachricht über die französische Armee übermitteln ;

b) Der französischen Armee angehörende Leute töten, verwunden oder berauben ;

c) Eisenbahnanlagen oder Züge, Brücken, Wege oder Kanäle, Telegraphen oder Telephonlinien beschädigen ;

d) Truppenquartiere, deren Waffen, Munition, Lebensmittel oder Zugtiere zerstören ;

In einem Worte, alle diejenigen welche wissentlich der französischen Armee irgend welchen Schaden verursachen ;

9° Die Kriegsgerichte verhängen ohne Berufung die vorstehend angedrohten Strafen.

Le Général Commandant la 1ʳᵉ Armée,
DUBAIL.